미래와 통하는 책

동양북스 외국어 베스트 도서

700만 독자의 선택!

새로운 도서,
다양한 자료
**동양북스
홈페이지에서
만나보세요!**

www.dongyangbooks.com
m.dongyangbooks.com

※ 학습자료 및 MP3 제공 여부는 도서마다 상이하므로 확인 후 이용 바랍니다.

홈페이지 도서 자료실에서 학습자료 및 MP3 무료 다운로드

PC

❶ 홈페이지 접속 후 도서 자료실 클릭
❷ 하단 검색 창에 검색어 입력
❸ MP3, 정답과 해설, 부가자료 등 첨부파일 다운로드
  * 원하는 자료가 없는 경우 '요청하기' 클릭!

MOBILE

* 반드시 '인터넷, Safari, Chrome' App을 이용하여 홈페이지에 접속해주세요. (네이버, 다음 App 이용 시 첨부파일의 확장자명이 변경되어 저장되는 오류가 발생할 수 있습니다.)

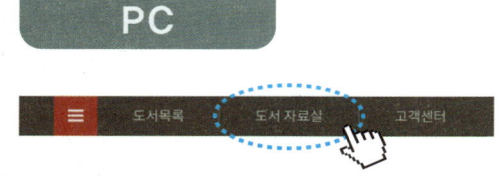

❶ 홈페이지 접속 후 ≡ 터치

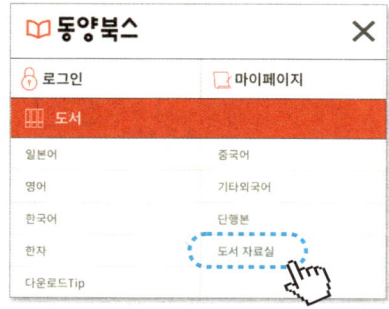

❷ 도서 자료실 터치

❸ 하단 검색창에 검색어 입력
❹ MP3, 정답과 해설, 부가자료 등 첨부파일 다운로드
  * 압축 해제 방법은 '다운로드 Tip' 참고

일본어능력시험

일단 합격 JLPT

N1 독해

유선희, 이소노 히데하루,
JLPT 교재개발연구회 저

동양북스

일본어능력시험

일단 합격
JLPT N1 독해

초판 3쇄 | 2023년 3월 10일

저　　자 | 유선희, 이소노 히데하루, JLPT 교재개발연구회
발행인 | 김태웅
책임 편집 | 길혜진, 이선민
디자인 | 남은혜, 신효선
마케팅 | 나재승
제　　작 | 현대순

발행처 | ㈜동양북스
등　　록 | 제 2014-000055호
주　　소 | 서울시 마포구 동교로22길 14 (04030)
구입 문의 | 전화 (02)337-1737　팩스 (02)334-6624
내용 문의 | 전화 (02)337-1762　dybooks2@gmail.com

ISBN 979-11-5768-609-4 18730
　　　 979-11-5768-591-2 (세트)

ⓒ 유선희, 이소노 히데하루, JLPT 교재개발연구회 2020

▶ 본 책은 저작권법에 의해 보호를 받는 저작물이므로 무단 전재와 복제를 금합니다.
▶ 잘못된 책은 구입처에서 교환해 드립니다.
▶ 도서출판 동양북스에서는 소중한 원고, 새로운 기획을 기다리고 있습니다.
　 http://www.dongyangbooks.com

머리말

　일본어능력시험(Japanese-Language Proficiency Test, 이하 JLPT)은 일본어를 모국어로 하지 않는 사람의 일본어 능력을 측정하기 위한 시험으로서 1984년부터 실시되고 있습니다. 일본의 법무성 입국관리국에서 외국인의 일본 입국 시의 일본어능력을 판단하기 위한 기준으로써 공식적으로 인정하는 시험은 9개가 있지만, JLPT 응시자는 100만 명을 넘는 최대 시험이 되고 있습니다.

　본서는 최상급 레벨인 N1 독해 학습을 위한 책입니다. 독해는 배점이 높으며 다른 분야에 비해 문제를 푸는 시간도 오래 걸립니다. 때문에 수험하는 여러분의 합격점에 크게 관계되며, 이 독해 실력의 유무로 합격과 불합격이 결정된다고 해도 과언이 아닙니다.

　독해에서 고득점을 받기 위해 가장 중요한 것은 독서 능력입니다. 많은 수험생들이 어휘력이 향상되면 독해 실력은 자연스럽게 동반 상승할 것이라 믿고 다른 영역에 비해 독해 학습을 소홀히 여기기도 합니다. 하지만 막상 시험을 보면 점수가 생각만큼 오르지 않습니다.

　단어, 문법, 어휘를 안다고 해서 문장을 잘 이해하고, 필자의 생각이나 주장을 빠르게 파악할 수 있다고 단정지을 수 없습니다. JLPT에서 고득점을 받기 위해서는 독해 방법뿐만 아니라 독해 지문의 분야와 질문의 패턴에도 익숙해져야만 합니다. 그렇지 않으면 아무리 다독을 한다고 해도 그것이 바로 점수와 연결되지는 않을 것입니다.

　본서는 이러한 점에 대응하여 독해의 기본 연습에서부터 모의시험, 단어 정리와 해설, 예제를 준비하여 기초적인 독서 능력과 합격까지의 종합 능력을 키울 수 있도록 구성되어 있습니다.

　여러분이 N1 시험에 대비하기 위해 고심 끝에 선택한 이 책 한 권이 여러분들의 실력 향상에 큰 도움이 되어 반드시 합격으로 가는 지름길이 될 것이라 믿습니다. 자신감을 갖고 시작하십시오. 그리고 당당히 JLPT N1을 일단 합격하고 오시기 바랍니다.

저자 일동

이 책의 구성과 활용법

이 책은 JLPT(일본어능력시험) N1 독해에 대비할 수 있도록 구성된 수험서입니다. 이 책은 본책과 별책 해설서로 나뉩니다. 본책은 크게 세 개 파트로 이루어집니다. 처음 JLPT 독해 학습을 준비하는 학습자들을 위해 ❶ 유형을 분석하고, ❷ 워밍업 문제를 풀어 본 후 ❸ 실전 형식의 모의고사로 학습을 마무리합니다. 해설서에는 본책 문제의 정답, 해석과 단어, 해설을 수록하였습니다.

<본책>

▶ PART 1 유형 공략
시험 유형과 꿀팁을 한눈에!

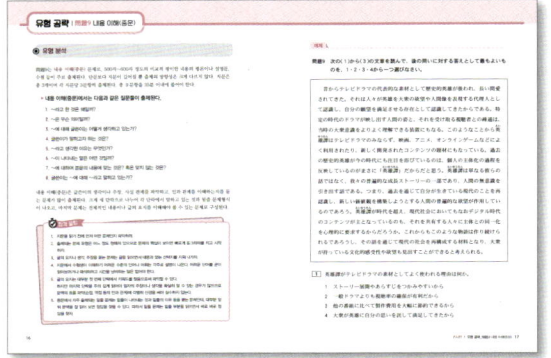

〈PART1 유형 공략〉에서는 본격적인 학습에 앞서 시험에 출제되는 각 문제 유형을 제시하여 처음 JLPT를 접하는 학습자도 유형에 쉽게 적응할 수 있습니다. 또한 '합격 꿀팁'을 통해 고득점을 위한 비법도 확인할 수 있습니다.

▶ PART 2 합격 공략
N1 독해 만점을 위한 실력 다지기

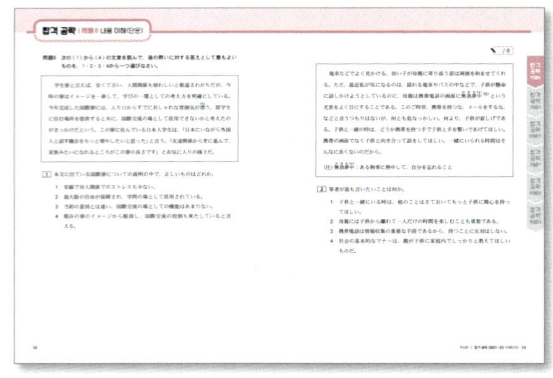

〈PART2 합격 공략〉에서는 각 문제 유형별로 실전 문제를 풀이합니다. 독해는 시간과의 싸움이면서 힌트를 찾는 보물찾기와 같습니다. 따라서 정답과 관련된 문장을 해석하며 풀면 더욱 고득점에 다가갈 수 있습니다. 다양한 주제의 독해 지문을 풀면서 시간을 절약하는 힘을 기르고 핵심을 찾는 연습을 해 보세요.

▶ **PART 3 실전 공략**

**독해 모의고사 3회분으로
마무리 점검**

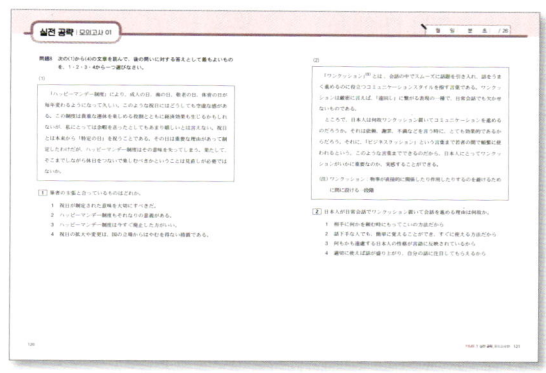

〈PART3 실전 공략〉에서는 독해 문제로 구성된 모의고사 3회분을 풀이합니다. 마킹 연습을 위한 해답 용지가 본책 마지막에 있으니, 실제로 시험을 보는 것처럼 시간을 정해 두고 문제를 풀이하세요. 문제를 다 푸는 데 걸린 시간과 정답의 개수를 기록하면서 시험을 보기 전 마지막으로 실력을 점검합니다.

<별책> 해설서

문제에 대한 상세한 풀이가 필요할 때에는 별책의 해설서를 참고하세요. 본책에 수록된 문제의 정답과 해석, 단어와 해설이 실려 있습니다. 몰랐던 단어를 확인하고, 해설을 통해 정답을 찾는 힘을 기른다면 독해에도 자신이 생길 것입니다.

JLPT(일본어능력시험)란?

❶ JLPT에 대해서

JLPT(Japanese-Language Proficiency Test)는 일본어를 모국어로 하지 않는 사람의 일본어 능력을 측정하고 인정하는 시험으로, 국제교류기금과 재단법인 일본국제교육지원협회가 주최하고 있습니다. 1984년부터 실시되고 있으며 다양화된 수험자와 수험 목적의 변화에 발맞춰 2010년부터 새로워진 일본어능력시험이 연 2회(7월, 12월) 실시되고 있습니다.

❷ JLPT 레벨과 인정 기준

레벨	과목별 시간		인정 기준
	유형별	시간	
N1	언어지식(문자 · 어휘 · 문법)	110분	**기존 시험 1급보다 다소 높은 레벨까지 측정** **[읽기]** 논리적으로 약간 복잡하고 추상도가 높은 문장 등을 읽고, 문장의 구성과 내용을 이해할 수 있으며 다양한 화제의 글을 읽고, 이야기의 흐름이나 상세한 표현 의도를 이해할 수 있다. **[듣기]** 자연스러운 속도의 체계적 내용의 회화나 뉴스, 강의를 듣고, 내용의 흐름 및 등장인물의 관계나 내용의 논리 구성 등을 상세히 이해하거나, 요지를 파악할 수 있다.
	독해		
	청해	60분	
	계	170분	
N2	언어지식(문자 · 어휘 · 문법)	105분	**기존 시험의 2급과 거의 같은 레벨** **[읽기]** 신문이나 잡지의 기사나 해설, 평이한 평론 등 논지가 명쾌한 문장을 읽고 문장의 내용을 이해할 수 있으며, 일반적인 화제에 관한 글을 읽고, 이야기의 흐름이나 표현 의도를 이해할 수 있다. **[듣기]** 자연스러운 속도의 체계적 내용의 회화나 뉴스를 듣고, 내용의 흐름 및 등장인물의 관계를 이해하거나, 요지를 파악할 수 있다.
	독해		
	청해	50분	
	계	155분	
N3	언어지식(문자 · 어휘)	105분	**기존 시험의 2급과 3급 사이에 해당하는 레벨(신설)** **[읽기]** 일상적인 화제의 구체적인 내용을 나타내는 문장을 읽고 이해할 수 있으며, 신문의 기사 제목 등에서 정보의 개요를 파악할 수 있다. 일상적인 장면에서 난이도가 약간 높은 문장을 바꿔 제시하면 요지를 이해할 수 있다. **[듣기]** 자연스러운 속도의 체계적 내용의 회화를 듣고, 이야기의 구체적인 내용을 등장인물의 관계 등과 함께 거의 이해할 수 있다.
	언어지식(문법) · 독해		
	청해	40분	
	계	145분	
N4	언어지식(문자 · 어휘)	95분	**기존 시험 3급과 거의 같은 레벨** **[읽기]** 기본적인 어휘나 한자로 쓰인 일상생활에서 흔하게 일어나는 화제의 문장을 읽고 이해할 수 있다. **[듣기]** 일상적인 장면에서 다소 느린 속도의 회화라면 거의 내용을 이해할 수 있다.
	언어지식(문법) · 독해		
	청해	35분	
	계	130분	
N5	언어지식(문자 · 어휘)	80분	**기존 시험 4급과 거의 같은 레벨** **[읽기]** 히라가나 가타카나, 일상생활에서 사용되는 기본적인 한자로 쓰인 정형화된 어구나 문장을 읽고 이해할 수 있다. **[듣기]** 일상생활에서 자주 접하는 장면에서 느리고 짧은 회화로부터 필요한 정보를 얻어낼 수 있다.
	언어지식(문법) · 독해		
	청해	30분	
	계	110분	

❸ 시험 결과의 표시

레벨	득점 구분	인정 기준
N1	언어지식(문자 · 어휘 · 문법)	0~60
N1	독해	0~60
N1	청해	0~60
N1	종합득점	0~180
N2	언어지식(문자 · 어휘 · 문법)	0~60
N2	독해	0~60
N2	청해	0~60
N2	종합득점	0~180
N3	언어지식(문자 · 어휘 · 문법)	0~60
N3	독해	0~60
N3	청해	0~60
N3	종합득점	0~180
N4	언어지식(문자 · 어휘 · 문법) · 독해	0~120
N4	청해	0~60
N4	종합득점	0~180
N5	언어지식(문자 · 어휘 · 문법) · 독해	0~120
N5	청해	0~60
N5	종합득점	0~180

❹ 시험 결과 통지의 예

다음 예와 같이 ① '득점 구분별 득점'과 각 득점 구분별 득점을 합계한 ② '종합 득점', 앞으로의 일본어 학습을 위한 ③ '참고 정보'를 통지합니다. ③ '참고 정보'는 합격/불합격 판정 대상이 아닙니다.

※예 N1을 수험한 Y 씨의 '합격/불합격 통지서'의 일부 성적 정보(실제 서식은 변경될 수 있습니다.)

① 득점 구분별 득점			② 종합 득점
언어지식 (문자 · 어휘 · 문법)	독해	청해	120/180
50/60	30/60	40/60	120/180

③ 참고 정보	
문자 · 어휘	문법
A	C

A 매우 잘했음 (정답률 67% 이상)
B 잘했음 (정답률 34%이상 67% 미만)
C 그다지 잘하지 못했음 (정답률 34% 미만)

차례

머리말 03
이 책의 구성과 활용법 04
JLPT(일본어능력시험)란? 06
차례 08

PART 1 유형 공략
問題8   내용 이해(단문) 10
問題9   내용 이해(중문) 16
問題10 내용 이해(장문) 24
問題11 종합 이해 32
問題12 주장 이해(장문) 40
問題13 정보 검색 48

PART 2 합격 공략
問題8   내용 이해(단문) 58
問題9   내용 이해(중문) 64
問題10 내용 이해(장문) 72
問題11 종합 이해 90
問題12 주장 이해(장문) 98
問題13 정보 검색 110

PART 3 실전 공략
모의고사 01 120
모의고사 02 140
모의고사 03 160
해답 용지 183

	問題8	내용 이해(단문)	10
유형 공략	問題9	내용 이해(중문)	16
	問題10	내용 이해(장문)	24
	問題11	종합 이해	32
	問題12	주장 이해(장문)	40
	問題13	정보 검색	48

〈PART1 유형 공략〉에서는 각 문제 유형을 자세히 살펴봅니다. 문제 유형별로 자주 나오는 질문의 형태와 시간 절약과 고득점 합격을 위한 꿀팁을 제시합니다. 문제 유형 분석을 마치면 예제를 풀이합니다. 독해 문제 해결을 위해서는 단어와 중심 문장 파악이 중요합니다. 워밍업을 통해 독해 문제를 푸는 힘을 기르세요.

유형 공략 | 問題8 내용 이해(단문)

✳ 유형 분석

問題8은 **내용 이해(단문)** 문제로, 200자 정도의 짧은 지문을 읽고 글의 요지 및 필자의 생각이나 주장, 정보 등을 빠르게 파악할 수 있는지를 묻는다. 주로 일상생활이나 사회, 문화 등의 다양한 내용의 설명문이나 지시문, 에세이 등이 출제된다.

단문 독해는 4개의 지문에서 각 지문 당 1문항씩, 총 4문항이 출제된다. 한 문항을 2분 정도에 풀어서 10분 안에 4문항을 끝내도록 연습하자.

▶ **내용 이해(단문)에서는 대체로 다음과 같은 유형의 질문들이 출제된다.**

1. 글쓴이가 말하고 있는 ~란 어떤 것인가?
2. 글쓴이가 말하고 싶은 것은 무엇인가?
3. 글쓴이는 왜 ~라고 생각했는가?
4. 글쓴이는 ~에 대해 어떻게 생각하고 있는가?
5. 글쓴이의 생각과 맞는 것은? 혹은 맞지 않는 것은?
6. 글쓴이가 가장 말하고 싶은 것은 무엇인가?
7. ~이라고 한 것은 왜일까?
8. ~은 무슨 의미일까?
9. 본문에 나오는 ~란 무엇인가?
10. 본문에서 ~라고 한 이유는 무엇인가?
11. 본문의 내용과 맞는 것은? 혹은 맞지 않는 것은?

내용 이해(단문)은 짧은 문장의 설명문이나 에세이, 편지 등이 출제되므로 글을 읽고 필자의 생각이나 글의 의도를 파악하고 전체적인 주제와 요지가 드러난 문장을 찾을 수 있다면 어렵지 않게 풀 수 있다.

✅ 합격 꿀팁

1. 내용과 맞는 것, 혹은 맞지 않는 것을 고르는 문제는 다음 두 가지를 기억하도록 한다.
   - 본문에 나와 있는 그대로의 객관적인 내용에만 충실하여 정답을 찾자. 절대로 언급되지 않은 내용을 추론하거나 추측해서는 안 된다는 것을 명심하자. 깊게 생각하다 보면 오히려 오답을 선택하는 실수를 하기 쉽다.
   - 글의 흐름대로 읽어가면서 선택지의 보기와 본문의 내용을 비교하며 맞지 않은 보기는 먼저 지워 두자. 선택지를 다 읽거나 본문을 다 읽고 나서 문제를 풀게 되면 또다시 본문을 찾아서 읽게 되므로 시간을 낭비하게 된다. 따라서 이런 유형의 문제는 반드시 본문의 내용과 선택지를 함께 체크하며 문제를 푸는 연습을 해야 한다.
2. 글쓴이의 주장이나 요지는 글의 흐름으로 보아 대부분 첫 문장과 마지막 문장에 중요한 단서가 있는 경우가 많다. 첫 문장과 마지막 문장만으로도 글쓴이가 글을 쓴 의도나 요지를 빠르게 파악할 수 있는 경우가 많다는 것을 염두에 두고 읽어나감으로써 풀이 시간을 최대한 줄인다.
3. 글쓴이의 생각이나 주장을 찾는 문제를 쉽게 풀 수 있는 방법 중 하나는, 마지막 단락에서 ~てほしい / ~と願っている / ~ではないだろうか / ~だと思う가 들어간 문장을 잘 살펴보는 것이다. 이 문장들 속에 정답이 숨어 있는 경우가 많다.
4. 밑줄 문제는 밑줄의 바로 앞뒤 문맥에서 정답을 찾을 확률이 높으므로 지문을 처음부터 다 읽어 내려가기보다는 밑줄 문장을 중심으로 내용을 살펴보는 것이 시간을 단축하는 지름길이다.
5. 문제의 정답을 찾을 때의 주의점도 함께 알아두어야 한다. 선택지 보기에는 완전히 틀린 내용뿐만 아니라 맞는 말과 틀린 말을 섞거나 본문에는 나와 있지 않지만, 나올 법하고 보편적으로 타당한 보기를 내세워 오답을 유도하는 것이 많다. 또한, 지문과 비슷한 다른 어휘를 사용해 표현하거나 같은 어휘를 반복적으로 사용하는 것이 함정일 수 있다.

예제

問題8 次の（1）から（4）の文章を読んで、後の問いに対する答えとして最もよいものを、1・2・3・4から一つ選びなさい。

　娘の通う小学校では年2回、保護者による本の「読み聞かせ」の募集があり、娘が入学した年から毎年参加している。読み聞かせの時間になり、私が入っていくとざわざわとしていた子供たちがしんと静かになり、真剣に聞いてくれる姿が何ともかわいく、「また次回も参加しよう」と思うのである。いつも早口にならないようにゆっくりと読むのだが、本をめくりながら見えるみんなのわくわくした眼差しに「この本を選んでよかった」という気持ちが湧く。多くの子供たちに本の素晴らしさを知ってほしいし、一人でも多くの保護者に読み聞かせに参加してもらって子供たちの姿を見てほしい、と願っている。

[1] 「読み聞かせ」について筆者が最も言いたいことは何か。

1. 「読み聞かせ」の本の選択には十分な工夫を心がけてほしい。
2. 「読み聞かせ」の楽しさを子供や保護者たちに知ってもらいたい。
3. 読み聞かせる保護者は一回で終わらず、定期的に参加してほしい。
4. 「読み聞かせ」の時は子供たちの集中できる雰囲気を作ることが重要である。

해석 및 해설

딸이 다니는 초등학교에는 일 년에 두 번 보호자가 책을 읽어 주는 '독서 활동' 모집이 있어서, 딸이 입학한 해부터 매년 참가하고 있다. 독서 활동 시간이 되어 내가 들어가자 시끄럽게 떠들던 아이들이 아주 조용해지면서 진지하게 듣는 모습이 정말이지 너무 귀여워 '다음 번에도 또 참가해야지' 하고 생각하게 된다. 항상 말이 빨라지지 않도록 천천히 읽는데, 책을 넘기면서 보게 되는 아이들의 기대에 찬 눈빛에 '이 책을 고르길 잘했어'라는 기분이 든다. 많은 아이들이 책의 장점을 알아주었으면 좋겠고, 한 사람이라도 더 많은 보호자들이 독서 활동에 참가해 아이들의 모습을 봐 주기를 바란다.

1 '독서 활동'에 대해 필자가 가장 말하고 싶은 것은 무엇인가?

1 '독서 활동'의 책의 선택에는 충분한 궁리를 하면 좋겠다.
2 '독서 활동'의 즐거움을 아이나 보호자들이 알아주었으면 한다.
3 독서 활동을 하는 보호자는 한 번에 끝나지 않고, 정기적으로 참가해 주었으면 한다.
4 '독서 활동'을 할 때에는 아이들이 집중할 수 있는 분위기를 만드는 것이 중요하다.

단어

保護者(ほごしゃ) 보호자 | 読(よ)み聞(き)かせ 낭독해 줌, 들려 줌 | ざわざわ 술렁술렁, 시끌시끌 | しんと 잠잠히, 조용히 | 真剣(しんけん)に 진지하게 | 何(なん)とも 무어라 | 早口(はやくち) 말이 빠름 | 本(ほん)をめくる 책을 넘기다 | ~ながら ~하면서 | わくわくする 두근두근하다 | 眼差(まなざ)し 눈빛 | 湧(わ)く 솟다, 샘솟다 | 素晴(すば)らしさ 멋짐, 근사함, 훌륭함 | ~てほしい ~해 주기를 바라다 | ~し ~하고 | 一人(ひとり)でも 한 사람이라도 | ~てもらう (남이 나에게) ~해 주다 | 姿(すがた) 모습 | 願(ねが)う 바라다

해설

'독서 활동'의 책의 선택에 대해서는 아이들의 반응을 보며 선택하길 잘했다고 언급했을 뿐 충분한 궁리를 해야 한다는 말은 없다. 선택지 1번은 본문에 나와 있지 않으면서 보편적으로 생각할 수 있는 내용으로 오답을 유도하고 있다. 또한, 보호자들이 독서 활동에 참가해 아이들의 모습을 봐 주기를 바란다고 했지만, 정기적으로 참가해 주길 바라는 것은 아니므로 3번도 오답이고, 선택지 4번과 같은 독서 활동에 대한 말은 나오지 않으므로 역시 정답이 아니다. 글쓴이가 말하고 싶은 것은 '많은 아이들이 책의 장점을 알아주었으면 좋겠고, 한 사람이라도 더 많은 보호자들이 독서 활동에 참가해 아이들의 모습을 봐 주기를 바란다.'는 것. 따라서 '독서 활동'의 즐거움을 아이나 보호자들이 알아주었으면 한다는 2번이 정답이다.

워밍업

問題 次の文章を読んで質問に答えなさい。

　我が家の消費電力量は冷蔵庫、エアコン、テレビ、照明器具が大部分を占めている。ただ、実際に節電に 1 取り組んでも、具体的にどの家電で何％節電ができているのかよくわからない。月々の料金 2 請求書で全体の節電額は 3 把握できるが、それでは不十分な気がする。例えば、自動車は走行距離やガソリン残量を表示してくれるので、安心して運転できる。そこで、主な家電製品で消費した電力量を 4 日別月別に表示できるようになれば、前日比前月比で何％の節電ができたか、より具体的に把握できると思う。各家電メーカーは、電力使用量が確認できるような表示 5 装置の標準化に 6 努めてほしいものだ。

1 次の単語の意味を書きなさい。

1 取り組む＿＿＿＿＿＿＿＿　　2 請求書＿＿＿＿＿＿＿＿

3 把握＿＿＿＿＿＿＿＿　　　　4 日別月別＿＿＿＿＿＿＿＿

5 装置＿＿＿＿＿＿＿＿　　　　6 努める＿＿＿＿＿＿＿＿

2 「筆者が最も言いたいことは何か」本文の中で正解の手がかりになる文章に下線を引き、韓国語で訳しなさい。

＿＿＿＿＿＿＿＿＿＿＿＿＿＿＿＿＿＿＿＿＿＿＿＿＿＿＿＿＿＿＿＿＿＿

◆ 정답

1 1 몰두하다, 힘쓰다 2 청구서 3 파악 4 일별월별 5 장치 6 힘쓰다, 노력하다

2 各家電メーカーは、電力使用量が確認できるような表示装置の標準化に努めてほしいものだ
   각 가전제품 제조회사는 전력 사용량을 확인할 수 있는 표시 장치 표준화에 힘써 주었으면 한다.

Memo

유형 공략 | 問題9 내용 이해(중문)

✱ 유형 분석

問題9는 **내용 이해(중문)** 문제로, 500자~600자 정도의 비교적 평이한 내용의 평론이나 설명문, 수필 등이 주로 출제된다. 단문보다 지문이 길어질 뿐 출제의 방향성은 크게 다르지 않다. 지문은 총 3개이며 각 지문당 3문항씩 출제된다. 총 9문항을 25분 이내에 풀어야 한다.

▶ **내용 이해(중문)에서는 다음과 같은 질문들이 출제된다.**

1. ~라고 한 것은 왜일까?
2. ~은 무슨 의미일까?
3. ~에 대해 글쓴이는 어떻게 생각하고 있는가?
4. 글쓴이가 말하고자 하는 것은?
5. ~라고 생각한 이유는 무엇인가?
6. ~이 나타내는 말은 어떤 것일까?
7. ~에 대하여 본문의 내용에 맞는 것은? 혹은 맞지 않는 것은?
8. 글쓴이는 ~에 대해 ~라고 말하고 있는가?

내용 이해(중문)은 글쓴이의 생각이나 주장, 사실 관계를 파악하고, 인과 관계를 이해하는지를 묻는 문제가 많이 출제된다. 크게 세 단락으로 나누어 각 단락에서 말하고 있는 것과 밑줄 문제형식이 나오고, 마지막 문제는 전체적인 내용이나 글의 요지를 이해해야 풀 수 있는 문제로 구성된다.

⏱ 합격 꿀팁

1. 지문을 읽기 전에 먼저 어떤 문제인지 파악하라.
2. 출제되는 문제 유형은 어느 정도 정해져 있으므로 문제의 핵심이 보이면 빠르게 동그라미를 치고 시작하자.
3. 글의 요지나 생각, 주장을 묻는 문제는 글을 읽으면서 내용과 맞는 선택지를 지워 나가자.
4. 지문에서 수험생이 이해하기 어려운 수준의 단어나 어휘는 각주로 설명이 나온다. 어려운 단어를 굳이 읽어보려거나 해석하려고 시간을 낭비하는 일은 없어야 한다.
5. 글의 요지는 대부분 첫 번째 단락에서 키워드를 찾음으로써 파악할 수 있다.
   하지만 마지막 단락을 주의 깊게 읽어야 필자의 주장이나 생각을 확실히 알 수 있는 경우가 많으므로 문맥의 흐름 파악(순접, 역접 등의 인과 관계)에 각별히 신경을 써야 실수하지 않는다.
6. 중문에서 자주 출제되는 밑줄 문제는 밑줄이 나타내는 것과 밑줄의 이유 등을 묻는 문제인데, 대부분 앞뒤 문맥을 잘 읽어 보면 정답을 찾을 수 있다. 따라서 밑줄 문제는 밑줄 부분을 읽으면서 바로 바로 정답을 찾자.

예제

問題9　次の(1)から(3)の文章を読んで、後の問いに対する答えとして最もよいものを、1・2・3・4から一つ選びなさい。

　昔からテレビドラマの代表的な素材として歴史的英雄が扱われ、長い間愛されてきた。それは人々が英雄を大衆の欲望や人間像を表現する代理人として認識し、自分の願望を満足させる存在として認識してきたからである。特定の時代のドラマが映し出す人間の姿と、それを受け取る視聴者との疎通は、当時の大衆意識をよりよく理解できる装置にもなる。このようなことから英雄譚はテレビドラマのみならず、映画、アニメ、オンラインゲームなどによく利用されたり、新しく開発されたコンテンツの題材にもなっている。過去の歴史的英雄が今の時代にも注目を浴びているのは、個人の主体化の過程を反映しているのがまさに「英雄譚」だからだと思う。英雄譚は単なる彼らの話ではなく、我々の普遍的な成長ストーリーの一部であり、人間の無意識を引き出す話である。つまり、過去を通じて自分が生きている現代のことを再認識し、新しい価値観を構築しようとする人間の普遍的な欲望が作用しているのであろう。英雄譚が時代を超え、現代社会においてもなおデジタル時代のコンテンツが主となっているのも、それを共有する人々に主体との同一化を心理的に要求するからだろうか。これからもこのような物語は作り続けられるであろうし、その話を通じて現代の社会を再構成する材料となり、大衆が持っている文化的感受性や欲望も見出すことができると考えられる。

1　英雄譚がテレビドラマの素材としてよく使われる理由は何か。

1　ストーリー展開やあらすじをつかみやすいから
2　一般ドラマよりも視聴率の確保が有利だから
3　他の番組に比べて製作費用を大幅に節約できるから
4　大衆が英雄に自分の思いを託して満足してきたから

[2] 過去の英雄が今の時代にも注目を浴びている理由は何か。

1　人々の懐かしさを刺激してくれるから
2　個人の主体化過程を反映しているから
3　同じストーリー展開でも批判されることがないから
4　多くの俳優が出演することで視聴者に根強い人気があるから

[3] 本文の内容と合っていないものはどれか。

1　英雄譚は大衆が持っている文化的感受性や欲望も見出す素材になることができる。
2　英雄譚は昔からテレビドラマに打って付けの素材として長い間愛されてきた。
3　月並みな内容のため、英雄譚の人気はこれから徐々に衰えていくに違いない。
4　私たちは英雄譚を通じて自分が生きている現在のことを再認識することができる。

> **해석 및 해설**

　옛날부터 역사적 영웅은 텔레비전 드라마의 대표적 소재로써 오랫동안 사랑받아 왔다. 그것은 사람들이 영웅을 대중의 욕망이나 인간상을 표현하는 대리인으로 인식하고 자신의 바람을 만족시켜주는 존재로서 인식해 왔기 때문이다. 특정 시대 드라마가 형상화하는 인간의 모습과 그것을 받아들이는 시청자와의 소통은 당시의 대중 의식을 보다 잘 이해할 수 있는 장치도 된다. 이런 이유로 영웅담은 텔레비전 드라마뿐만 아니라 영화, 애니메이션, 온라인게임 등에 자주 이용되거나 새롭게 개발된 콘텐츠 재료로도 사용되고 있다. 과거의 역사적 영웅이 현재에도 각광을 받고 있는 이유는 개인의 주체화 과정을 반영하고 있는 것이 바로 '영웅담'이기 때문이라고 생각한다. 영웅담은 단순한 그들의 이야기가 아니라 우리들의 보편적인 성장 이야기의 일부이고, 인간의 무의식을 끌어내는 이야기이다. 즉 과거를 통해 자신이 살고 있는 현대를 재인식하고, 새로운 가치관을 구축하려는 인간의 보편적인 욕망이 작용하고 있는 것이다. 영웅담이 시대를 초월해 현대 사회에서도 여전히 디지털 시대의 콘텐츠를 주도하고 있는 것도 그것을 공유하는 사람들에게 주체의 동일화를 심리적으로 요구하기 때문은 아닐까? 앞으로도 이와 같은 이야기는 계속 만들어질 것이며, 그 이야기를 통해 현대 사회를 재구성하는 재료로 삼고 대중이 지니고 있는 문화적 감수성과 욕망도 끌어낼 수 있다고 여겨진다.

1　영웅담이 TV 드라마의 소재로 자주 쓰이는 이유는 무엇일까?
　1　스토리 전개나 줄거리를 잡기 쉬우니까
　2　일반 드라마보다 시청률 확보가 유리하니까
　3　다른 프로그램들에 비해 제작 비용을 대폭 절약할 수 있으니까
　4　대중이 영웅에 자신의 생각을 실어 만족해 왔기 때문에

2　과거의 영웅이 이 시대에도 주목받는 이유는 무엇일까?
　1　사람들의 그리움을 자극해 주기 때문에
　2　개인의 주체화 과정을 반영하고 있으므로
　3　같은 스토리 전개에서도 비판받을 것이 없으니까
　4　많은 배우가 출연하는 것으로 시청자들에게 탄탄한 인기가 있기 때문에

3　본문의 내용과 맞지 않은 것은 어느 것인가?
　1　영웅담은 대중이 갖고 있는 문화적 감수성이나 욕망도 찾아내는 소재가 될 수 있다.
　2　영웅담은 옛날부터 텔레비전 드라마에 안성맞춤의 소재로 오랫동안 사랑받아 왔다.
　3　평범한 내용 때문에 영웅담의 인기는 지금부터 서서히 쇠퇴해 갈 것임에 틀림없다.
　4　우리는 영웅담을 통해 자신이 살고 있는 현재를 재인식할 수 있다.

단어

| 素材 소재 | ～として ~로써, ~로서 | 英雄 영웅 | 扱う 다루다 | 大衆 대중 | 欲望 욕망 | 代理人 대리인 | 認識 인식 | 願望 바람 | 存在 존재 | 特定 특정 | 映し出す 그려 내다, 표현하다 | 姿 모습 | 受け取る 받아들이다 | 視聴者 시청자 | 疎通 소통 | よりよく 보다 잘 | 装置 장치 | 英雄譚 영웅담 | ～のみならず ~뿐만 아니라 | コンテンツ 콘텐츠 | 題材 제재, 소재 | 注目 주목 | 浴びる 받다, 뒤집어쓰다 | 反映 반영 | まさに 실로 | 単なる 단순한 | 我々 우리, 우리들 | 普遍的 보편적 | ～である ~이다 | 無意識 무의식 | 引き出す 꺼내다 | つまり 결국, 다시 말해 | 過去 과거 | ～を通じて ~을/를 통해 | 価値観 가치관 | 構築 구축 | 作用 작용 | ～であろう ~일 것이다 | 超える 넘다 | ～においても ~에 있어서도 | なお 여전히 | 共有する 공유하다 | 同一化 동일화 | これからも 앞으로도 | 物語 이야기 | ～し ~이고 | 再構成 재구성 | 材料 재료 | 感受性 감수성 | 見出す 찾아내다, 발견하다 |

해설

1. 영웅담이 TV 드라마의 소재로 자주 쓰이는 이유는 사람들이 영웅을 대중의 욕망이나 인간상을 표현하는 대리인으로서 인식하고 자신의 바람을 만족시켜주는 존재로서 인식해 왔기 때문이라고 하였으므로 '대중이 영웅에 자신의 생각을 실어 만족해 왔기 때문에'라고 한 4번이 정답이다.

2. 과거의 역사적 영웅이 현재에도 각광을 받고 있는 이유는 개인의 주체화 과정을 반영하고 있는 것이 바로 '영웅담'이기 때문이라고 하였으므로 정답은 2번이다.

3. 옛날부터 역사적 영웅은 텔레비전 드라마의 대표적 소재로써 오랫동안 사랑받아 왔고, 대중이 지니고 있는 문화적 감수성과 욕망도 끌어낼 수 있다고 나와 있으므로 선택지 1번과 2번은 본문 내용과 맞는 보기이다.
선택지 4번 역시, 영웅담은 과거를 통해 자신이 살고 있는 현대를 재인식하고, 새로운 가치관을 구축하려는 인간의 보편적인 욕망이 작용하고 있다고 하였으므로 맞는 보기이다. 선택지 3번은 평범한 내용 때문에 영웅담의 인기는 지금부터 서서히 시들어 갈 것이 틀림없다고 하였는데, 본문에서는 앞으로도 계속 만들어질 것이라고 하였기 때문에 정반대의 내용이다. 따라서 정답은 3번이다.

워밍업

問題 次の文章を読んで質問に答えなさい。

万引き防止連絡会より「万引きをしないさせない社会作り」について、ご紹介します。現在、東京都内の全警察署では、万引き防止連絡会が設置され、警察だけではなく行政、小売店舗、学校、地域住民など地域 1 総ぐるみで万引き防止となる取り組みを行っています。

「2 たかが万引き」と思われがちですが、万引きは子供のいたずらだけではありません。今、社会では成人・高齢者の万引きが深刻な問題になっています。これらの要因の一つとして、「孤独」「貧困」「3 生き甲斐の無さ」等が挙げられていますが、いずれにしても万引きによる被害は、小売店の経営を 4 圧迫する深刻な問題となっています。万引きの発見件数の多さと被害総額からみても、軽視することはできないでしょう。大切なのは、規範意識と社会・地域の 5 絆です。現在、私たちはこのような理念に基づいて、「社会・地域の絆作り」と「規範意識」の向上に向けた様々な対策を推進、実行しています。万引きを根絶させるためには、日々のあいさつや声がけに始まる社会環境作りと共に、その地域に生活する一人一人が社会参加を積極的に行い、私たち自身が万引きに対して確固とした規範意識を 6 保持し続けることが大切です。孤独から万引きしそうになったり、家族や友達が万引きをしているのではと思ったり、万引き防止のボランティアに参加したい方などは、迷わずに万引き防止連絡会までご相談ください。

1 次の単語の意味を書きなさい。

1 総(そう)ぐるみ _____ 2 たかが _____

3 生(い)き甲(が)斐(い) _____ 4 圧(あっ)迫(ぱく) _____

5 絆(きずな) _____ 6 保(ほ)持(じ) _____

2 「このような理念とはなにか」本文の中で正解の手がかりになる文章に下線を引き、韓国語で訳しなさい。

_____

◆ 정답

1 ① 전원이 일체가 됨, 모두   ② 기껏, 고작   ③ 사는 보람, 사는 값어치   ④ 압박   ⑤ 인연, 유대   ⑥ 유지

2 大切なのは、規範意識と社会・地域の絆です。
　　중요한 것은 규범의식과 사회・지역유대입니다.

Memo

유형 공략 | 問題10 내용 이해(장문)

✳ 유형 분석

問題10은 **내용 이해(장문)** 문제로, 1000자 정도의 가장 긴 지문을 읽고 글쓴이의 생각이나 주장, 결론적으로 말하고자 하는 요지를 이해하고 있는지를 묻는 문제가 출제된다. 지문은 4개~5개 정도의 단락으로 이루어져 있으며, 대부분 내용의 흐름에 따라 문제가 출제되므로 각 단락에서 중요한 문장을 체크해 가며 읽어 나가는 것이 중요하다.

장문 독해는 한 개의 지문에 4문항이 출제된다. 총 4문항을 푸는 시간은 10분 정도가 적당하다.

▶ **내용 이해(장문)에서는 다음과 같은 질문들이 출제된다.**

1. ~은 무슨 의미일까?
2. ~은 무엇을 말하는가?
3. ~의 설명으로 맞는 것? 혹은 맞지 않는 것?
4. ~라고 생각한 이유는 무엇인가?
5. ~이 나타내는 말은 어떤 것일까?
6. 글쓴이는 ~에 대해 뭐라고 말하고 있는가?
7. 글쓴이가 말하고자 하는 것은?
8. ~에 대하여 본문의 내용에 맞는 것? 혹은 맞지 않는 것?

내용 이해(장문)은 전체적인 내용에서 글쓴이의 의도를 파악하고 무엇을 설명하고 있는지, 가장 강조하고 싶은 요지가 무엇인지 찾아내는 것이 핵심이다. 다소 긴 문장이지만 흐름을 놓치지 않고 읽어 내려가는 훈련을 한다면 주제문을 찾고 문제를 푸는 데 익숙해질 수 있으니 꾸준히 연습해 두자.

⏱ 합격 꿀팁

1. 문제를 먼저 읽어보면 지문에 나오는 핵심 단어가 무엇인지 알 수 있는 경우가 많다. 질문지나 선택지에 많이 등장하는 단어를 먼저 파악한 후 지문을 읽는 것이 도움이 된다.
2. 유형화된 문제 패턴인 밑줄 문제는 밑줄이 나타내는 것과 밑줄의 이유 등을 묻는 문제인데 앞뒤 문장에서 충분히 정답을 찾을 수 있으니 바로바로 체크하도록 하자.
3. 중요한 내용이나 기억해야 할 문장은 밑줄을 치면서 읽으면 선택지와 비교를 쉽게 할 수 있어 정답을 찾는 시간을 단축시킬 수 있다. 반드시 읽으면서 표시를 해 두도록 하자.
4. 지문을 읽을 때 내용에 따라 크게 4개 정도의 단락으로 나누어 보는 연습을 하면 글의 흐름이나 내용을 이해하는 데 훨씬 도움이 된다. 단락을 나누는 가장 쉬운 방법으로는 새 문단이 시작되는 '들여쓰기'가 힌트가 될 수 있다.

예제

問題10　次の文章を読んで、後の問いに対する答えとして最もよいものを、1・2・3・4から一つ選びなさい。

　皆さんのまわりには、看板や掲示物、ポスターやチラシ、ステッカーがある。そこに書かれている言葉を意識したことはあるだろうか。これらに書かれている文字言語は言語景観、Linguistic Landscape と言われている。言語景観は公共空間にあり、不特定多数に向けられている、受動的に視野に入る書き言葉を指し、つまり街で生活していれば、毎日この言語景観に触れている訳だ。

　言語景観は公共表示と民間表示に分けられる。公共表示とは皆が使用するような機関や施設、交通機関に書かれているもので、例えば街にある役所や図書館、空港や電車、バスやタクシーに見られる言語景観がそれである。それに対して民間表示とは、主に商業店舗に見られる表示、例えば飲食店やデパート、コンビニエンスストアなどに書かれている表示のことを指す。

　公共表示と民間表示はそれぞれ役割が違うので、これらを分けて考えることが必要である。まず公共表示では、例えば駅構内の案内表示の中で公共性の高い表示、駅の切符売場やトイレなどは全て日本語、①英語、中国語、韓国語といった②4ヶ国語の多言語表記になっていることに気づいてみよう。日本の公共表示では日本語だけということは少なく、日本語と英語の二言語表記や中国語や韓国語も含めた四言語表記が主流になっている。国際語としての英語、地理的に近く互いに影響しあうという地理的近接効果によって中国語と韓国語が見られる訳だ。

　これに対して③民間表示は、顧客のニーズや年齢、性別などによって様々な工夫がされていると言えるだろう。例えば、若者向けの言語景観では、あえてカジュアルな話し言葉で表現したり、漢字で書くところをひらがなやカタカナで書いたり、短く省略した表現を使用することによって、買いやすさや商品への近づきやすさを演出するというのが具体的な例である。

身近な言語景観は、地域の様々な特徴や社会的な背景を教えてくれるだけではなく、流行や若者の考え方、日本語そのものを考えるきっかけをも与えてくれる実に便利な存在である。身近な「先生」を使わない手はない。

1　①英語の説明で正しいものはどれか。

1　日本で人気のある言語として表記されている。
2　皆が使う共通語として表記されている。
3　第二言語として表記されている。
4　第二外国語として表記されている。

2　②4ヶ国語の多言語表記とは、どういうことか。

1　英語は日本人が好きな言語だから表記がある。
2　韓国語、中国語は日本人が好きな言語だから表記されている。
3　アジアの言語は近いから表記されている。
4　4ヶ国語の多言語表記は日本政府が決めている。

3　③民間表示の説明として正しいのはどれか。

1　民間表示には普段使わないような日本語が見られる。
2　民間表示だけは不特定多数に向けられている。
3　民間表示は4ヶ国語の多言語表記である。
4　民間表示はその変化が公共表示よりも早い。

4　言語景観について、本文と合っているものはどれか。

1　言語景観は学ぶ点が多くもっと注目するべきだ。
2　言語景観は生活する人々にとって公共表示の方が重要だ。
3　言語景観は特定の人々に向けられていることが多い。
4　言語景観は若者の意識や生活が強く反映されている。

> **해석 및 해설**

여러분 주변에는 간판이나 게시물, 포스터와 전단지, 스티커가 있다. 그곳에 쓰인 말을 의식한 적이 있는가? 이것들에 쓰인 문자언어는 언어 경관, Linguistic Landscape라고 부른다. 언어 경관은 공공 공간에 있고, 불특정 다수를 향한 수동적 시야에 들어가는 문어체를 가리키는데, 결국 마을에서 생활을 하면 매일 이 언어 경관을 접하게 되는 것이다.

언어 경관은 공공 표시와 민간 표시로 나뉜다. 공공 표시라는 것은 모두가 사용하는 기관이나 시설, 교통기관에 쓰인 것으로, 예를 들면 거리에 있는 관공서나 도서관, 공항, 전철, 버스와 택시에서 볼 수 있는 언어 경관이 그것이다. 그에 비해 민간 표시라는 것은 주로 상업 점포에서 볼 수 있는 표시, 예를 들어 음식점이나 백화점, 편의점 등에 쓰여 있는 표시를 가리킨다.

공공 표시와 민간 표시는 각각 역할이 다르므로 이들을 나눠서 생각할 필요가 있다. 우선 공공 표시에서는 가령, 역 구내의 안내 표시 중에서 공공성이 높은 표시, 역의 매표소나 화장실 등은 모두 일본어, 영어, 중국어, 한국어와 같은 4개국어인 다언어 표기로 되어 있음을 알아채 보자. 일본의 공공 표시에서는 일본어만인 것은 적고, 일본어와 영어의 이중 언어 표기나 중국어와 한국어도 포함한 4개 언어 표기가 주류가 되어 있다. 국제어로써의 영어, 지리적으로 가까워 서로 영향을 주고받는 지리적 근접 효과에 의해 중국어와 한국어를 볼 수 있는 것이다.

이에 반해 민간 표시는 고객의 니즈와 연령, 성별 등에 따라 다양한 궁리를 하고 있다고 할 수 있을 것이다. 가령, 젊은 사람용 언어 경관에서는 굳이 일상적인 구어체로 표현하거나, 한자로 써야 할 곳을 히라가나 또는 가타카나로 쓰기도 하고, 짧게 생략한 표현을 사용함으로써 사기 쉬움이나 상품에 대한 접근성을 좋게 함을 연출하려고 하는 것이 구체적인 예이다.

가까운 언어 경관은 지역의 다양한 특징이나 사회적인 배경을 가르쳐 줄 뿐만 아니라 유행이나 젊은이의 사고방식, 일본어 자체를 생각할 계기를 주는 실로 편리한 존재이다. 우리 가까이의 '선생'을 쓰지 않을 방도는 없다.

1 영어 설명에서 바른 것은 어느 것인가?

　1　일본에서 인기 있는 언어로써 표기되어 있다.
　2　모두가 사용하는 공통어로써 표기되어 있다.
　3　제2언어로써 표기되어 있다.
　4　제2외국어로써 표기되어 있다.

2 ②4개국 다언어 표기란 무엇을 말하는가?

　1　영어는 일본인이 좋아하는 언어이므로 표기가 있다.
　2　한국어, 중국어는 일본인이 좋아하는 언어이므로 표기되어 있다.
　3　아시아의 언어는 가까우므로 표기되어 있다.
　4　4개국어의 다언어 표기는 일본 정부가 정하고 있다.

3 ③민간표시의 설명으로 바른 것은 어느 것인가?

1 민간표시에는 보통 쓰지 않는 일본어가 보인다.
2 민간표시만은 불특정다수에 적합하다.
3 민간표시는 4개국 다언어표기이다.
4 민간표시는 그 변화가 공공표시보다 빠르다.

4 언어경관에 대해 본문과 맞는 것은 어느 것인가?

1 언어경관은 배울 점이 많아서 더욱 주목해야 한다.
2 언어경관은 생활하는 사람들에게 공공표시 쪽이 중요하다.
3 언어경관은 특정 사람들에게 적합한 일이 많다.
4 언어경관은 젊은 사람의 의식이나 생활이 강하게 반영되어 있다.

단어

まわり 주변 | 看板(かんばん) 간판 | ステッカー 스티커 | 言語景観(げんごけいかん) 언어경관 | 公共(こうきょう) 공공 | 空間(くうかん) 공간 | 不特定多数(ふとくていたすう) 불특정다수 | 向く(む) 적합하다, 맞다, 어울리다 | 受動的(じゅどうてき) 수동적 | 触れる(ふ) 닿다, 접촉하다, 건드리다 | 機関(きかん) 기관 | 施設(しせつ) 시설 | 役所(やくしょ) 관공서 | 商業店舗(しょうぎょうてんぽ) 상업 점포 | 役割(やくわり) 역할 | 分ける(わ) 나누다 | 主流(しゅりゅう) 주류 | 近接(せっきん) 접근 | 視野(しや) 시야 | 若者(わかもの) 젊은 사람, 젊은이 | あえて 굳이 | カジュアルな 꾸밈없는, 격의 없는 | 演出(えんしゅつ) 연출 | 例(れい) 예 | 身近(みぢか) 가까운 곳

해설

1 세 번째 단락 후반에 '국제어로서의 영어'라고 되어 있는 부분에 주목하면 세계 공통어로 연관 지을 수 있다. 따라서 정답은 2번이다.

2 세 번째 단락 마지막의 '지리적으로 가까워 서로 영향을 주고받는 지리적 근접 효과에 의해 중국어와 한국어를 볼 수 있는 것이다.'라는 문장에서 지리적으로 가까이 있음을 나타내는 3번이 정답이다.

3 네 번째 단락의 구체적인 예에서 유추할 수 있다. 민간표시는 고객의 니즈, 연령, 성별 표기에 따라 다양한 궁리를 한다고 하였으므로, 보통 쓰지 않는 일본어가 보인다고 한 1번이 정답이다.

4 마지막 단락 문장 전체가 결론이므로, 이 부분에서 문장의 뜻을 파악할 수 있다. 정답은 1번이다.

워밍업

問題　次の文章を読んで質問に答えなさい。

　「若さとは何か」という問いは、よく聞かれる話であり、それは「 1 老い とは何か」ということでもあるかもしれない。あるいは「大人になるとはどういうことか」というように置き換えて考えることも可能だろう。

　人間は生きていく上で、その時々にそういったことをふと思ったり、考えたりするようだ。肉体的若さ、老いとは別に現代では精神的な豊かさとでもいうべきだろうか、①そういったものが求められるようになってきていると感じる。これは物理的な肉体とは別に、精神世界の見直しが 2 図られているとも考えられるだろう。つい最近、私が出会った人は既にご年配といった年齢であったが、 3 はつらつとしていて、とても実年齢とは思えない活力が 4 みなぎっていた。

　このような経験からすると肉体的に若くても目的もなく無気力になってしまっていれば、それ相応に感じてしまうこともあるであろうし、その逆もまた 5 然りであろう。これをヒントにすると、もしもこのようなテーマにぶつかった場合は、まずそのことを念頭に置くことが役に立つかもしれない。とは言っても思春期にこのような前提は通用しないだろうから、やはり青年期以降ということになるのだろうか。

　思春期には「大人になること」について考えるであろうし、青年期から先は「若さ」あるいは「老い」について考えるということになると、やはり普遍的に効果のある枠組みはなさそうだ。しかし、肉体と精神における健全性、活力は関係があると医学でも報告されていることからも分かるように、どちらか一方が健全であり、もう一方が不健全であるということはなさそうなので、両面的に考察するべきだろう。

　いずれにしても、現代社会で「心」をテーマに広く人間の精神面が注目されていることは興味深い事実であり、②社会現象とも言えるだろう。これまでは肉体的な側面が注視されてきた感のある誰もが 6 逃れられない条件が長寿化によって、その興味が「心」に移ったのではないかと私は考えているのである。世の中が物であふれかえり、何でもすぐに手に入るようになった時代ではあるが、「物」だけではなく、「人」も豊かでありたいものである。

1 次の単語の意味を書きなさい。

1 老い＿＿＿＿＿＿＿＿＿＿　2 図る＿＿＿＿＿＿＿＿＿＿

3 はつらつ＿＿＿＿＿＿＿＿　4 みなぎる＿＿＿＿＿＿＿＿

5 然り＿＿＿＿＿＿＿＿＿＿　6 逃れる＿＿＿＿＿＿＿＿＿

2 次の質問に正解の手がかりになる文章に下線を引き、韓国語で訳しなさい。

問１：①そういったものとはなにか。

＿＿＿＿＿＿＿＿＿＿＿＿＿＿＿＿＿＿＿＿＿＿＿＿＿＿＿＿＿

問２：②社会現象とはなにか。

＿＿＿＿＿＿＿＿＿＿＿＿＿＿＿＿＿＿＿＿＿＿＿＿＿＿＿＿＿

◆ 정답

1　1 늙음, 늙은 사람　2 꾀하다, 도모하다　3 발랄　4 넘치다, 넘쳐흐르다　5 그렇다, 옳다　6 도망치다, 벗어나다

2　問１：精神的な豊かさ
　　　　정신적인 풍요
　　問２：現代社会で「心」をテーマに広く人間の精神面が注目されていること
　　　　현대 사회에서 '마음'을 테마로 널리 인간의 정신 면이 주목받고 있는 것

Memo

유형 공략 | 問題11 종합 이해

✱ 유형 분석

問題11는 종합 이해 문제로, 같은 주제의 두 개 혹은 세 개의 지문을 읽고, 각 지문에 나타난 글쓴이의 입장이나 생각, 의견의 차를 비교해 가며 공통점과 차이점을 파악해야 하는 문제이다.
각각의 주장이나 요지뿐만 아니라 종합적인 이해를 요하는 문제이므로 많은 문제를 풀어 문제 유형에 익숙해지도록 하자. 문항 수는 총 3문항이 출제되며, 예상 풀이 시간은 12분 이내이다.

▶ 종합 이해에서는 다음과 같은 질문들이 출제된다.

1. ~라고 한 이유는 무엇인가?
2. 밑줄 친 ~의 의미는 무엇인가?
3. ~에 대해 A와 B는 어떻게 생각하고 있는가?
4. ~에 대해 A와 B의 공통적인 의견은 무엇인가?
5. A 또는 B의 글쓴이가 말하고자 하는 것은 무엇인가?
6. A와 B의 주장으로 맞는 것은 어느 것인가?
7. A 또는 B의 글쓴이가 그렇게 주장하는 이유는 무엇인가?
8. 본문의 내용에 맞는 것은? 혹은 맞지 않는 것은 무엇인가?

두 개 이상의 문장을 읽고, 각각의 요점을 파악하여 비교해 가면서 공통점이나 다른 점 등을 정리한다. 밑줄을 그어 가며 공통점과 다른 점을 정리하는 것이 효과적이다. 읽는 양이 많아지므로 계속해서 읽어 가는 연습과 요점을 정리하는 연습이 필요하다.

합격 꿀팁

1. 각각의 글쓴이의 생각이나 주장, 사실 관계를 잘 파악하고 있는지, 각 지문의 설명이나 입장이 무엇인지를 묻는 문제가 많이 출제된다.
2. 지문을 읽기 전에 무엇을 묻는 문제인지, 어떤 내용을 중점적으로 기억해야 하는지 주의 깊게 살펴보자.
3. 글의 내용과 맞는 것, 또는 맞지 않는 것을 고르는 문제 등 전체적인 내용 이해를 요구하는 문제는 각 지문의 흐름대로 읽어 가며 선택지를 지워 나가자.
4. 같은 주제에 대해 어떻게 서로 다른 의견을 주장하고 있는지를 파악하고 그중 공통적인 입장이나 의견이 있는지를 파악해야 실수하지 않는다.
5. 글쓴이의 생각이나 의견이 드러난 부분은 질문이나 선택지에 반드시 나오므로 밑줄을 쳐서 글의 흐름을 파악하자.

예제

問題11　次の文章を読んで、後の問いに対する答えとして最もよいものを、1・2・3・4から一つ選びなさい。

相談者：
　私は今年成人した者です。まだ大学生で実社会には出ていないのですが、そう遠い話ではありませんし、今から意識を高めていきたいとも考えています。このため、社会人である諸先輩方から、会社に入った場合、社会人としてすべきことやしてはいけないこと、または単純に大人のマナーやモラルについて教えて頂ければと思います。漠然とした質問で申し訳ありませんが、具体的にご回答頂ければ幸いです。

社会人A：
　社会人として、まず仕事に就くという前提であると、身だしなみは当然のことだと思います。ビジネスはお客様相手のことですから、さっぱりとした爽やかな髪形や清潔感のあるフォーマルな服装を心がけましょう。そして基本的なことですが、時間をきちんと守りさらにゆとりを持つことも重要です。待ち合わせがあれば時間までに行けばよいということではなく、少なくとも5分ほど前には到着しているくらいの気持ちで良いのではないでしょうか。また、整理整頓や後片付けも仕事には大切な要素です。会社は共用の物品や空間がほとんどです。このため、自分が使用した物のみならず、散らかっていたり、汚れが目につくなどの場合は、率先してきれいにするという心構えが必要だと思います。

社会人B：
　まずは仕事をすることでしょうか。大学を卒業してもまともに仕事をしていなければ話にならないかもしれません。仕事を持つことは一社会人としての第一歩だと思います。そして、重要なことは仕事を通じて社会の役に立つ、という意識です。これだけは忘れないでほしいと思います。また周囲の状況を察して冷静に行動すること、感謝や謝罪の意を忘れないことはもとより、その反対に自分勝手または無責任な行動を取らないことは仕事をしているか否かにかかわらず、初歩的な事柄ですので留意しましょう。罪を犯さないことは言うまでもありません。これから立派な社会人になれるよう頑張ってくださいね。

|1| 社会人Aさん、Bさんの仕事に対する考え方として合っているものはどれか。

　　1　社会人Aさん、Bさん共に仕事で重要なことは外見である。
　　2　社会人Aさんにとって、仕事で重要なことは社会貢献である。
　　3　社会人Bさんにとって、仕事で重要なことは社会貢献である。
　　4　社会人Aさん、Bさん共に仕事で重要なことは社会貢献である。

|2| 社会人AとBの文章について、正しいものはどれか。

　　1　社会人Aさんは、相談者の質問を網羅して答えている。
　　2　社会人Bさんは、相談者の質問を網羅的に答えている。
　　3　社会人Bさんは、相談者の質問に部分的に答えている。
　　4　社会人Aさん、Bさん共に相談者の質問に部分的にしか答えられていない。

|3| 本文の内容と合っているものはどれか。

　　1　相談者は将来会社員になりたくないと考えている。
　　2　社会人A、B共に仕事をすることが第一であるという認識がある。
　　3　社会人Aは、仕事と私生活は分けて考えた方が良いと考えている。
　　4　社会人Aは、周りに迷惑が及ばなければ仕事はいつから始めても良いと考えている。

> 해석 및 해설

상담자:
　저는 올해 막 성인이 된 사람입니다. 아직 대학생이라서 실제 사회에는 나가지 않았습니다만, 그렇게 먼 이야기도 아니고 지금부터 의식을 높여 가고 싶습니다. 그래서 사회인인 여러 선배 분들께서 회사에 들어갔을 때 사회인으로서 해야 하는 것과 해서는 안 되는 것, 또는 단순히 어른의 매너나 도덕성에 대해서 가르쳐 주셨으면 합니다. 막연한 질문이라 죄송합니다만, 구체적으로 답변해 주시면 감사하겠습니다.

사회인 A:
　사회인으로서 우선 취업하게 되었다는 전제라면 몸가짐은 기본이라고 생각합니다. 비즈니스는 고객을 상대하는 일이므로 깔끔하고 산뜻한 두발이나 청결한 느낌이 있는 격식 차린 복장을 입도록 합시다. 그리고 기본적인 것이지만 시간을 잘 지키고 나아가 여유를 가지는 것도 중요합니다. 약속이 있을 때 약속 시간까지 가면 되는 게 아니라 적어도 5분 정도 전에는 도착해 있을 정도의 마음가짐이 좋겠죠. 또 정리정돈과 뒷정리도 중요한 요소입니다. 회사는 공용 물품이나 공간이 대부분입니다. 이 때문에 자신이 사용한 물건뿐만 아니라 어질러져 있거나 더러움이 눈에 띄면 솔선해서 깨끗하게 하려는 마음가짐이 필요하다고 생각합니다.

사회인 B:
　우선은 직장을 구하는 것이겠죠. 대학을 졸업하고도 제대로 일을 하고 있지 않으면 이야기할 가치가 없을지도 모릅니다. 직업을 가지는 것은 한 사회인으로서의 첫걸음이라고 생각합니다. 그리고 중요한 것이 일을 통해 사회에 도움이 된다는 의식입니다. 이것만은 잊지 않으셨으면 좋겠습니다. 또 주위 상황을 헤아려 냉정하게 행동하는 것, 감사나 사죄 표시를 잊지 않는 것은 물론이고, 그 반대로 자기 멋대로 행동하거나 무책임한 행동을 하지 않는 것은 일을 하고 있느냐 그렇지 않느냐에 관계없이 초보적인 사항이니까 유의합시다. 죄를 저지르지 않는 것은 말할 필요도 없습니다. 앞으로 훌륭한 사회인이 될 수 있도록 분발해 주십시오.

1 사회인 A씨, B씨의 일에 대한 생각으로 맞는 것은 어느 것인가?

1 　사회인 A씨, B씨 둘 다 일에서 중요한 것은 겉모습이다.
2 　사회인 A씨에게 일에서 중요한 것은 사회 공헌이다.
3 　사회인 B씨에게 일에서 중요한 것은 사회 공헌이다.
4 　사회인 A씨, B씨 둘 다 일에서 중요한 것은 사회 공헌이다.

2 사회인 A와 B의 글에 대해 맞는 것은 어느 것인가?

1. 사회인 A씨는 상담자의 질문을 망라하여 답하고 있다.
2. 사회인 B씨는 상담자의 질문을 망라적으로 답하고 있다.
3. 사회인 B씨는 상담자의 질문에 부분적으로 답하고 있다.
4. 사회인 A씨는 B씨와 함께 상담자의 질문에 부분적으로밖에 답하지 못하고 있다.

3 본문 내용과 맞는 것은 어느 것인가?

1. 상담자는 장래 회사원이 되고 싶지 않다고 생각한다.
2. 사회인 A, B 둘 다 일을 하는 것이 제일이라는 인식이 있다.
3. 사회인 A는, 일과 사생활은 나눠서 생각하는 것이 좋다고 생각한다.
4. 사회인 A는, 주위에 누를 끼치지 않는다면 일은 언제부터 시작하든 좋다고 생각한다.

단어

者 사람, 자 | 実社会 실사회 | 高める 높이다 | 諸 제, 여러 | 先輩 선배 | ～べき ~해야 한다 | モラル 도덕 | 漠然 막연 | 幸い 다행이다 | 就く 종사하다, 취직하다 | 身だしなみ 단정한 몸가짐, 차림새 | ビジネス 비즈니스 | さっぱりとした 말쑥한 | 爽やかだ 상쾌하다 | 清潔感 청결감 | フォーマル 정식의, 갖춘 | 服装 복장 | 心がけ 마음가짐 | きちんと 말쑥하게, 바르게 | 守る 지키다 | ゆとり 융통성 | 待ち合わせ 약속하여 만나기로 함 | 整理整頓 정리정돈 | 後片付け 뒷정리 | 要素 요소 | 共用 공용 | 物品 물품, 물건 | 空間 공간 | 散らかる 어질러지다, 흩어지다 | 汚れ 더러움 | 目につく 눈에 띄다 | 率先 솔선 | 心構え 마음의 준비, 각오 | まともに 착실히, 제대로 | 役に立つ 도움이 되다 | 察する 헤아리다, 살피다 | 意 뜻 | 否かにかかわらず 여하에 관계없이 | 事柄 형편, 사정 | 留意 유의

해설

1 사회인 A는 일에 임하는 자세의 전제로 그 주변적인 것, 단정함이나 정리정돈 등에 대해 말하고 있다. 이에 비해 사회인 B는 일 자체와 그 주변에 대해 말하고 있다는 점에서 약간의 차이가 있다. 여기까지 파악한 뒤, 사회인 B가 말하는 '중요한 것은 일을 통해 사회에 도움이 된다'라는 대목에 주목하고, 이것이 키워드임을 알아챈다. 정답은 3번이다.

2 앞에 기술한 대로 사회인 B가 일 자체와 그 주변에 대해 말하고 있는 점을 이해하면 풀 수 있다. 정답은 2번이다.

3 사회인 A의 '일에 임하는 전제', 사회인 B의 '우선은 일을 하는 것'에서 정답을 파악한다. 따라서 답은 2번이다.

問題　次の文章を読んで質問に答えなさい。

相談者：

　私は1ヵ月前に日本に来たばかりですが、**1 念願**の日本留学も果たし、今は日々の生活を **2 満喫** しています。しかし、私は人見知りが激しい性格で、日本人と会話をする時も声が小さくなってしまったり、自信を持って発言できなかったり、素直に笑えなかったりする場合があります。現在はアルバイトも考えておりますが、求人は接客業が多いため、なかなか応募に **3 踏み切** ることもできません。どうすれば克服することができるのでしょうか。

回答者Ａ：

　以前は私もそうでしたし、人見知りは大変だと思います。ただしコミュニケーションは実は技術なので、やみくもに克服しようとしても駄目でしょう。まずは冷静に自分を見つめ直すことが必要です。

　ところで、人見知りはもともとの性格でしょうか。それとも日本に来てからのことでしょうか。もしも前者であれば、ご自身の性格そのものの問題と考えられるので、まずはコミュニケーションに関する知識を書籍などで身に付け、その **4 実践** を行うことが望まれます。後者であれば、言葉の問題が考えられますので、自信を持って話せるようになるまで、勉学に **5 励む** ことをお勧めします。いずれにしても最終的には、実際の行動を伴ったトレーニングも必要になると思いますが、直すことは可能でしょう。私も相談者のように悩んだ時期がありましたが、ここで述べたことは抜群の効果がありますよ。是非試してみてください。

回答者B：

　「恥ずかしい」「変に思われたくない」など、自分がどう思われるかに基準が置かれているという事はありませんか。自分を中心にすると、相手を気にする必要が生じ、心が閉ざされてどうしても人見知りの性格になってしまうのではないでしょうか。自分勝手にやった方が良いと言っているわけではありませんが、これらに意識を向ければ必然的にコミュニケーションがうまくいかなくなることが多くなるでしょう。

　⑥乗り越えることは難しいかもしれませんが、軽減はできます。相手を思いやり、楽しませることに集中するという方法はどうですか。人見知りは話すのが怖い、ストレスになるといったことだと思いますが、いつでもこちらから話しかけ、会話を盛り上げるなどの努力をし、相手を楽しませることを実行してみてくださいね。

1 次の単語の意味を書きなさい。

① 念願（ねんがん）＿＿＿＿＿＿　② 満喫（まんきつ）＿＿＿＿＿＿

③ 踏み切る（ふみきる）＿＿＿＿＿＿　④ 実践（じっせん）＿＿＿＿＿＿

⑤ 励む（はげむ）＿＿＿＿＿＿　⑥ 乗り越える（のりこえる）＿＿＿＿＿＿

2 問１：回答者Aの「抜群の効果」とは何か。本文の中で正解の手がかりになる文章に下線を引き、韓国語で訳しなさい。(두 군데)

＿＿＿＿＿＿＿＿＿＿＿＿＿＿＿＿＿＿＿＿＿＿＿＿＿＿＿＿＿＿＿＿＿＿

＿＿＿＿＿＿＿＿＿＿＿＿＿＿＿＿＿＿＿＿＿＿＿＿＿＿＿＿＿＿＿＿＿＿

問2：回答者Bの「軽減できることは何か」本文の中で正解の手がかりになる文章に
　　　下線を引き、韓国語で訳しなさい。

_____

_____

정답

1 ① 염원, 간절히 바람　② 만끽　③ 결단하다, 단행하다　④ 실천　⑤ 힘쓰다　⑥ 극복하다

2 問1：コミュニケーションに関する知識を書籍などで身に付け、その実践を行うこと
　　　　커뮤니케이션에 관한 지식을 서적 등으로 익히고 그 실천을 하는 일
　　　　勉学に励むこと
　　　　면학에 힘쓰는 일
　　問2：相手を思いやり、楽しませることに集中するという方法
　　　　상대방을 배려하고 즐겁게 하는 데 집중하는 방법

유형 공략 | 問題12 주장 이해(장문)

✱ 유형 분석

問題12은 **주장 이해(장문)** 문제로, 1000자 정도의 평론이나 칼럼, 사설이나 에세이, 설명문 등의 추상적이고 논리 전개가 비교적 확실한 내용을 다룬 지문을 읽고 전체적으로 전하고자 하는 주장이나 의견을 파악할 수 있는지를 묻는 문제이다. 가장 높은 독해력을 필요로 하는 문제 형식인 만큼 문장을 정확하고 주의 깊게 읽는 연습을 하도록 하자. 주장 이해는 총 4문항이 출제되며 18분 이내에 풀도록 한다.

▶ 주장 이해(장문)에서는 다음과 같은 질문들이 출제된다.

1. ~라고 한 것은 왜일까?
2. ~은 어떤 것을 말하는가?
3. ~에 대해 글쓴이는 어떻게 생각하고 있는가?
4. 글쓴이가 가장 말하고자 하는 것은 무엇인가?
5. ~라고 생각한 이유는 무엇인가?
6. ~이 나타내는 말은 어떤 것일까?
7. ~에 대하여 본문의 내용에 맞는 것은? 혹은 맞지 않는 것은?
8. 글쓴이는 ~에 대해 어떻게 말하고 있는가?

글쓴이의 생각, 의견은 글의 흐름상 마지막에서 다시 한번 강조하는 경우가 많으니 문장을 정확하고 주의 깊게 읽는 연습을 해야 한다. 지문은 사실 관계에 대한 객관적인 내용을 먼저 설명하고 그 다음에 글쓴이의 주관적인 생각을 제시하는 경우가 대부분이다. 논리적인 문장을 이해해야 하므로 매우 높은 독해력을 필요로 한다.

⏱ 합격 꿀팁

1. 글쓴이의 생각이나 주장을 파악하기 위해서는 단락을 나누어 마지막 결론 부분을 주의 깊게 살펴보아야 한다. 마지막 문장에 중요한 단서가 있다는 것을 잊지 말자.
2. 글쓴이의 주장뿐 아니라 생각을 뒷받침하기 위한 근거나 글을 쓰게 된 문제 상황에 대하여 이해하고 있는지도 출제되므로 본론에 나온 내용 역시 간과해서는 안 된다.
3. 글쓴이가 가장 말하고 싶은 것은 마지막 질문지에 자주 출제되는데, 이는 요지를 묻는 문제로, 내용과 맞는 것을 찾는 문제가 아니라는 점을 기억하자. 글쓴이의 주장이나 의견을 찾아내야 할 것이다.
4. 지문에 어려운 단어가 나오더라도 각주를 통해 쉽게 설명되어 있으니 걱정할 필요는 없다. 해당 단어를 모르더라도 글을 이해하고 문제를 푸는 데는 크게 영향을 주지 않는 경우가 대부분이니 안심한다.
5. 문맥의 흐름은 글을 쓰는 동기나 이유가 나오고 설득이나 주장을 하기 위한 내용을 밝힌 후 종합하여 자신의 생각을 말하게 되는데 이때, 화제를 이어가는지 전환하는지는 순접, 역접 등의 인과 관계를 통해 쉽게 알 수 있다.

예제

問題12 次の文章を読んで、後の問いに対する答えとして最もよいものを、1・2・3・4から一つ選びなさい。

　日本経済は、これからどのような方向へ向かったら良いのか。労働力の中核を成す生産年齢人口の減少により、これからは海外からの労働者の受け入れを考える必要性がますます高まってくるだろう。従来日本が受け入れてきた外国人労働者は単純労働者、いわば誰にでもできる簡単な仕事をするための労働者が中心であった。これは即戦力としてすぐに現場で作業に従事できるというニーズから生じたものであるが、現在の日本の状況から考えると①ミスマッチとも言えるのではないか。

　今や世界的に教育水準の向上が見られ、教養や発想力といったものは、日本人だけが得意とするものではなくなった。それでは、どのような方向へシフトするべきか。まずはこれまでの流れに加えて専門家や知識労働者、また幹部候補生といった人材の活躍の場を広げるべきだろう。例えば、アメリカでは科学技術の分野は外国人労働者の寄与が大きく、「シリコンバレーはインド人と中国人が作っている」などと言われているそうだ。2000年に入ってからシリコンバレーの科学技術分野での外国人は50パーセントを越え、今や60パーセント以上である。言い換えればシリコンバレーは、様々な国から多様な人材が集まる場であり、これらの人々の交流の中から新しい発想や発見が生まれ、現在のIT産業を支えているといっても過言ではないだろう。数値一つをとってみても、日本における外国人労働者の比率が0.3パーセントであることと比較すると、異次元の話ではあるのだ。

　最近では、シリコンバレーを離れた者が自分の国へ戻り、その国の企業との橋渡しをしたり、そこで得た経験を生かして起業するといった流れもできつつあるようだ。人材としての外国人の雇用のせいで、仕事を取られてしまうと考える日本人が多いのではないだろうか。しかし、自分にない専門分野

の知識を日本で活用してもらい、共にこの国を良くしていきたい、といった発想の転換がまずは求められる。発想の転換なくしては、有能な人材が集まってくる場を作ることはできない。

　シリコンバレーではいち早くこの問題に取り組み、自由なビジネス環境の雰囲気を整えることに力を入れた。そして、②このような体系と流れは、今後の日本のための一つの参考となると思われる。日本には東京、大阪、名古屋などの大都市圏、そして福岡や札幌といった都市が数多く存在しており、それぞれの地域においても特性がある。その特性やニーズに合った人材が集まるような工夫を凝らす時期が来ているのではないか。

1　①ミスマッチの理由は何か。

1　日本人の仕事が減ってしまうから
2　簡単な仕事は日本人に任せた方が良いから
3　国内の働くことができる人が減っているから
4　世界には日本人にも代わる人材がたくさんいるから

2　本文で述べられている②このような体系と流れとは、どのようなことか。

1　主にアジアの人材が活躍できること
2　ビジネスがしっかりとした成果に結びつくこと
3　様々な国の人々が働き、資金を稼げる環境を作ること
4　外国で働き、また自分の国とその国を繋ぐ役割を果たせること

3　本文で触れられているのは、次のうちどれか。

1　これからは中国やインドの時代である。
2　日本人は外国人と働くことに不向きである。
3　ある国では、地域の産業の基盤が外国人であるケースもある。
4　外国で働いた経験は、自分の国に帰った時に大きなキャリアとして生かすことができない。

[4] 筆者が最も言いたいことは、次のうちどれか。

1 アメリカのシステムを日本にも導入するべきだ。
2 これからは、外国人労働者が日本を支えていくことになる。
3 外国人の専門家や知識労働者を受け入れる際には、即戦力を求めるべきではない。
4 多様な外国人労働者を受け入れるためには、まず日本人が考え方を変えなければならない。

> 해석 및 해설

　일본 경제는 앞으로 어떠한 방향으로 가면 좋을까? 노동력의 핵심을 이루는 생산 연령 인구의 감소에 의해 앞으로는 해외로부터의 노동자 도입을 생각할 필요성이 점점 높아질 것이다. 이전까지 일본이 받아들인 외국인 노동자는 단순 노동자, 이른바 누구나 할 수 있는 쉬운 일을 하기 위한 노동자가 중심이었다. 이것은 별다른 훈련 없이 바로 현장에서 작업에 종사할 수 있어야 한다는 요구에서 생긴 것인데, 현재 일본의 상황에서 생각해 보면 ①부조화라고 말할 수 있지 않을까?

　지금은 세계적으로 교육 수준이 향상되어 교양이나 발상력 등은 일본인만의 장점이 아니게 되었다. 그렇다면 어떠한 방향으로 옮겨 가야 할까? 우선은 지금까지의 흐름에 덧붙여 전문가나 지식노동자, 또는 간부후보생 같은 인재가 활약할 수 있는 장을 넓혀야 할 것이다. 예를 들어, 미국에서 과학기술 분야는 외국인 노동자의 기여가 커서 '실리콘밸리는 인도인과 중국인이 만들고 있다'고들 말한다. 2000년에 들어서면서부터 실리콘밸리 과학기술 분야에서의 외국인은 50퍼센트를 넘어 이미 60퍼센트 이상이다. 다시 말하면 실리콘밸리는 여러 나라로부터 다양한 인재가 모인 장으로 이 사람들의 교류 속에서 새로운 발상이나 발견이 생겨나, 현재의 IT산업을 지탱하고 있다고 해도 과언이 아닐 것이다. 수치 하나만 봐도 일본의 외국인 노동자 비율이 0.3퍼센트라는 것과 비교하면 다른 차원의 이야기인 것이다.

　요즘에는 실리콘밸리를 떠난 사람이 자신의 나라로 돌아가 그 나라 기업과 중개를 하거나 거기서 얻은 경험을 살려 창업을 하는 흐름도 계속 생겨나고 있다. 인재로서 고용되는 외국인 때문에 일자리를 잃게 된다고 생각하는 일본인이 많지 않을까? 그러나 자신에게 없는 전문 분야의 지식을 일본에서 활용하게 되고, 더불어 이 나라를 잘되게 하고 싶다는 발상의 전환이 우선은 요구된다. 발상의 전환 없이는 유능한 인재가 모이는 곳을 만들 수 없다.

　실리콘밸리에서는 발 빠르게 이 문제에 대응하면서 자유로운 비즈니스 환경 분위기를 만드는 것에 힘을 쏟았다. 그리고 ②이러한 체계와 흐름은 일본을 위한 하나의 참고가 될 것이다. 일본에는 도쿄, 오사카, 나고야 등의 대도시권, 그리고 후쿠오카나 삿포로 등의 도시가 많이 있고 각각 지역의 특성이 있다. 그 특성이나 요구에 부합하는 인재가 모일 수 있도록 궁리를 해야 할 시기가 온 것은 아닐까?

1 ①미스매치의 이유는 무엇인가?

   1 일본인의 일이 줄어 버렸기 때문에
   2 쉬운 일은 일본인에게 맡기는 편이 좋기 때문에
   3 국내에서 일할 수 있는 사람이 줄었기 때문에
   4 세계에는 일본인을 대신할 인재가 많이 있기 때문에

2 본문에서 말하는 ②이러한 체계와 흐름이란 무엇을 말하는가?

   1 주로 아시아의 인재가 활약할 수 있는 일
   2 비즈니스가 확실한 성과로 이어지는 일
   3 다양한 나라의 사람들이 일하고, 자금을 버는 환경을 만드는 일
   4 외국에서 일하고, 다시 자신의 나라와 그 나라를 잇는 역할을 다하는 일

3 본문에서 언급하고 있는 것은 다음 중 어느 것인가?

   1 앞으로는 중국이나 인도의 시대이다.
   2 일본인은 외국인과 일하는 데 적합하지 않다.
   3 어떤 나라에서는 지역 산업의 기반이 외국인인 경우도 있다.
   4 외국에서 일한 경험은 자기 나라에 돌아갔을 때 커다란 커리어로써 살릴 수가 없다.

4 글쓴이가 가장 말하고 싶은 것은 다음 중 어느 것인가?

   1 미국 시스템을 일본어도 도입해야 한다.
   2 앞으로는 외국인 노동자가 일본을 지탱해 가게 된다.
   3 외국인 전문가와 지식 노동자를 받아들일 때는 바로 실전에 투입할 수 있는지를 추구해서는 안 된다.
   4 다양한 외국인 노동자를 받아들이기 위해서는, 우선 일본인이 생각을 바꿔야 한다.

단어

労働力 노동력 | 中核 중핵, 핵심 | 成す 이루다, 형성하다 | 減少 감소 | ~により ~에 의해, ~에 따라 | 生産 생산 | 従来 종래, 기존 | 受け入れ 받아들임, 인수 | ますます 점점 | 高まる 높아지다 | 単純 단순 | 即戦力 훈련받지 않고도 바로 싸울 수 있는 능력 | 現場 현장 | 従事 종사 | ニーズ 요구 | 教養 교양 | 幹部 간부 | 候補生 후보생 | 寄与 기여 | 越える 넘다 | 言い換える 바꿔 말하다 | 交流 교류 | 発想 발상 | 支える 지탱하다, 떠받치다 | 過言 과언 | 数値 수치 | 異次元 이차원 | 橋渡し 중개함, 중간 역할을 함 | 起業 창업 | ~つつある ~하고 있다 | 人材 인재 | 転換 전환 | 取り組む 몰두하다, 대처하다 | 整える 조정하다, 조절하다 | ~圏 ~권 | ~において ~에 있어서 | 工夫を凝らす 골똘히 궁리하다

> 해설

1. 바로 뒤 두 번째 단락의 '지금은 세계적으로 교육 수준이 향상되어 교양이나 발상력 등은 일본인만의 장점이 아니게 되었다'라는 문장에 주목해야 한다. 따라서 '세계에는 일본인을 대신할 인재가 많이 있기 때문'이라고 한 4번이 정답이다.

2. 앞의 세 번째 단락에 그 구체적인 예 '자신의 나라로 돌아가 그 나라 기업과 중개를 하거나 거기서 얻은 경험을 살려 창업을 하는 흐름도 계속 생겨나고 있다.'가 언급되어 있으므로, 정답은 4번이다.

3. 두 번째 단락 후반부에 '예를 들어 미국에서는 ~ 과언이 아닐 것이다'라고 하였으므로 정답은 3번이다.

4. 세 번째 단락 후반부에 '인재로서 ~ 만들 수 없다'라는 부분을 먼저 체크해 둔 다음, '생각을 바꿔야 한다'와 본문의 '발상의 전환'을 연결 지어 생각해야 한다. 따라서 정답은 4번이다.

워밍업

問題 次の文章を読んで質問に答えなさい。

　世界には様々な言語が存在しており、また同様に同じ国の中であってもその地域ごとに特徴のある言葉がいきいきと使われている。例えば韓国ではソウルと釜山の言葉はアクセントやイントネーション、語彙レベルで 1 異なり、日本にも千葉弁や富山弁といった方言がある。これらの言葉は時代とともに変化していくものであるというのが、現在の共通認識であると考えられるが、それでは言葉はどのように変わっていくのであろうか。ここでは、日本国内の例として小笠原諸島の例を挙げ、考察してみたい。

　日本の太平洋上にある小笠原諸島には、欧米系と呼ばれる日本人以外の先祖を持つ人々がいる。最初に小笠原諸島に住み始めたのは日本人ではなく、欧米諸国や太平洋諸島から 2 やってきた人々であり、島生まれの二世以降の間では、一種の英語が話されていた。1870年代になり日本人移民が大勢入ってくると在来の人々は日本語を使えるようになったが、数十年にわたって英語を 3 身内の言語として 4 維持し、二言語 5 併用を続けていた。第二次世界大戦後になると、米軍の統治下で英語が復活したため、現在中年層の人々は英語を流暢に話せるが、戦後に生まれ育った彼らの子供たちは日本語モノリンガル、つまり日本語だけを話すことができるという状況になっている。

　これまでに、テレビの影響によって人々のアクセント体系が変化するという指摘がたびたびされてきた。例えば、宮城県の中心都市である仙台市に住んでいる若者のアクセントが東京のアクセントに変化しているという事実はあるが、宮城県下は未だに方言が使用されている。都市の人々だけがテレビを見ている、またはテレビを見る時間が多いとは考えられない。

　言葉の変化に注目した最近の小笠原諸島における調査では、島に住んでいる欧米系の若者達のほとんどが東京式アクセントで話していることがわかった。これは、現在小笠原の小・中・高の学校に通う生徒の多くが、東京都（小笠原諸島は東京都である）の職員や関東地方の企業から 6 転勤で来島した

人々の子供であり、その子供達は東京式アクセントの使用者であること、そして、欧米系の若者はこのような人々に囲まれて生活してきたことが主な要因と考えられる。仙台市は関東地方からそれほど遠くはなく、大都市であるということも合わせて考えると、先の宮城県の調査にも同じことが言えるのではないか。

地域の言葉や方言では特にその伝統的な特徴に注目が集まりがちではあるが、言葉もまた変化していくということも意識したいものだ。

1 次の単語の意味を書きなさい。

① 異(こと)なる _____   ② やってくる _____

③ 身内(みうち) _____   ④ 維持(いじ) _____

⑤ 併用(へいよう) _____   ⑥ 転勤(てんきん) _____

2 「筆者が最も言いたいことは何か」本文の中で正解の手がかりになる文章に下線を引き、韓国語で訳しなさい。

_____

◆ 정답

1 ① 다르다   ② 찾아오다   ③ 일가, 같은 무리   ④ 유지   ⑤ 병용   ⑥ 전근

2 言葉もまた変化していくということも意識したいものだ
언어 또한 변화해 간다는 것도 의식해 주었으면 한다.

유형 공략 | 問題13 정보 검색

✱ 유형 분석

問題13은 정보 검색 문제로, 800자 정도로 이루어진 전단지나 광고, 비즈니스문서, 정보지 등 실용적인 내용을 읽고 필요한 정보를 정확하게 찾아낼 수 있는지를 묻는 문제이다. 전체적인 내용보다는 질문에 맞는 내용을 선택지에서 빠르게 찾는 것이 중요하다. 또한 정보 검색은 정형화된 문제 유형이 아니라 내용에 따라 질문의 형식이 달라진다. 총 2문항이 출제되며, 예상 풀이 시간은 10분 정도이다.

▶ **정보 검색에서는 다음과 같은 질문들이 출제된다.**

1. (제시된 조건을 충족시키는) ~것은 어느 것인가?
2. (제시된 조건을 충족시키는) ~것은 몇 개인가?(언제, 어디, 얼마 등)
3. ~이 가능한 것은 무엇인가?
4. (제시된 조건을 하려면) 어떻게 해야 할까?
5. (원하는 조건에 맞는) ~것은 어느 것(무엇)인가?

실용적인 문장을 읽고 필요한 정보를 찾아낸다. 정보의 내용은 물론이고 정보를 제시하는 목적이나 조건, 이유 등을 파악해야 한다. 한자나 어휘에 대한 지식이 부족하면 어려울 수 있으니 평소 실력을 쌓아 두자. 실제로 정보를 찾는 기분으로 읽으면 답이 더 쉽다.

> ### ⏱ 합격 꿀팁
>
> 1. 정보지나 문서 등에 제목이 있다면 어떤 내용인지 미리 짐작할 수 있는 경우가 많다.
> 2. 필요 없거나 해당되지 않는 정보들도 많기 때문에 필요한 정보를 정확히 찾아내는 연습이 필요하다.
> 3. 시간이나 요일, 금액에 관련된 정보는 쉽게 알 수 있지만 신청 방법이나 조건, 기간 등은 잘 살펴보아야 한다. 함정에 빠지지 않도록 주의하자.
> 4. 정보 검색이 바로 되는 경우보다 정보들을 통해 얻어낼 수 있는 선택지를 고르는 문제 유형이 더 많기 때문에 단순 해석만으로는 정답을 찾기가 쉽지 않다. 하지만, 조건에 맞는 정보를 찾았다면 계산은 그리 어렵지 않으니 걱정할 필요는 없다.
> 5. 독해의 마지막 문제인 만큼 남은 시간을 유용하게 잘 활용해야 한다. 시간이 별로 없다면 질문에 맞는 부분만 빠르게 확인하자.

問題13 次のページは、留学生向けのアルバイトに関する案内である。下の問いに対する答えとして最もよいものを、1・2・3・4から一つ選びなさい。

[1] タイ出身の留学生シリラットさん（女性 23歳）は工学部の 3年生である。平日は全て夕方 16：00から空いているが、週末は日曜日に研究室の実験が入っている。日本語能力試験は現在 1級を持っている。今のところ 1年以上帰国の予定はない。シリラットさんが応募できるアルバイトはどれか。

1　西郡市場
2　居酒屋守祥
3　Jazz Daniel
4　Flower Shopアエプ

[2] 中国出身の王さん（男性 33歳）は現在大学院博士課程に通う学生である。平日、休日ともに夜 18：00からは仕事ができ、日本語能力試験は 1級を所持している。3か月後には帰国予定のため、2か月間でできるだけ多く稼ぎたいと考えている。どのアルバイトが合っているか。

1　西郡市場
2　Jazz Daniel
3　居酒屋守祥
4　うどんの今村

アルバイトのご案内

店名	時給	時間および勤務日	内容
Flower Shop アエプ	800円	13:00～17:00 土日を含めた 週2日勤務	お客様へ元気に対応できる女性店員を募集しています。国籍や年齢は問いませんが、お客様対応のため日本語能力試験1級を持ち、最低1年間の勤務ができる方が望ましいです。
うどんの今村	750円	18:00～23:00 日曜日を含めた 週3日勤務	キッチンスタッフ大募集！現在うどんの今村では店舗スタッフを数名募集しています。基本的には厨房でうどんを作るお仕事で、未経験でもスタッフが丁寧に教えますので安心ですよ。簡単な接客作業なので日本語が少し不安な方でも大丈夫、男性も女性もOKです。
居酒屋守祥	1,000円	22:00～翌6:00 （休憩1時間有り） 金曜日を含めた 週2日勤務	居酒屋守祥は焼き鳥専門のおいしい日本酒があるお店です。店内の雰囲気は純和風。こんなお店であなたも働いてみませんか。仕事内容はホールやキッチンがありますが希望することもできますよ。国籍・男女は問いませんが35歳までの人で2ヵ月から働くことのできる方を募集しています。
Jazz Daniel	1,500円	23:00～翌5:00 曜日指定なし・ 週3日勤務	大人が寛げるニュータイプのミュージックバーです。カクテルはもちろんのこと、本場仕込みのパスタやピザなどを楽しみながらJazzに酔いしれることができます。今回は男性スタッフで特にお客様とも楽しく会話ができるようなホールスタッフを大募集しています。基本的に接客業なので、日本語の日常会話ができる程度（日本語能力試験3級以上）、半年以上の勤務が望ましいです。
西郡市場	1,000円	22:00～6:00 （休憩1時間有り） 平日週3日勤務	夜間の市場における野菜の荷受けスタッフを募集しています。力仕事があるため健康な男性で年齢や国籍は問いません。季節に合わせた短期の2ヵ月間のお仕事となります。元気な仲間と一緒に頑張ってみませんか。

> 해석 및 해설

문제13 다음 페이지는 유학생용 아르바이트에 관한 안내이다. 아래의 질문에 대한 답으로 가장 좋은 것을 1·2·3·4 에서 하나 고르시오.

1 타이 출신의 유학생 시리라트 씨(여성 23세)는 공학부 3학년이다. 평일에는 모두 저녁 16:00부터 비어 있는데, 주말에는 일요일에 연구실 실험이 들어 있다. 일본어능력시험은 현재 1급을 갖고 있다. 지금 1년 이상 귀국 예정은 없다. 시리라트 씨가 응모할 수 있는 아르바이트는 어느 것인가?

1 니시고리 시장
2 선술집 수쇼
3 재즈 다니엘
4 꽃집 아에프

2 중국 출신 왕 씨(남성 33세)는 현재 대학원 박사 과정을 다니는 학생이다. 평일 휴일 할 것 없이 밤 18:00부터는 일을 할 수 있고, 일본어능력시험은 1급을 소지하고 있다. 3개월 후에는 귀국 예정이기 때문에 두 달 동안 가능한 많이 벌고 싶어 한다. 어떤 아르바이트가 맞을까?

1 니시고리 시장
2 재즈 다니엘
3 선술집 수쇼
4 우동집 이마무라

아르바이트 안내

가게 이름	시급	시간 및 근무일	내용
꽃집 아에프	800엔	13：00 ～ 17：00 토일을 포함한 주 이틀 근무	손님에게 밝게 응대할 수 있는 여성 점원을 모집합니다. 국적이나 나이는 불문이지만, 손님 대응을 위해 일본어능력시험 1급을 가지고, 최저 1년 동안의 근무가 가능한 분을 희망합니다.
우동집 이마무라	750엔	18：00 ～ 23：00 일요일을 포함한 주 3일 근무	주방 스태프 대모집! 현재 우동 이마무라에서는 점포 스태프를 수명 모집하고 있습니다. 기본적으로는 주방에서 우동을 만드는 일이며, 미경험자라도 스태프가 성의껏 가르쳐 드리므로 안심하세요. 쉬운 접객 업무이므로 일본어가 조금 불안한 분이라도 괜찮고, 남성이든 여성이든 오케이입니다.
선술집 수쇼	1,000엔	22：00 ～ 익일 6：00 (휴식 1시간 있음) 금요일을 포함한 주 이틀 근무	선술집 수쇼는 꼬치구이 전문인 맛있는 청주가 있는 가게입니다. 가게 안의 분위기는 정통 일본 풍. 이런 가게에서 당신도 일해 보지 않겠습니까? 업무 내용은 홀이나 주방이 있는데, 희망할 수도 있습니다. 국적·남녀는 불문이지만 35세까지인 사람으로 2개월부터 일할 수 있는 분을 모집합니다.
재즈 다니엘	1,500엔	23：00 ～ 익일 5：00 요일 지정 없음· 주 3일 근무	성인이 편안하게 즐길 수 있는 새로운 스타일의 뮤직 바입니다. 칵테일은 물론이고 본고장에서 들여온 파스타와 피자 등을 즐기며 재즈에 심취할 수 있습니다. 이번에는 남성 스태프로 특히 손님과도 즐겁게 대화할 수 있도록 홀 스태프를 대모집합니다. 기본적으로 접객업이므로 일본어 일상회화가 가능한 정도(일본어능력시험 3급 이상), 반 년 이상 근무를 희망합니다.
니시고리 시장	1,000엔	22：00 ～ 6：00 (휴식 1시간 있음) 평일 주 3일 근무	야간 시장에서 채소 화물 수취 스태프를 모집합니다. 힘을 쓰는 일이 있기 때문에 건강한 남성으로, 나이나 국적은 불문입니다. 계절에 맞춘 단기 2개월 업무가 됩니다. 건강한 동료와 함께 열심히 해 보지 않겠습니까?

단어

| 空く 비다 | 研究室 연구실 | 実験 실험 | 博士 박사 | 過程 과정 | 稼ぐ 벌다 | ～および ~및 | 勤務日 근무일 | 対応 대응, 응대 | 募集 모집 | 厨房 주방 | 丁寧 정중함, 공손함 | 接客 접객 | 作業 작업 | 不安 불안 | 日本酒 청주 | 純和風 정통 일본 분위기 | 働く 일하다 | ホール 홀 | 寛ぐ 편안히 지내다, 유유자적하다 | ミュージック 뮤직, 음악 | バー 바 | カクテル 칵테일 | 本場 본고장 | 仕込み 들여놓음 | 酔いしれる 술에 취하다, 도취되다, 황홀해지다 | 特に 특히 | 望ましい 바람직하다 | 夜間 야간 | 荷受け 수화, 짐을 받음 | 短期 단기 | 仲間 동료 |

해설

1 '평일에는 전부 저녁 16:00부터 비어 있지만, 주말에는 일요일에 연구실 실험이 들어 있다. 일본어능력시험은 현재 1급을 가지고 있다. 지금은 1년 이상 귀국 예정이 없다.'라는 점이 시리라트 씨의 조건이다. 게다가 여성이라는 점에 주목하면 답을 쉽게 찾을 수 있다. 재즈 다니엘은 남자 스태프를 모집하고 있으므로 정답이 아니다. 따라서 정답은 2번이다.

2 왕 씨는 우동 이마무라 선술집 수쇼, 니시고리 시장이 알맞지만, '두 달 동안 되도록 많이 벌고 싶다'고 했으므로 근무 시간이 가장 긴 니시고리 시장이 적합하다. 따라서 정답은 1번이다.

워밍업

問題　次の文章を読んで質問に答えなさい。

本ワークショップは、教師のコミュニケーション能力を高めるためのスキルを科学的 **1** 見地から検討する **2** 体験型ワークショップです。ワークショップにおける活動を通して、日々の教育活動を内省・検討し、ディスカッションを行うことによって今後に繋がる課題を見つけます。

【スケジュール・申し込み方法】

- 日程：1日目 9月12日（土）10：00～20：00 全体説明・ワークショップ（懇親会含む）
　　　　2日目 9月13日（日）9：00～15：00 ワークショップ（閉会含む）
- 受講料：10,000円
- 定員：20名
- 応募要件：一般・学生 **3** 問わずの応募となりますが、日本語教育経験のある方とします。またワークショップには無線LANに接続可能なノート型パソコンを必ずご持参頂くと共に、2日間の全日程に参加できる方とします。宿泊は当ワークショップ準備委員会が用意したワークショップが行われるセミナーハウスに宿泊が可能（別途1泊4,000円・シングルルーム・素泊まり）ですが、ご自宅から通いでの参加や **4** 近隣のホテル、ご友人宅のご宿泊などご自由で構いません。ワークショップ受講料には2日間の昼食代が含まれています（学生の方は受講料が2割引きとなります）。ワークショップ前日を含めての予約が可能です。また、申し込みの段階でワークショップをご指定頂き、2日間同じメンバーで研修を行うため、参加途中での変更や複数のワークショップに参加することはできません。申し込みは全てeメールでのやりとりとなります。
タイトルを「宝日本語学校日本語教育ワークショップ申し込み」として、本文にお名前とご **5** 所属、ご住所を記入して下さい。その後、本校より返信メールがございますので、その返信メールに記載された先へお振り込みをお願いいたします。詳しい内容は下記HPをご覧頂くと共に、ご **6** 不明な点もお問い合わせ下さい。

　　　　　　　　　　　宝日本語学校2020年度ワークショップ開催準備事務局：
　　　　　　　　　　　　　　　　　　　　　　Tel：03－8765－4321
　　　　　　　　　　　　　　　　　　HP：http://www.Takala.japanese.ac.jp/
　　　　　　　　　　　　　　　　　　Email：takala@tmu.ac.jp

1 次の単語の意味を書きなさい。

|1| 見地 _____ |2| 体験 _____

|3| 問う _____ |4| 近隣 _____

|5| 所属 _____ |6| 不明 _____

2 「eメールでのやりとりの申し込みのタイトル」になる文章に下線を引き、韓国語で訳しなさい。

_____

◆ 정답

1 |1| 견지, 관점 |2| 체험 |3| 묻다, 물어보다 |4| 근린, 가까운 이웃 |5| 소속 |6| 불명, 불명료

2 宝日本語学校日本語教育ワークショップ申し込み
   다카라 일본어 학교 일본어 교육 워크숍 신청서

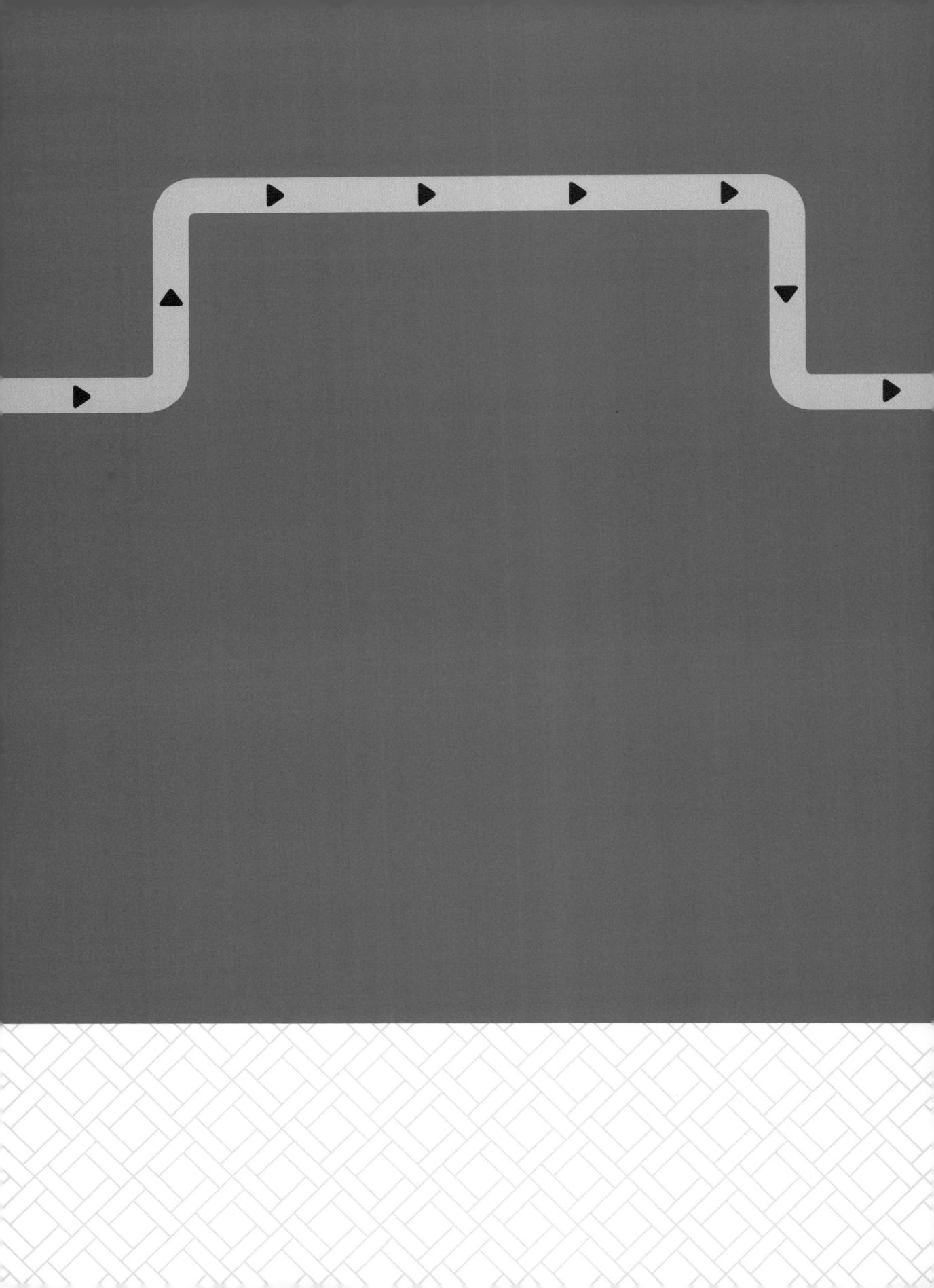

問題 8	내용 이해(단문)	58
問題 9	내용 이해(중문)	64
問題 10	내용 이해(장문)	72
問題 11	종합 이해	90
問題 12	주장 이해(장문)	98
問題 13	정보 검색	110

합격 공략

〈PART2 합격 공략〉에서는 각 유형별로 실전 문제를 풀어 봅니다. 실제 시험이라는 마음으로 집중해서 풀며 실전 감각을 기릅니다. 문제를 다 푼 뒤에는 맞은 개수를 표시하고 틀린 문제도 다시 한 번 살펴보세요.

합격 공략 | 問題8 내용 이해(단문)

問題8 次の(1)から(4)の文章を読んで、後の問いに対する答えとして最もよいものを、1・2・3・4から一つ選びなさい。

　学生寮と言えば、安くて古い、人間関係も煩わしいと敬遠されがちだが、今時の寮はイメージを一新して、学びの一環としての考え方を明確にしている。今年完成した国際寮には、入り口からすでにおしゃれな雰囲気が漂（ただよ）う。留学生に住む場所を提供すると共に、国際交流の場として活用できないかと考えたのがきっかけだという。この寮に住んでいる日本人学生は、「日本にいながら外国人と話す機会をもっと増やしたいと思った」と言う。「友達関係から更に進んで、家族みたいになれるところがこの寮の良さです」とお気に入りの様子だ。

---

1 本文に出ている国際寮についての説明の中で、正しいものはどれか。

1　安価で対人関係でのストレスも少ない。
2　最大限の自由が保障され、学問の場として活用されている。
3　当初の意図とは違い、国際交流の場としての機能はあまりない。
4　既存の寮のイメージから脱却し、国際交流の役割も果たしていると言える。

電車などでよく見かける、幼い子が母親に寄り添う姿は周囲を和ませてくれる。ただ、最近私が気になるのは、揺れる電車やバスの中などで、子供が懸命に話しかけようとしているのに、母親は携帯電話の画面に無我夢中（注）という光景をよく目にすることである。このご時世、携帯を持つな、メールをするな、などと言うつもりはないが、何とも危なっかしい。何より、子供が寂しげである。子供と一緒の時は、どうか携帯を持つ手で子供と手を繋いであげてほしい。携帯の画面でなく子供と向き合って話をしてほしい。一緒にいられる時間はそんなに長くないのだから。

(注) 無我夢中：ある物事に熱中して、自分を忘れること

2 筆者が最も言いたいことは何か。

1 子供と一緒にいる時は、他のことはさておいてもっと子供に関心を持ってほしい。
2 母親には子供から離れて一人だけの時間を楽しむことも重要である。
3 携帯電話は情報収集の重要な手段であるから、持つことに反対はしない。
4 社会の基本的なマナーは、親が子供に家庭内でしっかりと教えてほしいものだ。

寛容とは、相手の立場で問題を見つめて本当に理解しようとする心であり、耳を傾けて自分の考えとは違ったり、足りないところがあるという限界を認める態度を指す。自分の信念に自信を持ち、他人に対しては開かれた心を持った人だけが、真の寛容の精神を享受できると言える。一方、自分の信念と能力に自信のない人は、心を閉ざしていて批判を受け入れられず、独りよがり(注)で他人の過ちに厳格な態度を取る。このような人は自分の短所を認める勇気がなく、公正であるとも言えない。私たちは相手を批判するのに先立ち、果たして自分が公正な寛容の精神を持っているのかについてよく考えてみる必要がある。

(注)独りよがり：他人の意見を無視して、自分だけでよいと思い込んでいること

3 筆者が言っている真の寛容とはどんなことか。

1　常に相手を思いやることに努めること
2　自分の考えに自信を持ち、自分の弱点を積極的に認められること
3　自分の短所にとらわれず、長所を伸ばす努力を常にすること
4　何事も開かれた心構えで取り組み、相手の弱点などは決して指摘しないこと

応急処置は家庭内でも非常に重要である。特に幼児や子供の場合、多くの時間を家庭で過ごすため、家庭で起きる事故の大部分は保護者が見守っている間に発生しているという。これは家の中だからと、油断している保護者の怠慢[注]や、子供の特性を考慮していない家具や物などによって起きる。従って、親や保護者は家庭で発生しかねない事故について、予め教育を受けておく必要がある。

また、子供が事故にしたらどう対処するか、救急車が来るまでに何をすべきかということに対する基本的な知識と技術を身につけておくことも重要であろう。

(注) 怠慢：なまけて、おろそかにすること

4 本文の内容と合っていないものはどれか。

1　事故が発生する前に対処方法を習得しておく必要がある。
2　家庭内での事故を防ぐためには子供の特性を考慮すべきである。
3　家庭で発生する事故のほとんどは保護者と一緒にいる時に起きる。
4　子供のみならず、親や保護者も応急処置に対する教育を受けるべきである。

思春期の頃から眠りが浅く、少しの物音でも目が覚めてしまうため、寝不足状態でストレスを感じていた。23歳の時、精神安定剤と睡眠剤を処方されたが、薬に依存したくなかった私は、毎夕10km走って深い眠りを得ようとしたが、結局叶わなかった。結婚した時、眠れないというマイナス要因をプラスに転化してしまえばストレスにはならないのではないかと考え、新聞配達が来る朝4時頃から動き始めるようにした。洗濯をし、家族分の弁当も作った。今も眠りは浅いが、もうストレスはほとんど感じない。即効を求めずに気楽に始めたことが効いたと思う。

5 筆者が最も言いたいことは何か。

1　何でも積極的に行動するのは、時にストレス要因になり得る。
2　自分にとってマイナスと思われる要因も、考え方次第でプラスに転化できる。
3　何もかも急がずにゆっくり取り組めば、いつかは必ずいい結果が得られる。
4　日常作業のような単純な仕事もストレスの発散になるから、十分に活用してほしい。

老後対策は貯金だけで十分なのか。退職後の収入をどう確保すればいいのか。年金はいくらもらえるのだろうか。老後への不安は考えれば考えるほどきりがない。総務省の調査によれば、60歳以上の標準生活費は月およそ20万円ぐらいだという。全てを退職金と年金だけでカバーしようとするのは至難の業(注)である。今の時代、国や企業の支援だけでは毎月の生活費は賄えない。もちろん個人差はあると思うが、これからは、老後の資金は自己責任で管理しなければならない。

(注) 至難の業：きわめて困難なこと

6 老後対策についての筆者の考えと合っているものはどれか。

1　老後のためには貯金と年金の確保が要求される。
2　老後資金は退職金や年金のみでは頼りになるまい。
3　国や企業はより積極的に老後の支援をすべきだ。
4　退職金だけでは足りないので、年金を充当しなければならない。

합격 공략 | 問題9 내용 이해(중문)

問題9 次の文章を読んで、後の問いに対する答えとして最もよいものを、1・2・3・4から一つ選びなさい。

　現代のように電話や電子メールがなかった時には、手紙が唯一の伝達手段だったため、古くから手紙のやり取りが非常に重視されてきた。特に礼儀を重んじる日本において、手紙は書式をはじめ、文体、言葉遣いなどにも日本人ならではの細やかな心遣いが込められたものであった。従って、手紙を受け取った人は手紙を書いた人の温かい心の温もりをそのまま感じることができるので、携帯電話やパソコンでもらったメールでは味わうことのできない手紙だけの良さを感じられると言えよう。

　一方、1分足らずの間に相手の手元に届く迅速性と、同じ内容を多くの人に同時に伝達することができる利便性のため、電子メールや携帯メールはもう我々の生活に至るところで日常のこととなってしまった。これに比べ、手紙は相手に伝達されるまでにややこしいプロセスと時間を要する。だから、紙に書いて封筒に入れ、切手を貼って郵便局に持っていくのは、デジタル時代である世の中にはそぐわないアナログ式の古い方法かもしれない。しかし、まだ相変わらず手書きの手紙が消えないのはそれなりの理由があるはずだからである。確かに電子メールは便利だが、手紙ほど人の心を動かせるとは到底思えない。

1 手紙だけの良さが指しているものは何か。

1　何度も修正ができること
2　ややこしい過程を終えた後の喜び
3　紙さえあれば、いつでも作成できること
4　差出人の温かい心の温もりが感じられること

2 電子メールの長所ではないものはどれか。

1　短い時間で相手に送ることができる。
2　送ったら直ちに相手の反応が窺える。
3　内容作成から伝達するまでの過程が非常に簡単である。
4　同じ内容のメールを多くの人に同時に伝達することができる。

3 手紙に対する筆者の考えと合っているものはどれか。

1　過程が複雑で時間もかかってしまい、不便きわまりない伝達手段である。
2　電子メールや携帯メールに比べて短所が多いので、もう止めるべきである。
3　まだ生き残っているのは、人の心を動かせる力が秘められているからである。
4　自分の気持ちを率直に伝えられるから、手紙を書く人は今後爆発的に増えていく。

死刑は人間の存在の根幹である生命を奪う行為である。これは人類歴史上最も長い歴史を持つ刑罰の一つであり、犯罪に対する根源的な報復措置として認識されてきた。死刑制度がある国はアメリカ、日本、中国など102カ国であり、その中で、戦争犯罪を除いた一般犯罪での死刑を廃止した国は10カ国である。また、10年以上死刑執行をしなかった国は36カ国だという。更に、全ての犯罪に対して死刑を廃止した国はドイツ、フランスなど96カ国である。従って、死刑に対する世界的認識の流れは、諸状況を考えれば維持すべきだという意見も多いが、その反対に変わりつつあると言えよう。

　人間の尊い命は何とも変えがたいものである。しかし、果たして残酷なやり方で人の命を奪った連続殺人犯やホロコーストなどの極悪犯罪に対しても死刑宣告を下してはいけないと言えるのだろうか。被害者家族の悲しみや苦痛、一般国民が感じる不安や恐怖を考慮すれば、このような極悪犯罪は死刑で対応するのが正義の実現のために妥当だという意見がある。その一方、犯罪に対する仕返しとして国が犯罪者の命を奪うのは決して正当化されないという意見もある。結局、死刑制度の存廃は、各国の実情と国民的感情などを考慮した上で決めるしかない微妙な問題であろう。

[4] 死刑制度に対する状況と合っているものはどれか。

1 10年以上死刑執行をしなかった国は96カ国である。
2 全ての犯罪に対して死刑を廃止した国は100カ国に満たない。
3 戦争犯罪を除いた一般犯罪での死刑を廃止した国は102カ国である。
4 死刑制度がある国は、ほとんどが10年以上死刑執行をしなかった国である。

[5] 死刑に対する世界的認識の流れと合っているものはどれか。

1 依然として存続を望む国が大半である。
2 賛成と反対がほぼ同じ比率を占めている。
3 存続より減少や廃止の方に徐々に傾いている。
4 極悪犯罪の増加に伴い、だんだん増えている。

[6] 死刑制度に対する筆者の考えと合っているものはどれか。

1 国が犯罪者の命を左右するのは納得できないと思っている。
2 賛成でも反対でもなく、すぐには決められない問題であると思っている。
3 以前は死刑制度に賛成したが、今はなくすべき制度であると思っている。
4 極悪犯罪に限っては被害者家族の気持ちを考慮し、死刑で対応すべきだと思っている。

アメリカのコロンビア大学の心理学教授が、アメリカ人10万人を対象に「幸せ」に対する科学的測定を行ったという。その結果、普通の人がきっと幸せであろうと思いがちな人たち、要するに、出世した人や金持ち、宗教的信頼の篤（あつ）い人が必ずしも幸せなわけではないということが明らかになった。

　この教授は幸せの条件について次のように述べている。まず、愛は幸せの条件の中でも最高の順位を占めている。愛のない人は高収入、良い職業、健康、美貌、結婚などの条件がすべて揃っていたとしても不幸であるという。次に、今の仕事に満足していると答えた人の70％は、日常生活でも幸せだと感じていた。一方で、自分の仕事に何らかの不満がある人は、わずか14％しか日常生活で幸せだと感じていなかったという。また、高齢者だからといって若者より無条件に不幸だとは限らないことも判明した。高齢者は悲観的な若者とは違い、未来に対してかなり楽観的であった。更に、結婚の有無による結果を見ると、結婚制度の無意味性が高まっているにもかかわらず、既婚者が未婚者より幸福感をより強く感じていた。最後に、自分が周りの人々や仕事とどれほど強く繋がっているかということが幸せを決定する要因になっていた。つまり、人や仕事と全く繋がっていない人は、本当に不幸であると言えよう。

[7] アメリカのコロンビア大学の心理学教授の調査結果、どんなことがわかったか。

1 宗教的信頼は幸せにある程度影響を与えている。
2 社会的成功は幸せになるための近道になる場合もある。
3 金銭的豊かさは、必ずしも幸せと直接的な相関関係があるとは言えない。
4 普通の人がきっと幸せであろうと思いがちな人は、やはり幸せだった。

[8] 本文に出ている幸せの条件と言えるものはどれか。

1 健康と若さ
2 愛と周りの人々との絆
3 高収入と結婚の有無
4 篤い信仰心と平凡な日常生活

[9] 仕事と幸せの関係についての説明の中で、正しいものはどれか。

1 仕事からの解放感は時には幸せに繋がる場合もある。
2 仕事一途な生活を送る人ほど幸せをより強く感じる。
3 仕事に多少不満がある方がいい刺激になり、結局幸せに繋がる。
4 仕事に不満がなく、周りの人との連帯感があると、幸せをより強く感じる。

東京博物館より、今回は博物館の仕事を紹介しようと思います。博物館や美術館というと、文化財や美術品を展示する場所をイメージする人が多いのではないでしょうか。しかし、これらは展示場ではなく、①展示は博物館の持つ機能のごく一部に過ぎません。実は博物館にある展示作品の何百、何千倍の規模で収蔵庫に眠る品を、無事に次の世代に引き継いでいくため、その修理や保存に莫大な労力と経費が注がれているのです。

　博物館館長の中村さんによると、博物館は確かに展示品を見せる要素が強いように人々から思われることが多いそうですが、ただ単に見せるのではなく、その時代にあった物として現代に伝えることがプロの仕事だそうです。そのためには、修理といっても誰が修理しても良いわけではなく、それぞれの専門の技術者によって、その時代を保つ形で修理し、また直すといった作業が必要になり、かなり時間もかかるそうです。

　かつては住み込みで10年間修業して一人前、しかも男ばかりといった②この世界も、最近では大学の美術学科や史学科出身、美術大学出身者、さらには大学院の博士課程を修了してから門を叩く人が増えました。また、男社会だったのは昔のことで、むしろ今は女性の方が多いくらいです。文化財を展示するだけではなく、その時代のまま保存しようと努力するこの仕事は、現代の若者にとっても魅力的に映るようです。学芸員の佐藤さんは話します。「一見すると地味に見えますが、ロマンがありますよね。」

10 ①展示は博物館の持つ機能のごく一部に過ぎませんとは何故か。

1　人々が博物館に展示を見に来ないから
2　博物館は定期的に展示をしていないから
3　文化財や美術品を維持するための作業を行っているから
4　文化財や美術品を展示するための時間がとてもかかるから

11 昔、②この世界はどのような世界だったと言えるか。

1　女性の数が圧倒的に少なかった。
2　自宅から仕事場へ通う者がほとんどだった。
3　保存よりも展示をすることが重視されていた。
4　大学で専門的な勉強をしていたものが多かった。

12 本文の内容と合っていないものはどれか。

1　博物館の仕事内容には専門性が必要である。
2　博物館の仕事の魅力は目立たない場合が多い。
3　博物館の仕事は現代社会で見直されてきている。
4　博物館の主な仕事は展示品を直しながら伝えることである。

합격 공략 | 問題10 내용 이해(장문)

問題10　次の文章を読んで、後の問いに対する答えとして最もよいものを、1・2・3・4から一つ選びなさい。

　昔から、自動車に乗る人のための自動車保険は幅広い人々に活用されてきたものだが、最近では自転車乗車中の事故に対応する自転車保険も相次いで登場しているという。

　千葉県の会社経営者である鈴木正雄さんは、今年の5月に自転車保険に加入した。「この辺の道は人通りもかなり多い。自転車で走っていて、見通しの悪い交差点や曲がり角で通行する人と接触しそうになったこともある。また自転車事故の話をニュースで聞いて、もしも事故を起こした時の補償が気になっていた」と話す。

　自転車保険は携帯電話やコンビニエンスストアで簡単に申し込めるなど、手軽に加入できる点が特徴だ。例えば、①AB損害保険は携帯電話A社とB社の損害保険の共同出資で、去年4月に営業を開始した。開業記念の目玉として販売したのが自転車保険加入に限定した商品で、保険料は月額わずか100円。鈴木さんも加入しているこの保険は「保険料が手頃で携帯電話から入ることができるのも手軽」と好評だ。

　期間限定で売り出したものの人気が高いため、死亡保険を500万円に増やす一方で、入院保険を外すなど補償内容を見直した上で、今年から100円プラン（年払いの場合は1100円）を通常商品化した。また入院保険を月額1万円つけて補償内容を充実させたプラン（月額400円）も現在は用意してある。AB損保代表取締役の森崎武（もりさきたけし）さんは「加入者の中心は20～30代の女性。中学校や高校に通学する子供のために母親が加入するケースもある」と話す。

　損保各社が自転車保険に注力する背景には②自転車事故、その中でも自転車に乗る人が加害者になってしまう事故の増加がある。警視庁のまとめによると、例えば2010年では、自転車と歩行者が絡む事故は2,760件、自転車同士の事

故は3,796件で、10年前に比べて5〜6割増えた。また、こうした事故で損害賠償額が5,000万円を超える事例も出ている。

　ファイナンシャルプランナーの高橋さんは、「自転車事故で高額の賠償金を被害者から請求された場合、個人ではその負担に耐えられないこともある。自転車によく乗る人であれば、これからの時代に保険で備えておく意味は大きいのではないか」という見解を示している。いずれにしても、このような事故の増加や自転車保険への注目は、日本の道路がきれいに整備されており、自転車の利用が街中でも比較的容易であることなど、ある意味では日本特有のこととも考えられる。

　通勤や通学のため、あるいは買い物に駅前のスーパーまで、友達とお茶をしに近所のカフェまで、など「ちょっとそこまで」に活躍する自転車。免許も必要なく、またその手軽さゆえに③見落とされがちな点であるが、何かがあってからでは「時すでに遅し」というようなことも発生しかねない。自転車によく乗る人であれば、万が一の備えとして検討してみてはどうだろうか。

---

[1] ① AB損害保険の自転車保険に入っているのはどのような人が中心か。

1　自転車を利用して通学する子供のために入る人
2　自転車を普段は利用せず、乗りなれていない人
3　自転車を利用して勤務する自分のために入る人
4　自転車事故を起こすかもしれないと自分で考えている人

2 ②自転車事故の特徴ではないものはどれか。

1　自転車同士の事故は以前よりも増加している。
2　自転車事故と保険への関心は世界共通のことである。
3　自転車事故と保険への関心は、日本の現代社会において特徴なことである。
4　自転車事故では、自転車の乗っている人が加害者になるケースが増加している。

3 ③見落とされがちな点とは何か。

1　自転車事故が増加していること
2　日本の道路は自転車で走るのに適していること
3　自転車は近くまで行くには便利な乗り物であること
4　自転車の事故で加害者になってしまうこともあるということ

4 本文の内容と合っているものはどれか。

1　自動車と比べれば、自転車の事故は危険ではない。
2　あまり自転車を利用しない人であれば保険は必要ない。
3　自転車事故の場合、必ずしも被害者になるとは限らない。
4　今まで自転車で事故がなければ、保険のことを今後も考える必要はない。

高速道路料金の割引や東北地方の一部路線の無料化が行われたことで、夏休みや冬休みといった長期休暇を利用したドライブ旅行を計画している人も多いだろう。インターネットの掲示板『ドライブ何する?』では、「子供と一緒のドライブ、車の中でどのように過ごしますか」という書き込みに、様々な意見やアイデアが寄せられた。この投稿主は年末年始に伴う帰省のため、夫とまだ幼い子供と共に10時間のドライブを予定しているが、しりとりなどをしていてもすぐに飽きてしまうらしい。①このような書き込みは以前よりも増えているという。確かに小さい子供にとっては長い間、同じ空間にじっとしていることは退屈であり、何か対策が必要となるだろう。

　この相談については後部座席でのDVD視聴を回答として挙げる人が一番多く、「ディズニーなどアニメの種類を多めに」などの意見もあった。ドライブならではの楽しみ方も多く挙げられ、対向車に関して「次に来る車の色は?」や「トラックは何番目に来るか」というようなクイズを出し合う遊び方も人気があるようだ。車を遊び道具に活用すれば、他の車のナンバープレートで足し算したり、地名を覚えたりと発展性もあり、しかも事前の準備も必要ない。また遊びだけではなく、車中を学習の場に活用する人もいるようだ。書き込みによると、「数字や曜日などの英単語の問題を出し、覚えたかどうかをチェックする。私の子供は九九を車の中で覚えました」とのことだ。勿論、寝て過ごすという選択肢もあるが、長時間に及ぶドライブではそれも限界があるため、何か②対策が必要になるかもしれない。

　それに、長時間のドライブで対策が必要なのは、③子供だけの話ではない。夫婦の関係がぎくしゃくしてしまうこともあるようだ。寄せられた意見では、「夫は運転中に渋滞が始まると無言になり、ため息ばかりで不機嫌がこちらに伝わってきて楽しめない」「長時間の運転で疲れているのはわかるが、不機嫌になっ

てくると子供とゲームもできない」など、切実なものも多かった。そこで車中のメンバーが皆で楽しめるように、密室という状況を生かし、「カラオケ大会」をする家族も多かった。やはり皆で楽しめる遊び方も考えておかなければならないということだろう。

　旅行ジャーナリストの佐藤進さんは、長時間のドライブを楽しむアイデアとして「通過点」をキーワードとして挙げている。「長距離運転に必ず必要となる休憩を兼ねて、地元特産品などの物販が充実しているサービスエリアを活用し、そこでご当地物を楽しむなど、移動の途中にも目的を設けると旅も一層充実したものになるのでは」と提案する。確かにドライブの途中にも特色を持った様々な土地があるので、それを活用して思い出作りというのも、後で「ここに行った」「ここも行った」という話の種になるのかもしれない。

5　①このような書き込みが相談として増えた背景は何か。

1　車を持つ家庭が増えたから
2　有料道路の値段が以前よりも安くなったから
3　遠方へ行くには車の方が楽だと考える人が増えたから
4　インターネットの普及によって、相談が気軽にできるようになったから

6　ここでいう②対策とは何か。

1　子供を車内でいかに寝かせるかということ
2　子供を車内でいかに楽しませるかということ
3　子供を車内でいかに勉強させるかということ
4　子供を車内でいかに泣かせないかということ

7 ③子供だけの話ではないとはどういうことか。

1 子供が不機嫌になっても、大人には全く影響がない。
2 大人が不機嫌になれば、子供にもその影響がある。
3 長距離のドライブでは大人も楽しめるような工夫が必要である。
4 長距離のドライブであっても、大人は子供のように退屈はしない。

8 本文の内容と合っているものはどれか。

1 現代は車社会となり、家族の移動も車が増えてきた。
2 長距離のドライブでは、楽しめるのはひとまず、子供だけで良い。
3 長距離のドライブでは、子供を退屈させないために寝かせるのが一番である。
4 長距離のドライブで皆が楽しむためには、通過する地域に目的を作ることも一案である。

文部科学省の調査によると、最近では児童・生徒の通学に利用しているスクールバスが登下校時の子供の安全対策に活用されているケースが多いという。この調査は、スクールバスを子供の安全対策にどのように役立てているのか調べるため、12月から1月にかけて行われたもので、全国の小中学校を対象に実施した。

　調査によると、スクールバスを利用している児童・生徒は、全小中学生の1.7％に当たる約18万人だそうで、導入した目的を各校ごとに複数回答でアンケートした結果、専用バスを運行しているのは2,355グループであり、75％が「僻地(注)対応」と回答したが、その一方で「安全確保対策」も43％に上っている。また路線バスをスクールバスとして活用しているのは1,721グループでこのうち「僻地対応」は70％、そして51％は「安全確保のため」という回答であった。

　同省は①調査結果から、子供の安全対策のため、スクールバスの対象外だった児童・生徒にも利用を認めるようになった②自治体も多いという。例えば日本有数の長いつり橋が通学路になっていた奈良県十津川村では、観光客の増加と少子化による子供の減少によって、保護者から「つり橋を渡っている途中で犯罪に巻き込まれる危険性が高い」という意見があったため、つり橋の対岸にいる小中学生を対象にスクールバスを運行している。その他にも愛知県豊田市のように、児童・生徒の安全な登下校のため、市内のバスをスクールバスとして活用できるようにダイヤとルートを改正し、更にバス停から自宅までを地域のボランティアが見守る、といった体制を整えている地域もある。

　このように犯罪に対する対策を取っているのは、「僻地対応」の回答が多いことからわかるように、都市もさることながら地方でよりその取り組みが目立つ。確かに地方は少子高齢化に伴って「監視」といった意味合いからは、人の目が届きにくいといったこともあるのかもしれない。

同省は③海外の通学路の安全対策についても調査を実施し、アメリカでは2005年から「通学路の安全プログラム」を全米で実施し、通学路にボランティアを配置していることや、イギリスでは子供の通学ルートを定めた上で、ボランティアが生徒・児童と毎日一緒に通学する「ウォーキング・スクールバス」を行っていることなどを紹介している。

　ここ数年間にわたって、日本では通学路で子供が被害に遭う事件や事故が相次いでいるため、同省は「スクールバスは安全確保に有効であり、路線バスも含めもっと活用してほしい」と呼びかけている。地域住民が連携した児童・生徒の安全確保もこれまでに有効とされてきたが、これからはバスも一役買うことができる時代になるのであろうか。

（注）僻地（へきち）：都会から遠く離れた土地

---

9 ①調査結果からわかることは何か。

1　スクールバスは学校の専用バスがほとんである。
2　スクールバスを導入している学校は児童・生徒数が多い。
3　スクールバスを利用している児童・生徒は全国的に見て多い。
4　現在スクールバスは児童・生徒が安心して通学するために活用され始めている。

10 ②自治体の取り組みで合っているものはどれか。

1　奈良県十津川村では、つり橋を通学ルートにしていない。
2　愛知県豊田市では、児童・生徒のために一般のバスを活用している。
3　愛知県豊田市では、児童・生徒が民間のバスの運行に合わせて通学している。
4　奈良県十津川村では、つり橋付近の対岸の児童・生徒がスクールバスを利用している。

[11] ③海外の通学路の安全対策の調査からわかることは何か。

1　イギリスでは、通学路は自由だがボランティアが通学に毎日付き添う。
2　アメリカでは、車社会のため、主に車やバスが通学のための手段になっている。
3　イギリスでは、通学路が決まっており、その上でボランティアが通学に毎日付き添う。
4　アメリカでは、通学路が決まっているが、ボランティアが通学に毎日付き添うわけではない。

[12] 本文の内容と合っているものはどれか。

1　スクールバスを利用したからといって、安全とは限らない。
2　文部科学省では、安全対策としてのスクールバスの利用を推奨している。
3　欧米と比較すると、日本は安全対策としてのスクールバスの利用に長い歴史がある。
4　児童・生徒の安全対策としてスクールバスを利用しているのは主に都市である。

東京に住んでいると驚くほど多くの外国人を目にする。六本木や渋谷、青山、麻布、はたまた23区内ではなくとも八王子や立川といった所でもそうだ。私自身も外国人の友人が多く、都内を参考とすると一体どれほどの外国人が日本に住んでいる、あるいは来ているのだろうかと思うことがある。しかし最近では地方でも、「国際交流」をキーワードに外国との関わりを深めている都市や地域が増えているようだ。

　九州にある大分県の①別府市は、学生の約半数が留学生という国際的な大学が誕生し、国際交流都市宣言も行った。そして、アジアやアフリカ諸国の大使を招いたサミットを開催するなど、海外に向けての情報を積極的に発信してきた。留学生の数はこれらの努力を背景に2000年の487人から2008年には3,333人と急増し、出身国・地域は83にも拡大している。温泉で国内外に有名な街だけに、留学生のホテルや旅館でのアルバイトも増え、その波及効果からか、外国人観光客も2000年の12万5,844人から2006年には22万6,013人に急増しているそうだ。

　別府市の文化国際課課長は「受け入れ体制は大学だけでは限界がある。留学生に本国でスポークスマンの役割を担ってもらうためにも、第二の故郷と思えるように、もてなさなければいけない」と意見を表明している。自治体としては、留学生に諸外国との交流の懸け橋になってもらい、観光客や定住者の増加などを基本とした街の活性化に繋げたいという期待があるのだろう。確かに意見の通り、仮に留学生を増やす場合、その受け入れ機関である大学や専門学校だけではなく、街での日常生活も含めたトータルケアなど、特に大都市と比べて地方都市では②こういった問題がより重要になってくるのではないかと思う。

　③ある調査によると、2006年の都道府県別の留学生数は東京が約4万人で圧倒的に多く、次いで大阪の約1万人、福岡・愛知の約6千人など大都市が続く。

大分は約4千人で全国では10位だが、人口比でみると東京に次いで第2位だそうである。人口の多い大都市で留学生が増えるだけではなく、人口の比較的少ない都市でも留学生が増加しているというこの現象は、最近まで見られなかったことではないか。

　人口減少に伴って地方の小さな都市が疲弊(注)している今日、別府市のような取り組みが全国的に広がりを見せ始めていることは、注目すべきことであろう。国際交流をキーワードに、教育機関の充実とともに留学生を街の再興のための人的資源として受け入れるこのような仕組みは、これからの私たちの身近な生活にも少しずつ変化をもたらすのではないか。地方都市における取り組みに今後も期待したい。

(注)疲弊：心身が疲れて弱ること

13 ①別府市の状況と合っているものはどれか。

1　留学生数・外国人観光客数ともに増加している。
2　地方都市のため、留学生ができる仕事は少ない。
3　国際交流に関する対応は全て大学に頼っている。
4　世界的に有名な温泉があるため、外国人が増えた。

14 ②こういった問題とは何か。

1　留学生の仕事を増やさなければならないこと
2　留学生数が伸びても、街の活性化につながらないこと
3　留学生数が増えすぎた場合は、減らさなければならないこと
4　外国人が留学生として別府に来た時に、快適に生活を送ることができるようにすること

15 ③ある調査から見えてくることは何か。

1　大都市のみで留学生が増加している。
2　地方都市のみで留学生が増加している。
3　日本人と外国人の割合で考えると、大分県の外国人比率は高い。
4　日本人と外国人の割合で考えると、東京都の外国人比率は低い。

16 本文の内容と合っているものはどれか。

1　地方都市は留学生を地域の活性化のための人材と考えている。
2　いくら留学生を増やしても、地方都市の活性化には限界がある。
3　これからは大都市で留学生が減り、地方都市では増えることが予想される。
4　地方都市に留学生を呼ぶためには、大学を多く設置することが必要である。

30代に入ると周囲で結婚する友人や知り合いも増え、やはり20代の頃とは違った印象がある。世間一般的には身を固め始めるこの年代にとって、住居の問題も話題として上がることが多くなるのではないだろうか。住宅を購入する際には、購入するだけではなく、何かがあった場合の保険をかけた方が安心だろう。そして、この保険にはいくつか気を付けなければならない点、すなわちテクニックが必要なようだ。

　住宅を購入した場合、一般的に加入するのは①火災保険だ。火災保険には「建物」を補償するものと、家具や家電など「家財」を補償するものがあるが、建物だけの保険は、被災しても例えばローンで住宅を購入していた場合、そのローンの返済に充てられてしまい、生活の再建には一切回ってこないそうだ。このため、建物の保険と合わせて少額でも家財保険に入っておいた方が良いだろう。その他にも家財保険は火災以外の場合にも落雷でテレビやパソコンが壊れた、といった事例にも役に立つ。

　しかし、火災保険も万能ではない。地震や津波、火山の噴火、またそれらが原因で発生した火災や損傷は補償されないのだ。では、どうすればよいのか。このような被害があった場合、その損害を補償するのは地震保険だ。地震保険は単独の契約ができず、火災保険とセットで加入しなければならないが、火災保険で足りない要素を補える意味は大きい。規定によれば、地震保険の保険金額は、火災保険の保険金額の30％〜50％までのため、例えば5,000万円の火災保険をかけた場合、地震保険は2,500万円までしかかけられないことになる。更に全損で100％、半損では50％、一部損では5％しか補償されない。つまり万が一、地震が起こり自宅に損害があった場合、その損害が大きくても小さくても完全に保障してくれるわけではないこと、そしてそのような大きな地震がいつ起こるのか、はたまた来ないのか、などを考えると入っておいた方が良い

のかどうか、考えどころである。しかし、何かが起こってしまってから考えても遅いということもあるので、地震のリスクも含めてどこまで備えるかは人それぞれだが、大切な住まいならば、②安心材料として入っておいた方が良いと考えるのが妥当な気がするのである。

　住宅コンサルタントの東さんの話によれば「補償の範囲や内容は商品によって様々だが、例えば立地が良ければ水害補償を外す。あるいは既に加入している他の損害保険と重複している補償を外したり、またはたばこを吸わない人を対象とした割引を行っている会社を探す。様々な方法で保険料を安くする方法があるのでは」とのことであった。

17　①火災保険についての説明の中で、合っているものはどれか。

1　どのような火災が自宅で発生しても補償がする。
2　落雷は火災保険における家財補償の適用外である。
3　建物補償と家財補償の両方に入っておけば何も心配いらない。
4　ローンで購入した住居が被災した場合、建物補償の保険金はローンの返済用になる。

18　②安心材料として入っておいた方が良いとはどういうことか。

1　地震は必ず起こるから
2　大きな地震が起こるのかどうかを考えても無駄だから
3　地震保険に入っておけば、損害が生じた時に少しは足しになるから
4　地震保険に入っておけば地震でどのような住居の損害があっても、保険金でなんとかなるから

[19] 小倉さんは3000万円の火災保険（建物・家財補償含む）と地震保険1000万円をかけており、地震で火災が発生し住居全体の五分の二が壊れた。適用される保険の種類と金額はいくらか。

1 すべての保険が適用されない。
2 地震保険で50万円の補償が適用される。
3 火災保険3000万円の補償が適用される。
4 地震保険で1000万円の補償が適用される。

[20] 本文の内容と合っていないものはどれか。

1 地震保険だけを契約することはできない。
2 地震保険のかける金額には生命保険の金額に応じた制限がある。
3 地震保険が損害で生じた必要経費の全てを補ってくれるわけではない。
4 様々な損害に対応するため、色々な種類の火災保険や地震保険に入っておいた方が良い。

日本の住居形態は一つの家族だけが住む一軒家と、大きなビルに各部屋がある共同住宅に分かれる。共同住宅とは、いわゆるマンションやアパートのことで、これらには一つのスペースを共有するためのルールが細かく決められている。ここではひとつのマンションを例にそれを概観してみよう。

　キリンファミリー船橋というマンションでは、『マナー・ルールブック』が作成され、住民に配布されると共に、お互いが快適に暮らしを営むことができるよう心掛けているようだ。『マナー・ルールブック』には、町で暮らすためのごく当たり前なこととしながらもゴミ出しからペット飼育上のルールに至るまで、細かく記載がある。その中で①騒音の記載を見ると、特に細かい内容が多い。

　（例）音に対する感じ方には、個人差があることも事実ですが、音を出されている方はそれほどではないと思っても、聞かされる方は大きく感じるものです。上下左右の部屋だけでなく、斜め上下の部屋に響く場合もあります。特に、夜間の音は気になる方が多いようです。洗濯機や掃除機といった家電製品を用いた生活音、ゲームやステレオといった娯楽に関する音、「ドタドタ」といった、強く響きやすい音にお気を付け下さい。またトラブルになりやすい例としては、毎日音が発生し静かにならない、早朝や夜間のように時間を問わずに音が鳴る、迷惑をかけていることに関して気遣う様子が見られない（謝罪等がない）、などが挙げられます。と注意喚起している。

　またごみ出しに関してもトラブルが多いようで、以下のような記載がある。

　（例）一般的にそのマンションがマナーの守られた快適なマンションであるかを一番表しているのは、ごみ置き場の使用のされ方であるとも言われています。②ごみを出す日について、ごみはその日の内に収集されなければ不衛生な状態となり、同じマンションに住む住人同士のトラブルにもなりかねません。１階ロビーに掲示している「月間予定表」を確認頂き、市から発行されているごみ

収集カレンダーとの照合もお願いします。時期によっては不一致の場合もあります。特に、祝日の際によく間違える方がいらっしゃるようです。祝日は収集を行いません。また、③分別をしてごみを出して下さい。分別をせずにごみを出してしまいますと、市の収集業者に回収してもらえず、ごみ置き場にごみが残ってしまいます。ごみ置き場にごみが放置されている状態は好ましくないため、もし間違えてしまわれた場合は一度持ち帰り、再度分別して決められた日にごみをお出し下さい。分別は燃えるごみ、燃えないゴミ、資源ごみに分けて下さい。ごみ袋はそれぞれあります。と書いてある。上記はいずれも当然といえば当然のことであるが、一人の大人として常に気を付けたい事柄である。

21 ①騒音についての説明の中で、正しいものはどれか。

1 夜に洗濯をしたくても控えるべきだ。
2 子供が部屋を走り回るのは仕方のないことだ。
3 音に関しては下の階にだけ気をつけていれば良い。
4 時々多きな音が出る分には特に気にしなくとも大丈夫だ。

22 ②ごみを出す日についての説明の中で、正しいものはどれか。

1 ごみはいつ出しても別に問題はない。
2 祝日も期間によってはごみを収集する。
3 市から発行されているごみ収集カレンダーを確認するだけで十分だ。
4 マンションから発行されている月間予定表を確認するだけでは十分だ。

[23] ③分別についての説明の中で、正しいものはどれか。

1　分別を間違えて収集されなかったごみは自宅へ戻す。
2　ごみ袋は3種類あるが、月ごとに変わるから注意が要る。
3　ごみ袋は値段が高くて手に入りにくいから、前もって買っておいた方が良い。
4　分別を間違えて収集されなかったごみは、その場で分別をし直して、次の収集を待つ。

[24] 本文の内容と合っているものはどれか。

1　ごみ置き場の問題は、同じマンションに住む者同士のみの問題だ。
2　「マナー・ルールブック」に記載のある事柄は、共同住宅のみで気をつけることだ。
3　「マナー・ルールブック」に記載のある事柄は、共同住宅のみで気をつけることではない。
4　「マナー・ルールブック」に記載のある事柄は、マンションが多くなった現代特有のことだ。

합격 공략 | 問題11 종합 이해

問題11 次のAとBの両方を読んで、後の問いに対する答えとして最もよいものを、1・2・3・4から一つ選びなさい。

A：

　2011年、東北地方を襲った東日本大震災は日本人のみならず、日本に滞在、居住する外国人にも大きな影響を与えたといっていいだろう。今回のような未曾有の大災害が起こった時のために、これからどのような準備ができるか。まずは日本に住む全ての人のために、避難の手順や避難経路の明確化が必要になると思う。特に大きな災害では、その二次災害が懸念されるので、皆が早急に避難できるような案内板の設置や、何か事情があり動けない人々のための緊急連絡場所の設置が望まれる。

　今回の震災が原因で自分の国へ帰国してしまった留学生やビジネスマンも多く、そればかりに注目が集まる傾向があるが、現在も日本に住んでいる大勢の外国人のことも忘れてはならない。政府や行政レベルで日本国内に住む全ての人々への対応が求められていると言えるだろう。

B：

　東日本大震災が発生した後、今後何か起こった時のための様々な取り組みが行われている。東京都内では、日本に住んでいる外国人のためのコミュニティーが連携し、各国の人々が一堂に集まって、仮に何か起こった時のための対策会議があったという。災害が起こり、いざ避難という状況になった場合、外国人にとって厄介なのは、公共放送で流れる避難情報や状況の日本語放送が難しいこと、更に街中にある看板も日本語のみの表記であり、漢字が多く難しいなどの問題がある。このような問題が今回の震災で改めて確認されたため、多言語による表記やわかりやすい日本語の表現についても議論が行われたようだ。

日本に暮らす一市民としてこのような話し合いや議論が行われることは重要である。こういった草の根活動は、やがて地域や社会を動かす原動力となり、ひいては国家レベルの組織を動かす大きな力となるであろう。

1 ＡとＢのどちらの文章にも触れられている内容はどれか。

1　世界中の人々が日本の大地震に衝撃を受けた。
2　災害が起こった時のために準備しなければならない。
3　外国に住んでいる人々は日本の大地震に衝撃を受けなかった。
4　日本に住んでいる外国人は今回の震災で自分の国に帰ってしまった。

2 震災について、Ａの筆者とＢの筆者はそれぞれどのような立場をとっているか。

1　Ａの筆者は市民一人一人の活動が重要だとしている。
2　Ｂの筆者は市民一人一人の活動が重要だとしている。
3　Ａ、Ｂの筆者とも政府主導の取り組みがこれから大事になるとしている。
4　Ａ、Ｂの筆者とも市民一人一人の取り組みがこれから大事になるとしている。

3 本文の内容と合っているものはどれか。

1　Ａの筆者は主に日本人について述べている。
2　Ｂの筆者は主に日本に住んでいる外国人について述べている。
3　Ａの筆者は主に日本に住んでいる外国人について述べている。
4　Ａ、Ｂの筆者共に日本に住んでいる人々全体について述べている。

A：

　去年、日本はTPP（Trans-Pacific Partnership：環太平洋経済連携協定）問題に揺れた年であった。全体としてはTPP参加に関して政府の判断する時間があまりにも短すぎるので、議論が熟すための時間が必要ではないかとの意見がある。具体的な意見としては、TPPは米国主導で主体性がない、農業部門で仮に農家の大規模化を進めたとしてもアメリカやオーストラリアとの競争には勝てない、関税を撤廃すればデフレーションが深刻化し食糧自給率が低下する、などの声がある。政府はこのような問題の解決に向け、地方の農家を訪問し理解を得ようとするなど奔走しているが、政治的なアピールに過ぎず、話し合いの時間を十分確保することが先決ではないかという冷ややかな感想もある。

B：

　去年は日本中がTPP問題で騒がしい一年であった。日本はこれからの人口減少を考えた場合、内需拡大が期待できない状況である。このため、経済全体における輸出の占める割合を更に高める必要があり、また関税が撤廃されれば、消費者にはメリットが大きいため、サービスや物価への影響をカバーすることもできるだろう。また経済成長が著しい韓国や中国などの東アジアが世界との経済連携を深めていることは現実で、このままでは日本はアジア市場の中で後れを取るばかりだ。TPPでは農業部門が取り上げられることも多いが、野菜や果物はもともと関税率が低いので影響は少なく、また米農家の価格下落分は政府が財政負担をすればよい。農業界は価格が下がれば輸出もしやすくなり、市場での競争力も強化される。そして、何よりも市場確保が重要なため、このよ

うな課題に前向きな対応が必要だろう。勿論、TPPは議論されている内容と現実的な側面が合致していないこともしばしば見受けられるため、まずは腰を据えた^(注)話し合いが必要となるのではないか。

(注) 腰を据える：落ち着いて事に当たる

4 AとBの社説の内容と合っているものはどれか。

1　A、B共に事実のみを書いている。
2　A、B共に意見のみを書いている。
3　A、B共に事実と意見を述べている。
4　Aは事実のみを書き、Bは事実とそれに対する意見も述べている。

5 AとBの考え方に最も近いのはどれか。

1　A、B共にTPPに積極的な姿勢を取っている。
2　A、B共にTPPに消極的な姿勢を取っている。
3　AはTPPに積極的な姿勢、BはTPPに慎重な姿勢を取っている。
4　AはTPPに慎重な姿勢、BはTPPを推進すべきとの姿勢を取っている。

6 AとBの社説で、共通して触れられている点は何か。

1　TPPの参加の是非で、中心的な問題となるのは農業分野である。
2　議論や話し合いも重要だが、まずはTPPへの参加を急ぐべきだ。
3　これからの時代は日本国内における産業の発展や充実が期待できない。
4　TPPに参加すれば国内において、経済全体の財やサービスの価格が下落する。

A：

　ある調査によれば、世界的に英語を子供に学ばせたい両親が増えつつあるという。英語は今や世界を席巻しており、グローバル化は現代社会において欠かせないものとなっている。特に、国際的な仕事や海外旅行をよくする人にとってはより重要で、国際会議などの外交の場でも共通語となるなど英語はもはや国際語としての地位を築いたということができるであろう。現在、多くの人がたとえ英語のノンネイティブスピーカー同士であっても、英語をコミュニケーションの手段としている場合が多い。もしもあなたが外国語を学ぼうとするのなら、まずは英語を習得しておくことが、その活躍の場を広げるという意味合いにおいて、意義のあることであると言えるかもしれない。しかし、これは同時に英語が外国語の全てであるということとは同義ではないことも意識する必要があるだろう。

B：

　国際化が進んだ世の中で、英語ほど重要視され、影響力のある言語はないだろう。アジアを見渡してみても学校教育における第一外国語は英語であるし、研究などアカデミックな分野においても、英語の論文が一番よく読まれ、そして評価が高いということになっている。いや、むしろ多くの人の目に止まるので評価が得られやすいというべきかもしれない。いずれにしても、英語はその地位を確立し、有用な言語であることは異論のないところであろう。しかし、別の見方をすると、「<u>英語はアドバンテージがない</u>」とも考えられるのではないか。言語は基本的にはコミュニケーションのために存在するが、仕事としての

武器になるという側面もある。英語が武器にならない場合、どうすればよいか。その解決策としては、第二外国語の存在を意識することが重要になってくるであろう。世界には多くの言語が存在する。韓国語や中国語、インドネシア語といったアジアの諸言語やヨーロッパ諸言語など、数え上げればきりがない。例えば、外国で仕事をしたいと考えた場合、英語のみに頼らずその国の言語や事情に合わせてその焦点を定めることもこれからは必要となってくるだろう。英語の台頭と共にその再検討が迫られ、地球にある数多くの言語についてもう一度考える時が来たのかもしれない。

7 何故「英語はアドバンテージがない」と考えられるのか。

1 他の言語が勢力を増しているから
2 英語は世界中の人々がある程度使えるから
3 これからはアジアの言語の人気が出るから
4 英語はコミュニケーションのみに役立つから

8 A、Bの文章について、共通している内容は次のうちどれか。

1 これからも英語の地位は変わらないだろう。
2 英語はいかなる時も自分のセールスポイントと成り得る。
3 英語を習得していれば、コミュニケーションも仕事も問題はない。
4 英語が役立つことは言うまでもないが、それだけでは十分ではない。

9 A、Bの文章について、正しいものはどれか。

1 Bは、英語の有用性とともに、他の言語の価値にも触れている。
2 Aは国際化に伴う英語の活用について否定的である。
3 A・Bともに、国際化に伴う英語の活用について否定的である。
4 Bは国際化に伴って、英語の活用が全てであるとの見解を示している。

問題11 次の相談者と回答者AとBの文章を読んで、後の問いに対する答えとして最もよいものを、1・2・3・4から一つ選びなさい。

相談者：
　私の親族についての相談です。私の姑(注)はホームパーティーが大好きで、いつも何かしらのパーティーをしています。そして今回姑の家でパーティーをすると次はうち、というように繰り返し、それが暗黙の了解のようになっています。私は結婚して5年目ですが、相変わらずパーティーの頻度は多く、減る気配もありません。

　具体的には、お正月や3月の雛祭り、7月の七夕といった年中行事はもとより、親族の誕生日や夏祭り、ハロウィンに至るまで、数えてみると1年間で20回以上です。親族同士の仲が良いのはいいことなのですが、二人のまだ幼い子供がいるので、忙しく疲れている時も多く、また夫婦共働きで金銭的にも厳しい部分もあります。

　パーティーがあれば夫も子供達も楽しんでいますし、私もそれを見るのは嬉しいことですが、正直私は楽しむことができません。こんな自分自身も嫌になりますし、何が正しいのかわからなくなっています。こういう考え方や姿勢があれば楽しむことができる、などアドバイスをお願いします。

　（注）姑：夫の母

回答者A：
　友人ならまだしも、親族となると本音を言うのはつらいと思います。しかし、たとえ相手が姑であっても、やはり断る勇気が必要なのではないでしょうか。ただそういった方は善意を持っていることが多いので、提案にとても傷付いてしまったり、怒ってしまったりするかもしれませんね。よって、数を減らしたいなどの要望や注文ではなく、来月は予定があるなどと先回りをして断るなど、辛抱強く理由をつけて断り続けることがベストだと思います。

回答者Ｂ：
　これだけの数のパーティーが年間に開催されているのは大変だと思います。しかし、回数を減らす、内容を変更するなどは、難しそうです。主催が姑(しゅうとめ)ということで、夫に間に入ってもらいたいところですが、下手をしたら夫も当たり前だと思っていた、と散々なことにもなりかねません。そこで、物理的に自動的に開催できない事情を作ってみてはいかがでしょうか。体を壊したふりをする、パートタイムの仕事などを始めて忙しい生活を装う、などは効果があると思います。

10　相談者が最も希望していることは何か。

1　姑の開催するホームパーティーの数が減ること
2　姑の開催するホームパーティーを自分自身も楽しむこと
3　姑の開催するホームパーティーによる金銭的な負担を減らすこと
4　姑の開催するホームパーティーで、より親族同士が仲良くなること

11　散々なこととは具体的にどういうことか。

1　姑と夫が同様の考えを持っていたこと
2　姑と夫が異なる考えを持っていたこと
3　夫が相談した内容を姑に話してしまうこと
4　夫に相談をしても話も聞いてもらえないこと

12　回答者Ａ、Ｂに共通した考えは次のうちどれか。

1　まずは夫と相談をするべきだ。
2　我慢してもうしばらくの間は様子を見るべきだ。
3　姑がパーティーを開催できない状況を演出するべきだ。
4　姑に気持ちを素直に伝えれば、姑は怒ってしまうかもしれない。

問題12 次の文章を読んで、後の問いに対する答えとして最もよいものを、1・2・3・4から一つ選びなさい。

　日本で①少子化社会という言葉が浸透して久しい。少子化社会は経済全体に及ぼす影響はもとより、若者への多大な負担や国家の存続に大きく関わる問題でもある。様々な取り組みが始まっているものの、依然として深刻な問題であり、抜本的な解決には至っていないという現状もある。勿論、これは日本だけの問題ではなく、外国に目を向けると、アジアにおいても韓国や中国、また北欧のノルウェーやスウェーデンなども同様の問題を抱えており、その深刻さの度合いは別としてもグローバルな事象であると言っても良い。今回はいくつかの例を挙げながら、これから日本でどのような対策や解決策が必要であるかについて考えたい。

　まず日常生活については、会社や商業施設の集まっている所に託児所を増やし、子育て支援センターも充実させ設置数を増やすことが望まれる。近年、女性の社会進出が顕著になり、仕事と結婚、子育てのバランスを考える女性も増えたという。一般的に女性は結婚すれば仕事を辞め、子育てに専念するというステレオタイプがあるためそれが障害となり、仕事を人生の目標としている場合は、②これらに抵抗を感じているケースも多いのではないか。しかし、自分の職場やその近くに託児所があれば、そこに子供を預けることができるので仕事も続けられ、仕事を辞めなくても済む。女性が子供を産まなくなった理由としては、自分の時間が減ること、子育てによって悩みが増えること、将来的な不安が生じること、などが挙げられるようだ。男性と女性の相互理解は言うまでもなく子育て支援センターの充実は、同じ悩みや不安を抱える者同士が集まる格好の場所となり、親と子供、ひいては家族単位で交流できる憩いの場としての役割を果たすことができるだろう。

またこうした施設の充実には、政府や行政レベルからの支援も欠かすことができない。現在、日本の国会議員や地方議員は男性がそのほとんどを占めており、女性議員が立候補をしても落選してしまう事例が多い。しかし、少子化を考えると、男性と女性双方からの見解が必要となるであろうし、特にこの問題には欠かせない要素となるのではないか。例えば、北欧のノルウェーで考案されたクォータ制度のように、政治決定の場において男女の比率に偏りがないようにする仕組みを整えるなど、男女共同参画を推進する姿勢が前提となってこそ実現されることだろう。このように少子化を考えるにあたっては、日常レベルの問題と③政府や行政レベルの決定がバランスを取っていくことが必要ではないかと考えている。

1 筆者は①少子化社会をどのように考えているか。

1　少子社会は日本特有の事例といえる。
2　少子化社会は日本特有の事例とはいえない。
3　日本の少子化社会は諸外国と比較して深刻である。
4　日本の少子化問題では、その打開策が見つかっている。

2 ②これらとは何か。

1　女性は結婚が全てであるという考え方
2　女性は結婚すれば一層大変になるという考え方
3　女性が家庭を一手に引き受けなければならないという考え方
4　女性は仕事と結婚、子育てを両立しなければならないという考え方

[3] 筆者は③政府や行政レベルの決定をどのように考えているか。

1　男性は女性の意見をもっと聞くべきだ。
2　女性はより積極的に議論に参加するべきだ。
3　女性も男性と同じように議論できる基盤を作るべきだ。
4　女性議員が増えるように、皆で意識を変えていくべきだ。

[4] 筆者のもっとも言いたいことは何か。

1　少子化問題の解決は、諸外国を参考にすれば良い。
2　少子化問題に関して、根本的な問題は男性にある。
3　一方的な意見にならないことこそ、問題解決の糸口がある。
4　少子化問題は男性優位社会であることを象徴している。

コンピューターやインターネットの普及で、世界の様々なことを知り、また世界中の人々とコミュニケーションができるようになった。そして、それはビジネスや教育といった場面にも及び、今やコンピューターやインターネットなしの生活は考えられなくなってしまったほどだ。現在は、パソコンのみならずスマートフォンやMP3プレイヤーなど携帯可能な小型電子機器を持ち歩く人々をよく目にする。教育現場でもこのような影響は大きく、例えば日本語教育・学習の場でもこれらが学習ツールとしての役割を担うようになり、eラーニング・mラーニングと呼ばれ、活躍するようになってきている。

　　eラーニングとはパソコンやインターネットを使用した学びの総称で、mラーニングは携帯可能な小型電子機器を用いて場所を固定せず行う学習のことである。ある調査によれば、現在高等教育機関を中心としてこれらが幅広く利用されてきており、また日本語を学ぶ学習者は今や紙媒体の教材のみならず、パソコンや携帯可能な小型電子機器などを駆使して、それぞれが工夫を重ねて学習しているそうである。

　　また、調査からは、日本語学習者は教科書のような紙媒体の教材に限らず、日本文化や日本語の学習、日本のアニメやドラマ、映画や漫画を楽しむためにパソコンを利用したeラーニング、小型電子機器を利用したmラーニングを活用している傾向が高いことが明らかになっている。また日本語学習者が潜在的にeラーニング・mラーニングを利用可能なことが概観でき、それに関連した学習内容の①多様性も確認できたとして、教育機関が積極的にeラーニング・mラーニングを導入する意義を述べつつも、その教育効果については明確な研究がなされていないことも指摘している。

かつて日本語を学ぶ動機として挙げられていたのは日本の経済的な部分、すなわち日本語を習得し日本の企業や外国にある日系企業で働く、あるいは同様の目的で日本語を学ぶ学習者の教員になるといった実用面が目立っていたように思う。しかし、この調査では、その学習内容において日本のアニメやドラマ、映画や漫画を楽しむためといった点が強調されており、そこから考察すると現代の外国人にとっての日本語は、将来的に直接仕事へ結び付けるためのものというよりは、いわば日本の文化コンテンツを楽しむという教養の部分が目立ち始めているということができるのではないか。

　一つの国を考えた場合、言葉はその基本的な要素であり、それが外国に受け入れられていくことは重要であると考えられる。そして、それは興味や関心を示す人々の動向とは切り離せないだろう。どのような言語においても、その時代の傾向やニーズがある。このため日本語教育についても、その②<u>必要性</u>について調査や研究が行われるのは意義があるのかもしれない。

5 ここで言う①<u>多様性</u>とは、何か。

1　eラーニング・mラーニングは、様々な学習者が行っていること
2　学習者は様々な手段を利用して、学習を行っていること
3　学習者は勉強目的だけで日本語を学習しているわけではないこと
4　mラーニングにもスマートフォンやMP3プレイヤーなど、様々な機種があること

6 筆者の考える②必要性とは何のことか。

1 日本語を学ぶ学習者の目的を把握すること
2 日本語を学ぶ学習者の将来を心配すること
3 日本語を学ぶ学習者がどのような形態で勉強したいかということ
4 日本語を学ぶ学習者にとって、eラーニング・mラーニングが難しくないかどうか調査すること

7 本文の内容と合っているものはどれか。

1 日本語学習者は増え続けている。
2 eラーニング・mラーニングが教科書よりも有効かどうかはわからない。
3 インターネットとパソコンの普及は、教育にとって良くない影響を与えた。
4 現代の日本語学習者は主に仕事を得るために日本語を学んでいるといえる。

8 筆者が最も言いたいことは何か。

1 海外で日本語を学ぶ学習者にも目を向けるべきだ。
2 eラーニング・mラーニングを早急に教育現場へ導入していく方が良い。
3 アニメやドラマ、映画や漫画を日本語教育へ取り入れるべきだ。
4 コンピューターとインターネットの普及は良くも悪くも、日本語教育に影響がある。

日本には四季があり、その季節によって年中行事が行われる。正月や端午の節句、花見や夏休みのみならず、バレンタインデーやクリスマスなどイベントも盛りだくさんである。中でも、日本の四季の特徴として挙げられるものには日本食がある。日本の食文化は古来大陸から伝わった食文化をもとに、日本の気候風土に合わせて作られたもので、「目には青葉　山ほととぎす　初がつお」という句が示すように、本来は四季と密接な関係がある。特にその季節に限定して採れる食材を旬のものとして調理する技術が発達し、季節ごとの料理を楽しむことができるのだ。

　魚や野菜、果物にもそれぞれ食べるのに一番良い季節があり、日本人はそれぞれの季節に合ったものを食べることが最も贅沢なことだと考えて、①これを大切にしてきたということもできるだろう。先人達の食に対する姿勢と知恵は、味だけではなく見た目の美しさも加わり、寿司や天ぷら、雑煮などはその典型と言えるのかもしれない。これらはそれぞれに意味を成した盛り付けがあり、また料理を引き立てる食器にも工夫が凝らされるなど、職人によって作られた技術の集大成、いわば食そのものが伝統美ともいうことができる。世界でも受け入れられ、定着もしている日本食が、②このような基盤の下に成り立っていることを私たちは忘れてはならないだろう。

　一方で日本国内の状況はどうであろうか。ハンバーガーやパスタなど洋食文化の広がりはもとより、いつでもどこでも食べられるファーストフード店が和食・洋食など関係なしに町中に溢れている。また食材といった意味では、少しでも生産の効率を高めて安定した収入を得たいという農家の願いと、いつでも欲しい物を手に入れたいという消費者の欲求から、野菜や果物の地域や季節の壁もなくなりつつある。便利な時代になったものだと考えるものの、それと共に③失われつつあるものも少なくないのではないかと感じるのである。

私たちは今日もコンビニエンスストアに行き、冬の寒い日にも「たまにはすいかが食べたいな」と思えばスーパーに立ち寄り購入する。海外での好評とは裏腹に、日本国内で日本食が疎かにされるのは、やや矛盾している感も否めない。これから先、日本食はどこへ行くのか。動向を見守っていきたいと考えている。

[9] ①これとは何のことか。

1　旬
2　季節
3　贅沢
4　目には青葉山ほととぎす初がつお

[10] ②このような基盤とは、どのようなものか。

1　日本食が独特であること
2　外国では日本食の人気が高いこと
3　季節の食材に合った調理法と道具で完成させること
4　季節の食材を使用して、最大限にその味を引き出すこと

[11] ③失われつつあるものとは何か。

1　季節感
2　和食の店舗
3　日本食の職人技術
4　便利ではない時代にあった懐かしい不便さ

[12] 筆者の最も言いたいことは何か。

1　便利さは日本食の伝統を破壊した。
2　日本の食文化を春夏秋冬から再発見したい。
3　日本食は確かに美味しいので、外国で人気があって当然だ。
4　日本の年中行事や食文化に外国のものが入ってきてはならない。

日本の家族映画では、それぞれの家族の「家族内の呼称と敬語」、「家族と近所のコミュニケーション」、「日本の家族の日常生活」が表現されているものがある。これらは昔の映画にも現代の映画にも数多く、①社会的な共感も得られやすい。またこれらのキーワードは密接な関係があるため、分割して考察することはできない。そのため、各映画でそれぞれ３つのポイントについて紹介すると、例えば『お早よう』という映画では、現在にも共通する家族の日常生活、呼称に関するバリエーションが観察され、『Always 3丁目の夕日』という映画では、第三者とのコミュニケーションも含めた呼称、敬語に関する特徴が多く表現されている。これらが社会的な興味や関心の的となるのは、単純に家族映画の好感度が高いということのみならず、そこに表れる表現やコミュニケーションといった言語も重要な要素となるだろう。

　ここで取り上げるポイントとなる「(1)呼称（呼び名）」、「(2)敬語使用」及び「(3)日本の家族の日常生活」は、それぞれ厳密な意味では様々な議論、問題があり、今も盛んに研究されている分野である。「(1)呼称（呼び名）」では、妻が自分の夫を第三者に紹介する時に②「主人」という言葉を使用するかどうかなど、言語とアイデンティティーの問題が提起されると考えられる。「主人」や「旦那」という呼称は、英語ではマスターに相当し、男性と女性の差別化をはかるものである。「(2)③敬語使用」では、人間関係の上下を表すだけではなく、人間関係の親しさを調整する機能としての敬語運用といった語用論的な観点は近年注目を集めている。具体的には、例えば相手が年上の人でも友人関係にあれば俗にいうタメ口で話し、つまり年齢に関わらずいつまでも敬語で話しをしていると友達関係になりたい人と友達にはなれないといった事例がある。また「(3)日本の家族の日常生活」では、現在日本の家族は祖父母同居の「拡大家族」から両親と子のみ同居の「核家族」への移行が進み、家族生活やそのスタイル

に変化が生じてきていることなどが推察される。そして、ここでも敬語運用は注目でき、家族内においても昔ほど敬語が使用されることはないことが現代の家族映画からは推察される。

　ここではこのような観点、議論が内包されていることを自覚しつつ、あくまでも映画の中に表現されているひとつの事実として、ポイントを取り上げるに留めている。しかし、このような事実があることを知っていると知らないでは、社会生活を営む上でもその意識に及ぶ影響が違うのではないか。仮に「主人」に関してある議論を知っていれば、やみくもに「主人」という言葉を使うのではなく、使用を避け他の言葉に言い換えてみたり、場によってその使用を避けたり、というような意識も芽生えるのではないか。このように映画というひとつの分野をテーマにポイントを取り上げることによって、新しい気づきやその後の考えるきっかけとなれば幸いに思う。

13 ①社会的な共感も得られやすいとはどういうことか。

1　日本の家族映画は特殊だから
2　日本の家族映画が皆好きだから
3　日本語には特殊な表現が多いから
4　日本語の表現に対する注目もあるから

14 ②「主人」という言葉について、本文と合っているものはどれか。

1　男性と女性の立場が同様である。
2　男性と女性の立場が同様ではない。
3　女性にとって損をする言葉である。
4　昔から使用されてきた言葉である。

15 ③敬語使用について、本文と合っているものはどれか。

1　敬語は必要なくなってきている。
2　敬語の使われ方が変わってきている。
3　家族内においても父や母には敬語を使用するべきだ。
4　どんな関係においても、目上の人には敬語を使用した方がよい。

16 この文章で筆者が最も言いたいことは何か。

1　日本語という伝統が失われつつあるのは、大変残念なことだ。
2　言葉一つを取っても、その真の意味を知り、また意識することが大切だ。
3　日本の家族映画は、コミュニケーションや敬語を学ぶ格好の教材である。
4　現代社会では家族のスタイルに変化が生じ、呼称や敬語、コミュニケーションの運用や方法が変わってきた。

Memo

합격 공략 | 問題13 정보 검색

問題13　右のページは、レストランのメニューに書いてある感謝フェアの案内である。下の問いに対する答えとして最もよいものを、1・2・3・4から一つ選びなさい。

1 内山さんは、ドリンクバー利用の印字がある1月12日（木）4,621円、1月28日（土）2,400円、そして印字のない1月10日（火）2,500円のレストランガーデンのレシートを持っている。何口応募できるか。

1　1口応募できる。
2　2口応募できる。
3　3口応募できる。
4　応募できない。

2 応募の際に気をつけなければならないことは何か。

1　グアム旅行か優待券かを選ぶこと
2　利用したレストランガーデンの支店名を書くこと
3　ガーデングループの店舗であれば、全てのレシートが有効なこと
4　グアム旅行の場合は、行程でかかる費用が全てツアーに含まれていること

ガーデングループ冬の感謝フェア!ドリンクバーを頼んでグアム旅行を当てよう!

ドリンクバーを頼むとグアム旅行が当たる!Wチャンスで、ガーデングループ食事券が当たる!ドリンクバーを含む合計5,000円以上(税込)のレシートで応募しよう。(※レシートは合算することが可能です)
(1) グアム旅行ご招待：ペア20組40名様
(2) Wチャンス！ガーデングループ食事券：2,000円分(500円×4枚) 300名様

<応募方法>
・対象メニュー：ドリンクバー
・実施期間：2023年1月10日(火)〜1月31日(火)
・応募締切：2023年2月10日(金)

期間中、レストランガーデン各店でご利用のドリンクバーを含む合計5,000円(税込)以上のレシートを一口として、応募はがきに貼ってご郵送下さい。応募はがきは各店舗のレジにございます。1枚で5,000円(税込)に満たない場合、複数枚のレシート(キャンペーン期間内)を合算してのご応募も可能です。その場合、対象メニューが印字されているレシートが一枚でもあれば、応募条件を満たすことができます。また官製はがきでのご応募も受け付けております(「ガーデン宅配サービス」「和食亭ガーデン」「カフェテリアガーデン」のレシートは除きます)。
※ご応募の際は、お客様の郵便番号・住所・氏名・電話番号・年齢・性別・ご利用店舗名を明記の上、郵送でご応募下さい。また必要料金分の切手を必ずお貼りください。お一人様当たり何通でもご応募頂けますが、応募はがき1通につき1口の応募とさせて頂きます。

<ツアー内容>
グアム旅行2名様1組3泊4日(出発日は2023年春の指定日よりお選び頂きます)。発着予定空港は成田空港で、現地での食事は別途となります。

株式会社　ガーデングループ 2023年冬の感謝フェア係
フリーダイヤル　0120-555-666
年中無休・24時間受付(2月5日(日)は弊社都合により除く)

問題13　右のページは、お菓子の袋に記載されている情報である。下の問いに対する答えとして最もよいものを、1・2・3・4から一つ選びなさい。

[3] 保存方法について正しいのは次のうちどれか。

1　日当たりの良い場所には置かない。
2　台所など水回りに保管するのが適当だ。
3　未開封の状態であれば、どこに保管しても問題ない。
4　開封していても、気密性の高い物で保管すれば大丈夫だ。

[4] 食べたせんべいの味に異常があった場合の対応として正しいものはどれか。

1　0120－11－2345に電話をして事情を話せば、せんべいの代金と郵送料が返ってくる。
2　買った日と店の名前を書いて、買ったせんべいと袋をお客様相談室に送れば、せんべいの代金と郵送料が返ってくる。
3　買った日と店の名前を書いて、買ったせんべいと袋をお客様相談室に送れば、新品のせんべいと郵送料が返ってくる。
4　千葉製菓株式会社　〒273－0004千葉県船橋市南本町1－1に、買った日と店の名前を書いて手紙を出せば、新品のせんべいと郵送料が返ってくる。

白雪せんべい

昔から親しまれてきた白雪せんべいが新しく生まれ変わって更に風味豊かにおいしくなりました！北海道生クリームと濃厚ミルクをたっぷり使ったおせんべい！コクのある甘さとおせんべいの塩味を是非お楽しみ下さい！

- 原材料名：米・砂糖・植物油脂・でん粉・食塩・脱脂粉乳・各種糖・練乳
- 内容量：48枚
- 賞味期限：2020年11月25日
- 保存方法：直射日光、高温多湿をお避け下さい。
- 製造者：株式会社 千葉産業　〒273－0004 千葉県船橋市南本町1－2
- 販売者：千葉製菓 株式会社　〒273－0004 千葉県船橋市南本町1－1
- お客様相談室：〒273－0004 千葉県船橋市南本町1－3

- 使用している原料米は(株)千葉産業の専用工場において、専任のスタッフによる厳しい品質管理の下で生産された国産米のみを扱っています。
- 取扱い上の注意として、開封後は湿気やすくなりますので密封容器などに保管し、できるだけお早めにお召し上がり下さい。
- 賞味期限は未開封の状態で、表示されている方法で保存した時に品質が保たれる状態です。
- 開封時、まれにせんべいを焼いた時のにおいが残る場合がございますが、品質に変わりはございませんので、安心してお召し上がり下さい。
- 万が一品質に問題がございましたら、ご購入の年月日と店名をご記入の上、現品と外袋を千葉製菓お客様相談室宛てにお送りください。代品と郵送料をお送りいたします。お問い合わせは下記フリーダイヤル、またはインターネットによるご相談を承りますが、品質の不都合に関するご連絡は、上記のお問い合わせ方法でお願いいたします。

お問い合わせのダイヤルは 0120－11－2345
(フリーダイヤル：受付時間は祝日を除く月～金曜日9：00～18：00)
千葉製菓ホームページは http://www.chibaseika.co.kp
※ 地域によってごみの分別方法が異なります。捨てるときは、お住まいの市町村の区分に従ってください。

問題13 右のページは、ある教育会社の会員向け広告である。下の問いに対する答えとして最もよいものを、1・2・3・4から一つ選びなさい。

5 今村さんは新春特大号が届くとすぐに塚原さんを紹介し、塚原さんはすぐに講座を申し込んだ。塚原さんにはどのような特典があるのか。

1 塚原さんには特典はない。
2 塚原さんは「ABCオリジナル英会話集」がもらえる。
3 塚原は会員価格で受講できるという特典が得られる。
4 塚原さんはギフトカード2,000円分の特典が得られる。

6 長谷川さんは神田さんと浅川さんの二人を紹介し、神田さんは2020年2月29日に会員になり当日講座の申し込みを行った。浅川さんはその半月後に会員になりその1ヶ月後に講座の申し込みを行った。長谷川さんはどのような特典を得られるのか。

1 ABCオリジナル英会話集Vol.1
2 ABCオリジナル英会話集Vol.1〜Vol.2
3 ABCオリジナル英会話集Vol.1〜Vol.2、GanonMP3プレイヤー
4 ABCオリジナル英会話集Vol.1、UUUギフトカード5,000円分

＜通信英語学習ABCから会員様へのお知らせ＞

2020年1月：新春特大号

今ならお友達も会員価格で申し込める！お友達紹介システムを活用してあなたのお友達を通信英語学習 ABC にご紹介下さい！会員の皆様もお友達も得する特典付きです！

一．お友達をご紹介頂いた会員様には、もれなく ABC オリジナル英会話集をプレゼント。
紹介方法はいたって簡単です。会員様向けに配布されている雑誌『Club ABC』の今月号に同封されている専用紹介はがきをポストに投函、またはパソコンから会員専用 WebSite の ABC Life へアクセス。そこからメールを送信するだけです。ご紹介いただいた会員様へはもれなく、「ABC オリジナル英会話集」を差し上げます！
※ ABC オリジナル英会話集は Vol. 1 ～ Vol. 3 のシリーズ作のため、お一人様ご紹介いただければ1冊を、お二人様以上ご紹介いただいた場合は2冊目から順に差し上げます。

二．ご紹介いただいたお友達が ABC の講座を受講されると、更に豪華賞品がもらえます。
下記の4つの商品からお好きなものを1点差し上げます。
※ お一人様の場合はいずれか1点、お二人様の場合は第二希望までお選び下さい。三名様以降も同様となります。但し、お友達が 2020 年 3 月 31 日までに受講された場合に限ります。

- UUU ギフトカード 5,000 円分：デパートやレストランなど全国 50 万以上の店舗でご利用になれます。
- Ganon 電子辞書：ポケットサイズの最新型電子辞書。英和・和英対応です。
- GanonMP3 プレイヤー：「ABC オリジナル耳で覚える英単語」を収録
- Ganon 高機能イヤホン：騒音の多い場所でも聞き取りやすいノイズカット機能付き

三．ABC Life から講座をお申込みされると、更にお友達にもチャンスが！抽選で毎月5名の方に UUU ギフトカード 2,000 円分が当たります。

お友達はこんなにもお得です！あなたもお友達を紹介して、自分もお友達も得しちゃいませんか？新しい会員様を通信英語学習 ABC は心よりお待ち申し上げます。今年こそ実のある英語に Let's try!

問題13　右のページは、奨学金に関する案内である。下の問いに対する答えとして最もよいものを、1・2・3・4から一つ選びなさい。

7　韓国出身の任さんは現在、日本の大学院で学ぶ理工学研究科の修士課程1年生の29歳である。任さんが応募できる奨学金はいくつあるか。

1　1つ
2　2つ
3　3つ
4　4つ

8　フランス人のパリさん(34歳)は、大学院博士課程で文学を専攻している1年生である。過去に奨学金を受けた経験はない。パリさんが奨学金に合格した場合、一番多い額の奨学金をもらえるのはどれか。

1　PPC奨学基金
2　SAKURA奨学会
3　吉岡記念財団国際奨学金
4　ロングスカラーシッププログラム

東京首都大学に以下の要項で、各機関より奨学金の案内が届いています。内容を参考の上、各自で対応するようにしてください。応募要領は学生センターにあります。不明点は学生センター窓口で問い合わせてください。電話・eメールでの問い合わせには応じかねます。

- 吉岡記念財団国際奨学金（月額10万円、支給期間2年間）
  吉岡記念財団では、人文科学・社会科学の領域において、国際的な相互理解の促進や国際的視野に立った諸問題の解決を行うことのできる研究に対して、研究助成を行います。応募資格は大学院博士課程在学者及び博士課程修了後5年以内の者で、かつ過去に当財団の研究助成を受けたことがない者とします。応募者の居住地、国籍は問いませんが、45歳未満の者を対象とします。

- PPC奨学基金（月額8万円、支給期間2～4年間）
  株式会社PPCでは将来的にものづくりをリードする学生を支援するために、奨学金の給付を行います。社会的ニーズや独創的な視点から研究を展開する学生で学部1年生から4年生の工学・理学専攻者が対象です。日本の大学に在学する学生が対象となりますが、年齢・国籍は問いません。

- SAKURA奨学会（月額12万円、支給期間2年間）
  SAKURA奨学会では、アジア諸国からの留学生を支援するため、奨学金を設置しました。日本の大学院の修士・博士課程に在学している留学生を対象に奨学金の募集を行います。全ての専攻分野から応募可能ですが、35歳未満の学生を対象とします。

- ロングスカラーシッププログラム（月額22万円、支給期間1年間）
  当プログラムでは、学術の発展に寄与することを目的として給付制の奨学金の設置を行い、ここにその募集を行います。大学院修士課程在学者で、文系の研究を行っている者、国籍や年齢は問いませんが、日本の大学院に所属し研究を展開できることが条件となります。

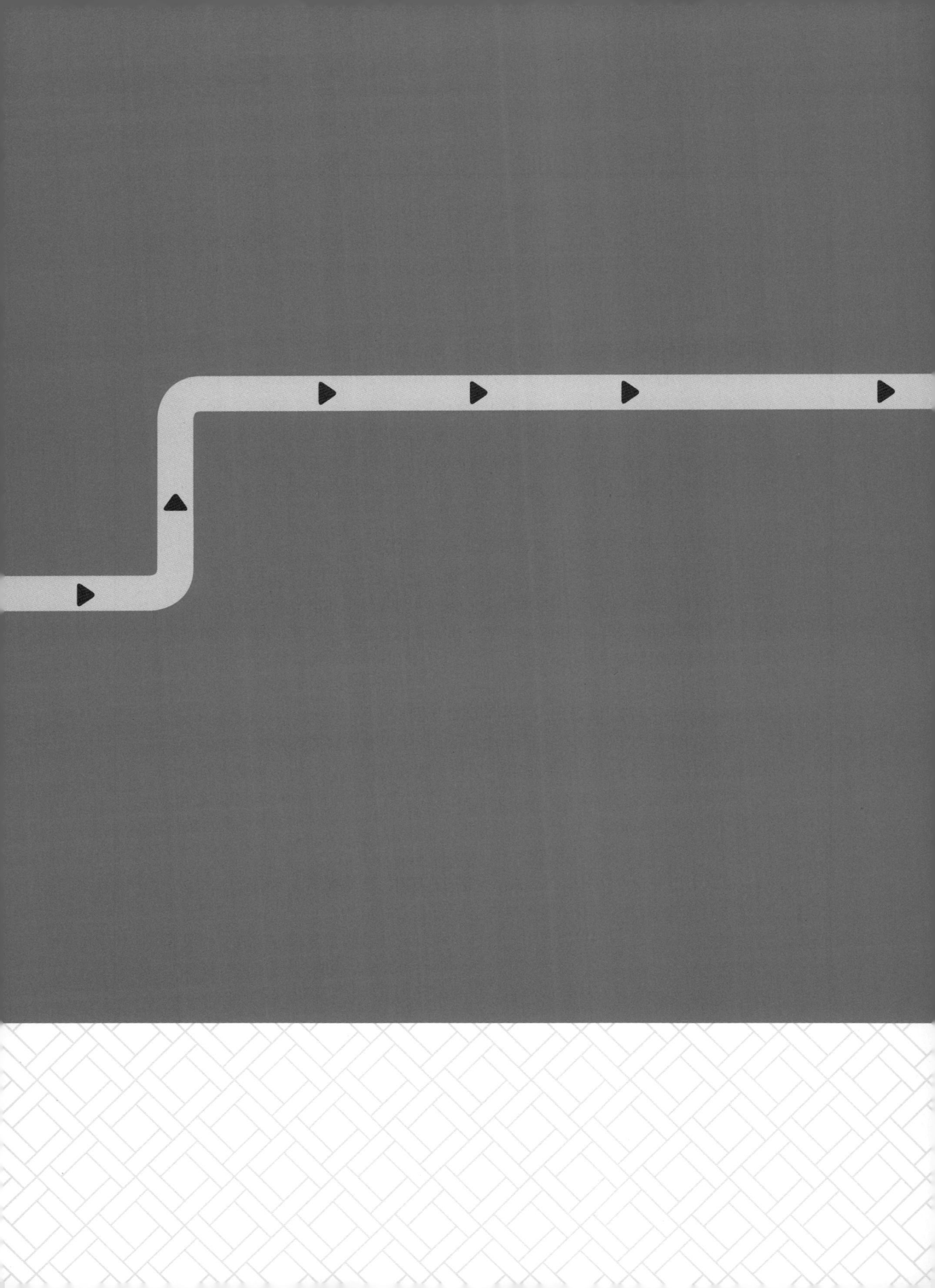

실전 공략

모의고사 01 120
모의고사 02 140
모의고사 03 160

〈PART3 실전 공략〉에서는 독해 문제로 구성된 모의고사 3회분을 풀이합니다. 실제로 시험을 보는 것처럼 시간을 정해 두고 문제를 풀이하세요. 문제를 다 푸는 데 걸린 시간과 정답의 개수를 기록하면서 시험을 보기 전 마지막으로 실력을 점검합니다.

실전 공략 | 모의고사 01

問題8　次の(1)から(4)の文章を読んで、後の問いに対する答えとして最もよいものを、1・2・3・4から一つ選びなさい。

(1)

「ハッピーマンデー制度」により、成人の日、海の日、敬老の日、体育の日が毎年変わるようになって久しい。このような祝日にはどうしても空虚な感がある。この制度は貴重な連休を楽しめる役割とともに経済効果も生じるかもしれないが、私にとっては余暇を送ったとしてもあまり嬉しいとは言えない。祝日とは本来から「特定の日」を祝うことである。その日は重要な理由があって制定したわけだが、ハッピーマンデー制度はその意味を失ってしまう。果たして、そこまでしながら休日をつないで楽しむべきかということは見直しが必要ではないか。

[1] 筆者の主張と合っているものはどれか。

1　祝日が制定された意味を大切にすべきだ。
2　ハッピーマンデー制度もそれなりの意義がある。
3　ハッピーマンデー制度は今すぐ廃止した方がいい。
4　祝日の拡大や変更は、国の立場からはやむを得ない措置である。

(2)

　「ワンクッション」(注)とは、会話の中でスムーズに話題を引き入れ、話をうまく進めるのに役立つコミュニケーションスタイルを指す言葉である。ワンクッションは厳密に言えば、「遠回し」に繋がる表現の一種で、日常会話でも欠かせないものである。

　ところで、日本人は何故ワンクッション置いてコミュニケーションを進めるのだろうか。それは依頼、謝罪、不満などを言う時に、とても効果的であるからだろう。それに、「ビジネスクッション」という言葉まで若者の間で頻繁に使われるという。このような言葉までできるのだから、日本人にとってワンクッションがいかに重要なのか、実感することができる。

(注) ワンクッション：物事が直接的に関係したり作用したりするのを避けるために間に設ける一段階

2 日本人が日常会話でワンクッション置いて会話を進める理由は何故か。

1　相手に何かを頼む時にもってこいの方法だから
2　話下手な人でも、簡単に覚えることができ、すぐに使える方法だから
3　何もかも遠慮する日本人の性格が言語に反映されているから
4　適切に使えば話が盛り上がり、自分の話に注目してもらえるから

(3)

　普通他人への批判は、批判される本人が目の前にいる時にはされない。要するに、陰口と同じ類いなのである。他人を批判することで周囲の共感を得ようとするような了見の狭い議論は、雑音のようなもので、その雑音が不愉快なら耳を貸さずに前向きな話題に変えてしまうのが手っ取り早い方法であろう。他人の批判を口にする人は不愉快だが、それに耳を貸さない側の言動は周囲の人たちに好印象を与えるだろう。雑音に一旦耳を塞いで、前向きな考えに集中すれば批判に関する話題など問題にならないはずだ。

3 批判に対する筆者の考えと合っているものはどれか。

1　耳を傾けず、肯定的な話にすり替える方がいい。
2　職場の雰囲気を考え、一旦その場を離れた方がいい。
3　参考になる場合もあるから、きちんと最後まで聞く。
4　良くないことだと自ら自覚できるように、批判している人に繰り返しアドバイスする。

(4)

　国会で閣僚が答弁する時、言ってほしくない言葉がある。例えば、「個別の案件について答弁を控えさせてください」という言葉だ。しかし、すべての行政・政治問題は、個別の問題の集まりでできている。控えるのが正当であるなら、それ以上、質問できなくなってしまう。政府の一員として、政治家として自分の考えを述べればいいのではないだろうか。曖昧な答弁と共に最近は「まさに…」という言葉も頻繁に聞くが、多用するほど、言葉の価値が薄れる。時折使ってこそ、冴えるのだと思う。

4 筆者が最も言いたいことは何か。

1　国会など公的な場所では正しい日本語を使ってほしい。
2　政治家の言葉遣いは、職務上やむを得ない側面がある。
3　政治家は公式的な場所では言い回しが多くなるのも当然だ。
4　政治家なら曖昧な表現を避け、もっと積極的に自分の意見を言ってほしい。

실전 공략 | 모의고사 01

問題9　次の(1)から(3)の文章を読んで、後の問いに対する答えとして最もよいものを、1・2・3・4から一つ選びなさい。

(1)

　　<u>髪を茶色に染めたら、会社から黒く染め直すようにと言われた。従う義務はあるのか。</u>日本司法支援センター（法テラス）が今春就職した男女500人に、法的トラブルに関するクイズを出した。今回の調査は、勤め人の法的立場などについての誤解が多いために実施されたもので、法テラスは自ら判断しにくい法的問題は一刻も早く相談してほしいと呼び掛けている。

　　新社会人は勤め先では立場が弱い上、同僚と親しくなる前にトラブルに巻き込まれることも少なくない。法テラスはこうした人たちが直面しがちなトラブルを知ってもらおうと、過去の相談事例を二者択一の10問に仕立てた。

　　最も正解率が低かったのが、冒頭の問いで、85％が「従わなくてはならない」という誤った答えを選んだ。「裁判員になったが、裁判の休み時間中に会社に急ぎの電話ができるか」の正解率が次いで低く、52％が「できない」を選んで間違っていた。

　　クイズと共に行った意識調査では、本来は違法とされるサービス残業を迫られた時の対応を、73％が「許せないが、我慢する」と答え、「許せないので、抗議する」の19％を大きく上回った。

　　法テラスの担当者は「問題を一人で抱え込むと事態が悪くなることがある。情報収集だけでもいいので、気軽に相談してほしい」と話す。

[5] 日本司法支援センターが勤め人を対象に今度の調査を行った目的は何か。

1　職場の勤務環境を徹底的に調べたいから
2　自分の法的立場についての誤解があるから
3　改定された法律について説明したいから
4　仕事に対する社員たちの意欲を調査したいから

[6] 髪を茶色に染めたら、会社から黒く染め直すようにと言われた。従う義務はあるのかの調査結果として正しいものはどれか。

1　ほとんどの勤め人が正しい答えを選んだ。
2　ほとんどの勤め人が間違った答えを選んだ。
3　無回答が多く、正確な統計数値が得られなかった。
4　どちらを選んだらいいのか、迷っている人が多かった。

[7] 本文の内容と合っているものはどれか。

1　今回の調査は勤め人に出したクイズのみを分析対象にした。
2　クイズは勤め人の仕事に対する認識変化を促すために行われた。
3　勤め人に出したクイズは、過去の相談事例を参考にして作られた。
4　調査の結果、自分の法的立場について詳しい人が多いことが判明した。

(2)

　現在、国内で飼われているペットは、犬や猫だけでも約1,800万匹で、これは日本の総世代数の約36％がペットと一緒に暮らしているということになる。現在は所得水準が高まるにつれ、生活に余裕ができたり、核家族化の進行による寂しさを和らげるためにペットを飼う家庭が増加しつつある。精神的ストレスやうつ病に苛まれて^(注)いる現代人にとって、ペットとは飼うものではなく、共生する家族同様の存在になってきた。だから、①ペットに手厚い世話するのは当たり前のようなことだろう。ところで、最近ペットの高齢化が進み、各種生活習慣病やガン、白内障などの病にかかるペットが増える傾向が見られる。②このような病気の治療費は高額で、飼い主にはかなりの経済的負担になる。また、ペットに費やされる医療費に対する基準や規定が定められていないことも問題である。加えて、生活習慣病やガンなどは、再発率が高く、何度も同じ治療を受けなければならない場合もある。このような負担を減らすために必要なのが、ペット保険である。これはもしかすると起きるかもしれない出来事に前以って備えられるという点や、家族同様の存在であるペットの健康を守ってくれるという点から、ペットの飼い主から脚光を浴びているという。

(注) 苛む：叱ったり責めたてたりする

[8] 現在はどのような理由でペットを飼っている人が増えているか。

1 生活が厳しくなったから、飼っている人が増えている。
2 飼うのに思ったより手間がかからないから、飼っている人が増えている。
3 核家族化の進行による寂しさを和らげるために、飼っている人が増えている。
4 日常生活のような煩わしい人間関係を結ばなくてもいいから、飼っている人が増えている。

[9] ①ペットに手厚い世話するのは当たり前のことだろうの理由として正しいものはどれか。

1 購入するのに高額の金を使ったから
2 飼うのに何度も失敗し、嫌気がさした人が多いから
3 精神的ストレスやうつ病の治療に役に立つと言われているから
4 ペットを一緒に暮らす家族と同様の存在として認識しているから

[10] ②このような病気の問題点として指摘できないものはどれか。

1 医療費に対する基準や規定が定められていない。
2 家族に移る恐れがあるため、隔離する必要がある。
3 高額の治療費のため、飼い主にかなりの経済的負担になる。
4 再発率が高く、何度も同じ治療を受けなければならない。

실전 공략 | 모의고사 01

(3)

　箱根は首都圏からのアクセスも良く、海外でも観光ガイドブックに掲載されていることが多いことから日本人にも外国人にも有名で人気のある観光名所である。皆さんは「箱根」からどのようなイメージを思い浮かべるだろうか。主なキーワードしては、やはり温泉や森林浴といったところかもしれない。
　箱根は実は多彩な滝の宝庫でもある。箱根地域の中心駅である箱根湯本駅から散歩気分でも行けるのは、「玉簾の瀧」「飛烟の瀧」である。誰でも気軽に徒歩でアクセスができ、それぞれの滝の優雅な姿を楽しめる。これらの滝の源流となる湧き水は、その昔から①箱根越えをする旅人に潤いを与える「延命の水」として親しまれてきた。勿論、この他にも険しい小道はあるが、健脚にお薦めしたい「飛龍の瀧」など、例を挙げればきりがないほどの滝が箱根にはある。
　滝までの途中、足場の険しい箇所や急こう配の場所もあるので、普段から履きなれた歩きやすい靴で目的地を目指すことを推奨するが、そのような過程を経て滝まで辿り着いた時の②感動はひとしおだろうと思う。
　このように、多彩な滝巡りが楽しめる箱根で、滝の轟音と涼やかな空気に包まれながら、たまには日常を忘れられる一時を過ごしてみてはいかがだろうか。

11 ①箱根越えをする旅人に潤いを与える「延命の水」として親しまれてきたという内容から、箱根の山はどのように捉えられていると考えられるか。

1　昔から箱根には水が少ない。
2　箱根の山の水はとても美味しい。
3　箱根の山道は、気軽に歩くことができる。
4　箱根の山道を歩くことは大変難しく、辛い。

12 ②感動はひとしおとは、どういうことか。

1　滝があまりにも素晴らしくて感動すること
2　滝までの道が歩きやすくて気分が良いこと
3　滝に着くまでの道は行きは辛いが帰りは楽なこと
4　滝への道のりで多少の苦労はあるが、その甲斐があること

13 本文の内容と合っていないものはどれか。

1　箱根には徒歩で行くことのできる滝が少ない。
2　どの滝に行く時でも、慣れている格好で行く方が良い。
3　箱根にある滝は、徒歩で行くことができるものも多い。
4　温泉や森林浴だけではなく、箱根にある滝もお薦めしたい。

실전 공략 | 모의고사 01

問題10 次の文章を読んで、後の問いに対する答えとして最もよいものを、1・2・3・4から一つ選びなさい。

　日本でも少子化は進んでおり、政府が必死の努力をしている。児童手当などの経済的な援助、男性に育児休暇が取りやすいようにするための企業への働きかけ、保育施設の充実と無償化など、考えられる限りの政策に取り組んでいるようだが、①この流れはとまる気配がない。

　ここでは、今と昔で何が違うのかを「若者」に焦点をあてて考えてみたい。ここ15年ほど、例えば成人式での20歳の若者たちの態度やマナーの悪さがよくニュースになる。私たちの時代には20歳といえば大人だという自覚があり、このようなニュースは考えられなかった。つまり、今の若者たちは20歳になっても精神的には成人していないということなのだろう。

　このような観点から考えられることは何であろうか。少子化が進んでいるのは、政府が行っている政策や一般的に考えられている経済的、時間的、あるいは身体的な負担とは無関係かもしれない。なぜなら、従来から言われてきた結婚・出産適齢期と言われる今の若者達の意見を聞いてみると「自由な時間がなくなる」「自分以外の誰かの責任まで背負うのは苦痛だ」というような声が聞こえてくるからだ。ある調査によると、②子供を欲しがらない傾向は働く男女に限ったことではなく、例え専業主婦（主夫）であったとしても同様だという。そうであるとするならば、成人した彼らが働くことと子供の有無はあまり関係がなく、他に原因があると考える方が妥当であろう。つまり、先ほど述べた政府の少子化対策は③果たしてどうなのであろうか。

　現代社会において、大人になる時期が昔に比べてずいぶん遅くなっているのではないか。社会人として親から自立し、結婚や出産など自分の家庭を築いて次の世代を育てていく心構えや自覚ができるのが、30代後半という人も増えているのではないか。時代によって適齢期は変わるのが当たり前であるし、その

人がその気になった時が適齢期ともいうことができるだろう。政府だけではなく、私たちひとりひとりがそういう意識を持って、応援する体制が整えば、よりよい方法が見えてくるのかもしれない。

14 ここでいう①この流れとは何か。

1 政府が必死に努力していること
2 少子化が進んでいること
3 少子化が解決すること
4 政府が政策を変えようとしていること

15 ②子供を欲しがらない傾向について、正しいのはどれか。

1 働く男女に共通してこの傾向が強い。
2 男性よりも女性にこの傾向が強い。
3 働く男女も専業主婦（主夫）もこの傾向は同じである。
4 男女に関係なく専業主婦（主夫）にこの傾向が強い。

16 ③果たしてどうなのであろうか。とはどういう意味か。

1 的が外れているのではないか。
2 女性を優先しているのではないか。
3 経済的な支援が足りないのではないか。
4 積極性が足りないのではないか。

17 今の20代、30代の人たちについて、本文と合っているものはどれか。

1 大人になる自覚が昔よりも遅い。
2 30歳になっても働きたくない。
3 20歳は大人だと感じている。
4 30代になったら結婚すると決めている。

실전 공략 | 모의고사 01

問題11 次のAとBの二つの文を読んで、後の問いに対する答えとして最もよいものを、1・2・3・4から一つ選びなさい。

A：

　日本人のきれい好きは海外でも有名である。ここで言うきれいとはファッションやおしゃれではなく、衛生観念に関してである。この日本人のきれい好きは今に始まったことではなく、江戸から明治時代にはすでに外国人によっても記されており、日本を訪れた外国人は近代的な町並みの中でゴミのない道路、朝の掃除、毎日の風呂など様々な場面で驚きがあったようだ。日本は山や海に囲まれ高温多湿でもあるため、多くの工夫が生まれた訳だが、最近ではきれいにするだけではなく除菌や抗菌、滅菌など色々な対策もされ始めた。

　これらはいずれも工夫や技術の発達と言ってしまえばそれまでであるが、あまりにもきれい好き過ぎる社会は、逆に不衛生なものに何一つ触れない抵抗力を作らない、あるいは弱めてしまうことになってしまうのではないか。子供が大きくなってきても腹をこわしやすい、外国でご飯を食べて体調を崩すというような例が増えているのはこのせいだろう。不衛生なものを避けるだけではなく、どう向き合っていくのかを考える時期にきているのかもしれない。

B：

　新型インフルエンザなどの影響もあって、除菌や抗菌、殺菌や滅菌という言葉が街中に溢れている。ハンドソープやマスクだけではなく、皿や衣類を洗う洗剤、食器や文房具など、日用品はこれらの商品だらけである。家から外に出て街を歩いてみても、電車やバスで利用するエスカレーターの手すり、カフェには空気清浄機、どれもこれもこれらの効果があるとされるものばかりである。

　最近では折りたたんで携帯でき、海外にも持っていける「携帯用ハンディ除菌ライト」というものまで発売されている。これは文字通り小さく持ち運び可能な光で菌を減らしたり、除去できたりするもので、スマートフォンやタブレット、キーボードやマウス、文房具、ドアノブなど洗うことができない物を、どこでもしっかり除菌できるそうだ。

　この機器を販売しているメーカーによれば、驚くことにスマートフォンはトイレの便座よりも汚いという調査結果だそうで、この技術の応用で家庭やオフィスに使用する電灯も開発するとのことである。

18 AとBの文章について、正しいものはどれか。

1　AもBも事実とそれに対する意見を述べている。
2　Aは意見を述べており、Bは事実のみを述べている。
3　AもBも事実のみを述べている。
4　Aは事実を述べており、Bは事実と意見を述べている。

19 きれい好き過ぎる社会の問題点は何か。

1　菌に関する技術が進歩しなくなってしまうこと
2　菌に関する関心がなくなってしまうこと
3　菌への抵抗力がなくなってしまうこと
4　菌に気を使わなくなってしまうこと

20 ＡとＢのどちらの文章にも触れられている内容はどれか。

1　抗菌や除菌はして当たり前なこと
2　昔から日本人はきれい好きなこと
3　新しい技術が次々と開発されていること
4　日本人のきれい好きには病気が関係していること

問題12 次の文章を読んで、後の問いに対する答えとして最もよいものを、1・2・3・4から一つ選びなさい。

　個性とは何か、生き方とは何かが議論されることが多くなって久しい。現代社会では、若者を中心に働きたくない、働こうとしない人が増えているという。それだけではなく、いったん就職しても「仕事内容に興味を持つことが難しい」「自分の時間がもっと欲しい」「厳しくされるのは耐えられない」「もっと自由にやりたい」などと主張し、ブラック企業でもないのに新入社員の半数が辞めてしまう会社もあるようだ。このような「我慢を知らない」「我慢ができない」「興味のあることにしか前向きになれない」若者が増加した背景には、子供の興味のあることを伸ばし個性を尊重するといったゆとり教育をはじめとする現代社会の「個性」への偏りがあるようである。

　ニートや引きこもり、就職に前向きになれない人達を支援する団体のある関係者は「意外かもしれないけれど、こういった所に通う人達には、まじめで勉強もできる優等生タイプも多いんです」と語る。①ある若者は弁護士を目指し大学で法律学の勉強を続けていたが、現実は甘くなくうまくいかなかった。大学卒業後もなかなか希望通りにならず、さらに「自分は他とは違う、特別」という思いもあり、②普通の仕事につく気はなかったようだ。その後の数年間の実家での引きこもり生活を経て、今年この団体の事務所を訪れて、同じような仲間との共同生活を始め、様々な話をしながら一緒に就業体験を続けるうちに「普通なこと、平凡なことの繰り返しや積み重ねの重要性」に気づき始めたという。

　ルーマニアの言葉に「月並みこそは黄金」という言葉があり、当たり前の日常こそが本当の幸せである、という意味がある。人とは違う何か、あるいは個性の尊重は大切だ。しかし、個性的でなければならず、個性がなければ意味が

ない、という認識が社会一般に広まり、強調されすぎているのではないか。これを若者が思い込み、③追い詰めているのではないか。平凡な仕事が自分には合わない、興味がないと思っていても始めて続けてみる、何かに失敗してももう一度チャレンジする向上心を持つ、そうしながら段々と仕事も面白さを分かっていく、というようなことを実は忘れてしまっているのではないかと思うのだ。

　ある大学の学長の「個性は重要であるが、社会と調和した個性こそ本物である」という年始のあいさつを聞いたことがある。個性のみに集中、注目するのではなく、自身の中に社会性を持って社会に責任を持って参加していくことが求められているということだろう。そもそも個性はそう簡単に発揮できるものではなく、社会は自分の思い通りにはなっていない。それを前提としつつ、少しでも自分らしい生き方ができるよう努力をしていくべきだ。

21　①ある若者について、正しいものはどれか。

　1　大学卒業後もしばらく法律学の勉強は続けていた。
　2　大学卒業後は会社に入っていた。
　3　弁護士になったが想像と違っていた。
　4　弁護士のもとで法律の勉強を続けていた。

22　②普通の仕事につく気はなかったのが変わったのはいつか。

　1　引きこもりの生活をしているとき。
　2　支援団体の事務所を訪れたとき。
　3　弁護士の勉強をして頑張っているとき。
　4　仲間との共同生活をしているとき。

23 ③追い詰めているのではないか。の内容は何か。

1　個性的でなければならないこと。
2　社会に出て働かなければならないこと。
3　社会性を持ち、他と関わりを持つこと。
4　我慢することが重要なこと。

24 筆者が最も言いたいことは何か。

1　個性の尊重と同時に社会で生きていく方法を知ることも重要だ。
2　社会性を身につけるためには、個性は必要ない。
3　個性を十分に発揮できる社会の仕組みこそ求められている。
4　個性よりも普通であることの大切さを若者に教えるべきだ。

問題13　右のページは、市による無料の健康診断、健康相談の案内である。下の問いに対する答えとして最もよいものを、1・2・3・4から一つ選びなさい。

[25] 市内の企業に勤めているAさんは、毎日たばこを吸っている。このため肺がんになるのではないかと心配していて、たばこをやめる方法を学びたいと考えている。どうしたらよいか。

1　対象者なので申し込むことはできない。
2　3月10日の10時にセンターの受付に行って申し込む。
3　2月25日に0561－53－1115に電話して申し込む
4　3月10日の13時にセンターの受付に行って申し込む。

[26] 55歳のBさんは、最近になって階段を上がり下がり時にひざが痛くなり、その原因は体重の増えすぎだと感じている。どうしたらよいか。

1　2月10日に0561－53－1111に電話して申し込む。
2　2月25日までに最近の健康診断の結果を用意して電話をかける。
3　3月5日に最近の健康診断の結果を持ってセンターに行く。
4　2月25日に0561－53－1118に電話して申し込む。

内科検診

日時	3月5日　9時～受付
内容	問診・聴診・血圧など。
申し込み	2月10日から電話で開始　0561-53-1111

歯科検診

日時	3月15日　9時～受付
内容	歯科検診、歯磨き指導
申し込み	2月20日から電話で開始　0561-53-1112

肺がん検診

日時	3月10日　10時～受付
内容	胸部X線検査 痰の検査（問診で必要とされた方は行ってください）
対象	40歳以上。最大40人まで（先着順です）
申し込み	2月25日から電話で開始　0561-53-1115

生活習慣病の予防に関する健康相談

日時	3月5日　13時30分～受付
内容	食生活・睡眠・運動などの個別の健康相談。骨密度の測定。申し込みの方は、最近の健康診断の結果をお持ちください（半年前までのものが望ましいです）
対象	40歳以上。最大20名まで（先着順です）
申し込み	2月25日から電話で開始　0561-53-1118

禁煙相談

日時	3月10日　13時～受付
内容	喫煙習慣の問診。たばこの知識と禁煙方法に関するワークショップと個別相談。尿検査と呼気検査。
対象	市内在住、もしくは市内在勤の禁煙希望者20名（先着順です）
申し込み	当日、市の健康福祉センター受付にお越しください。

실전 공략 | 모의고사 02

問題8　次の(1)から(4)の文章を読んで、後の問いに対する答えとして最もよいものを、1・2・3・4から一つ選びなさい。

(1)

> 私の孫たちは幼い時から自分の言ったことには責任を持って取り組み、周囲から認められてきた。就職し、あるいは大学に入った今も「田んぼ手伝うよ」と言って、「遠くから帰って来なくてもいい」と言うのに作業をしてくれる。孫たちにはありがたい限りで、生き甲斐の原動力となっている。政治家すべてが聖人君子や模範の人たれ、とまでは言わないが、それにしても今の政治家たちには、常識を欠いた行動が少なからず見受けられる。大切なことは、何事をも常識の範囲で自己責任で臨むことではないだろうか。

1 筆者が最も言いたいことは何か。

1. 政治家は言葉より行動を優先すべきである。
2. 愛しい孫たちには立派な政治家になってほしい。
3. 幼い時からの親の関心は、教育に欠くことのできない条件だ。
4. 政治家たちには誰もが納得できるような行動をしてほしい。

(2)

　未成年者に喫煙させてはいけないことは、たばこの害が今ほどわからなかった頃から常識だった。現在はたばこの有害性や依存性が各研究から証明されている。更に、喫煙者本人よりも、受動喫煙の方がより害が大きいこともわかっている。しかし、未成年者に受動喫煙を強いている場所が多々ある。特にひどいのが居酒屋など未成年者をアルバイトとして雇用している店舗である。他者に喫煙の害を与えることは決して許されるものではない。殊に未成年者への防止対策は、法規制として急務ではないだろうか。

2 本文の内容と合っていないものはどれか。

1　たばこは喫煙者本人より受動喫煙の方がより害が強い。
2　未成年者の受動喫煙は主に仲間同士でいる時に起きる。
3　たばこの有害性や依存性に関する研究は活発に行われてきた。
4　政府は一刻も早く未成年者への受動喫煙の害を防ぐ法律を作るべきだ。

(3)

大学生の就職活動は超氷河期にあり、多くの学生が就職のために留年するという。実はこれが人生の大きな落とし穴(注1)なのだ。それよりも職種にこだわらず、どこかで働き、厳しい社会の現実を体験する方がより有利だと思う。大学に残っても人生の足しになることは少なく、無為に(注2)時間を過ごしてしまう場合も多いのではないか。内外の厳しい経済事情をみれば、自分の人生をそう簡単に決められる状況ではないのは確かだ。しかし、だからこそ現実を体験することが極めて重要な意味を持つ。バイトであれ、パートであれ、どこかで働いて人生経験を積むことが今の若者には必須だと思う。

(注1) 落とし穴：人を陥れるための策略
(注2) 無為に：自然にまかせて、人為を加えないこと

3 筆者は就職のための留年についてどう思っているか。

1 内外の諸事情を考えれば、仕方がないと思っている。
2 きちんとした職場に入るためには適切な方法だと思っている。
3 それより簡単な仕事でも経験を積むことが大事だと思っている。
4 時間の無駄遣いに過ぎないから、絶対やってはいけないと思っている。

(4)

「風評被害(注)」という言葉が曖昧なのは、厳密な定義なしに1990年代末からマスコミ用語として使用され始めたからだという。しかし、最近の人々は事件や災害などの報道をきっかけに、消費や観光などを根拠もなく危険視してしまうことによる被害であると認識しているようだ。「風評被害」の本質は、絶対的な安全を求める安全社会、代替物が容易に入手できる高度流通社会、そして情報過多社会を背景にしていると思われる。とすれば避けることは根本的に困難という前提で対策を立てるしかない。大切なのは、そのメカニズムを理解することである。従って、消費者やメディアだけでなく、行政や流通などの関連業者の責任は実に重いと言える。

(注)風評被害：根拠のない噂のために受ける被害

4　「風評被害」についての説明の中で、正しくないものはどれか。

1　現在までこれといった定義がなされていない。
2　正しい情報交換さえできれば、防ぐことも可能である。
3　風評被害の背景には、今の流行とも密接な関係がある。
4　消費者やメディアのみならず、関連業者の責任も無視できない。

실전 공략 | 모의고사 02

問題9 次の(1)から(3)の文章を読んで、後の問いに対する答えとして最もよいものを、1・2・3・4から一つ選びなさい。

(1)

　勤務先の企業に命じられたり、家庭の事情などで単身赴任を余儀なくされることが少なくない。厚生労働省の発表によると、単身赴任者の数は年々増加傾向にあるのだそうだ。しかし、家族にとって、一家の大黒柱(注1)としていつも身近にいてほしい父親が、単身赴任で留守になってしまうことは、多かれ少なかれ二重生活に伴う経済的、あるいは心理的負担を強いられるなど、当人や家族の心身に何らかの悪影響をもたらしがちな点でネガティブなイメージがある。それ故、雇用者側では、家族を伴った転勤が可能なように、社宅や官舎を整えたり住宅手当の支給を考えたりするわけだが、それにもかかわらず、<u>多くの人が本人の希望で単身赴任に踏み切っている</u>。これは子供の教育を始めとする家族の状況を考えた積極的な選択によるものだと考えらる。今の時代は離れていても携帯やパソコンによるやりとりでいつでも連絡はできるが、家族同士が共に暮らせないのは当然気遣わしい(注2)ことだ。

　しかし、夫婦も親子も、離れてみて初めてお互いの姿がよく見えてくるのではないだろうか。日頃、感情的に反発し合うことの多かった家族同士が、心理的・物理的に距離をおいて冷静に便りを伝え合うことで、理解をもっと深めることもあるのではないだろうか。単身赴任の夫にとって一人の生活は、家族への思いやりを改めて見直すよい機会にもなると思われる。

(注1) 大黒柱：家や国の中心となって、それを支える人
(注2) 気遣わしい：事の成り行きなどが気にかかるさま

⑤ 多くの人が本人の希望で単身赴任に踏み切っているの理由は何か。

1　普段つい感情的になり、反発し合う場合が多いから
2　家族の状況を考慮した積極的な選択による場合が多いから
3　都会の雑踏から離れて生きたいと思っている人が多いから
4　家族と一緒に暮らすと、理解を深めるきっかけが少ないから

⑥ 単身赴任についての説明の中で、正しくないものはどれか。

1　単身赴任者の数は、年々増加している。
2　今まで経験できなかった開放感を味わうことができる。
3　本人や家族の心身に何らかの悪影響を与える場合もあり得る。
4　雇用者側も家族を伴った転勤が可能なように、工夫を凝らしている。

⑦ 筆者は単身赴任についてどう思っているか。

1　家族を考えて絶対に行ってはいけないと思っている。
2　家族への配慮を改めて見直すよい機会になると思っている。
3　喧嘩のもとになる場合が多いから、なるべく控えた方がいいと思っている。
4　仕事上やむを得ない場合があるから、もっと積極的に行ってほしいと思っている。

(2)

　　最近、私はあるものにはまっている。それは着物だ。派手なものはあまり好きではないが、何となく着物を着たくなる時がある。そのきっかけと言えば、銀座の着物専門店に展示されていたオレンジ色の着物に一目ぼれした時で、最初は着たいのではなく、ただほしいだけだった。和服ならば着るのに躊躇してしまうような派手な柄でも普通に着られるし、着物は帯揚げ、帯締めなどでシックにもなれば華やかにもなる多様性がある。さらに、衣文の抜き方、襦袢(注1)を見せる分量、帯の位置などで、がらりと雰囲気が変わる。着物は日本人特有の豊かな感性の表現方法であり、またそこに自分らしさが醸し出されるのだ。値段の高さや着付けの難しさで、若い人にはそれほど好まれないとは思うが、祖母や母のものを着てみるなど入り口は色々あり得るし、多少のサイズの違いなら腰の位置の調整で何とかなる。このような「融通」という精神も、着物の醍醐味(注2)ではないだろうか。やはり日本人は日常生活の中でも常に美を求めているに違いない。ここのところ、「捨てる」という整理整頓の仕方が流行っているらしいが、それは、何か大切なものも一緒に捨ててしまいそうな気がして私にはちょっと違和感がある。流行を追うのもいいが、「共に生きる」ということも一度ぐらいは考えてほしいものだ。

(注1)　襦袢：着物の下に着用する、和服用の下着の一つ
(注2)　醍醐味：最上級の味を意味する

8 筆者が着物に夢中になった理由は何か。

1 もともと派手な色が大好きだったから
2 着物は自分の個性を表わしやすいから
3 昔は知らなかった着物の美しさがわかったから
4 ショーウィンドーにかけてある着物の色にほれてしまったから

9 着物について最も正しく説明しているのはどれか。

1 着付けの仕方によって異なる雰囲気が出せる。
2 豊かな暮らしや美意識を表出する手段である。
3 着物の色取りによって自分らしさが醸し出される。
4 値段の高さや着付けの難しさは大衆性の妨げである。

10 着物に対する筆者の考えと合っているのは何か。

1 親譲りで着ても別にかまわない。
2 融通が利いて全世代に好まれている。
3 色々工夫してみると、結局捨てる物はない。
4 流行は追うものではなく先導するものである。

(3)

　日本は、エネルギー資源のほとんどを海外からの輸入に依存するが、電力消費量は世界第４位の高い水準である。そのため、夏になると、政府はより安定的な供給が重要課題として浮上し、社会全体が節電を意識している。「本年の夏も節電モードに力を合わせていただくとともに防犯対策にも一層のご注意を払うようお願い申し上げます。」とワールド警備保障株式会社の高橋さんは呼びかけている。高橋さんによれば、「節電は冷房などだけではなく、夜の街でも街灯が疎ら(注1)になるため、帰宅時には防犯ブザーや懐中電灯を持ち歩くなど、防犯対策をしっかり行ってください」とのことだ。また、「節電を意識するのはわかるのですが、窓を開けて寝るのはご法度(注2)。路上で寝ているのと一緒です」とも注意喚起する。深夜電力には余力があるので、寝苦しい時などは我慢をせずに冷房を付け、戸締りをしっかりして寝た方がいいそうだ。そして、「節電の影響で空き巣などの犯罪被害に遭わないよう、自宅など建物のドアや窓に二重のロックを施し、厳重な防犯対策をしてください」とのことであった。

　これからが夏本番である。高橋さんのアドバイスを参考にして、今年も快適で安全な夏を過ごしたいものだ。

(注1) 疎ら：物が少なくて、間がすいているさま
(注2) 法度：禁じられていること

11 高橋さんによれば、寝苦しい時はどうすればいいと言っているか。

1 防犯のため、我慢した方がいい。
2 節電のため、窓を開けて寝た方がいい。
3 深夜電力に余力がないため、我慢するしかない。
4 我慢しないで冷房を付け、きちんと戸締りしてから寝た方がいい。

12 夏は特に防犯対策が必要な理由は何か。

1 夏休みに出かける人が多くなっているから
2 夜間の街灯が少なく、薄暗い場所が増えているから
3 冷房などが使えずに暑い中での生活を強いられるから
4 節電の影響で窓やドアを開けやすくしている人が増えているから

13 本文の内容と合っているものはどれか。

1 冷房は電力をとても消費するので、どのような時でも控えた方が良い。
2 電力は一日中不足しているので、常に節電を意識しなければならない。
3 節電を意識することは重要だが、防犯とのバランスを考えるべきである。
4 より一層の防犯対策が必要になる夏は、あまり出かけない方が良い。

실전 공략 | 모의고사 02

問題10　次の文章を読んで、後の問いに対する答えとして最もよいものを、1・2・3・4から一つ選びなさい。

　　言葉は時代とともに変化、進化する。例えば方言は消滅の危機だという言い方もできるが、別の言い方をすれば、日本国内でも人の移動と定着が増え、その分だけ人の接触や交流が進み、方言が変わってきているとも言える。言語が変化、進化するという現象は日本語だけのことではなく、世界共通である。日本語においても、これは何も方言に限ったことではなく、私たちが国語で習うような標準的な日本語もずっと変化を続けてきている訳なのだが、現在は特に①猛烈なスピードで変わってきているようだ。

　　その要因として考えられるのは、いわゆるIT関係の技術の発達であり、具体的にはパソコンや携帯電話といった新しいコミュニケーションの形の登場と急速な拡大である。以前には専門家にしか分からなかったコンピューター用語も、今では日常の会話の中に当然のように出てくるようになり、SNSを中心として直接会わなくとも会話が容易にできるようになった。このような背景の中で、次々と新しい言葉が誕生しており、言葉を短く表現する「スマホ（スマートフォン）」「ワンチャン（ワンチャンス）」や、(*•ω•*)や(;;)などの顔文字も入り、そこでの会話はもはや地球の言葉ではないと感じられるくらいである。

　　若者を中心としたこのような急速な言葉の変化の中で、次々と多くの言葉が生まれては消えをくり返している現代社会ではあるが、ある言語学者はこのような状況も②特に驚くべきことではないという。言葉は常に変化を続け、新しい表現もどんどん出てくる。宇宙人の会話を聞いているような状況さえありうる。しかし、残る言葉の数は限られているようだ。

　　これほど急速に、絵文字や記号も含めて新しい言葉や表現が増えていくと、その大部分が定着せずに消えていったとしても、かなりの数の言葉が残る可能性はないのだろうか。これまでも、日本語を問わず言葉は常に変化、進化を続

けながらここまでやってきた。現代社会はそのスピードが上がっている中で、例えば30年後の日本語が今と全く別の言語になっているというような③SF映画のような話は考えすぎだろうか。

14 言葉が①猛烈なスピードで変わってきているのはなぜか。

1 人の移動が昔よりも増えたから
2 国語の教育内容が変わったから
3 若者に言葉を変える力があるから
4 人との交流の方法が変わってきているから

15 ②特に驚くべきことではないのはなぜか。

1 今後残る新しい言葉の数は今までと変わらないから
2 パソコンや携帯電話で使われている言葉は残りにくいから
3 若者の言葉はいつの時代も宇宙人のように分かりにくいから
4 IT技術の発達は最近のことであり、分からないことが多いから

16 ③SF映画のような話とはどういう意味か。

1 方言がなくなって、会話ができなくなること
2 絵文字だらけになって、言葉が消えていくこと
3 パソコンや携帯電話さえ必要ではなくなること
4 新しい言葉が多く残り、若者との話が通じないこと

17 本文の内容と合っているものはどれか。

1 方言は日本の文化だから、残す努力をこれからするべきだ。
2 言葉は変化しているように見えて、実は変わっていないものだ。
3 昔から使われてきた表現を見直す時期にきているかもしれない。
4 現代社会ではこれまでよりも多くの新しい言葉が残っていくかもしれない。

실전 공략 | 모의고사 02

問題11　次のAとBの二つの文を読んで、後の問いに対する答えとして最もよいものを、1・2・3・4から一つ選びなさい。

A：
　取引先の会社でスタッフの離職率がぐっと下がったという話を耳にした。スタッフといっても正社員から契約社員、アルバイトまで様々だが、雇用形態は関係なく、下がったというのである。話を聞いてみるとこの会社では「褒め合い運動」を展開して、仕事中に気づいた褒めたい点を従業員同士でシェアするだけではなく、掲示板に貼っていくそうだ。狙いは、接客や応対などの良いモデルを共有することによって全体のスキルアップにつなげ、働く意識やモチベーションも高めることだ。

　最近ではこういった取り組みを調査会社に依頼し、外部の目から社員の良い点を見つけてもらい、それをもとにして「褒める報告会」を開催する企業も出てきた。普段は当たり前だと思っていたことを人前で褒められることによって、社員が活気づいてきたということだ。

　昔からあるような厳しく鍛え壁を乗り越えさせるという社員教育は、現代社会には合っておらず古いのかもしれない。しかし、ここまでしないと社員の働く意欲を引き出せない、あるいは社員自身に働く意欲が出ないというのは、情けないような気がするのは私だけだろうか。

B：

　多様化する現代社会において、様々なニーズに応えようとする企業がある。ある調査会社は「あなたのスタッフ大丈夫ですか。やる気、根気を育てます。売り上げ向上！」というキャッチフレーズを掲げ、営業を行っている。その会社は依頼があると、調査員が客を装って依頼のあった企業に行き、社員やスタッフの応対を調査し、長所や良い点、褒めるところを探す。そして、それを依頼企業の上司に伝え、その報告事項に基づいて上司は部下を褒める、という流れである。

　上司から褒められて嫌な部下はいるはずもなく、褒められて認められていると感じると期待に応えようと前向きに努力するという、人間の心理をつかんだうまいやり方と言っていいだろう。転職率、離職率の高い現代社会のため、従業員の定着に問題のある店舗や企業から依頼が数多くあるそうで、たしかに普段は気がつかない、気にしていない褒めるポイントを改めて発見してくれるこのようなビジネスは、今の世の中にこそ必要なのかもしれない。

18　AとBはそれぞれ何について述べているか。

　　1　Aは職場の活性化を目指す企業、Bは調査会社の仕事内容について
　　2　Aは調査会社の仕事内容、Bは職場の活性化を目指す企業について
　　3　Aは調査会社ができた理由、Bは調査会社を活用する企業について
　　4　Aは調査会社を活用する会社企業、Bは調査会社の売り上げについて

19 AとBは、調査会社を利用することをどう考えているのか。

1　Aがどちらかというと肯定的だが、Bは否定的だ。
2　AもBもどちらかというと肯定的だ。
3　AもBもどちらかというと否定的だ。
4　Aは否定的だが、Bはどちらかというと肯定的だ。

20 AとBのどちらの文章にも触れられている内容はどれか。

1　最近は社員を厳しく育てることが再度注目され始めている。
2　褒めて社員のやる気を引き出す方法は昔からある。
3　最近は褒めることによって社員を育てる方法が注目されている。
4　社員を褒めても職場の活性化につながるとは限らない。

問題12　次の文章を読んで、後の問いに対する答えとして最もよいものを、1・2・3・4から一つ選びなさい。

　よく耳にするテーマとして「社会に出てから通用する力、求められる力は何か」というものがある。知識、スキル、経験と様々なものが挙げられそうだが、やはりどのような職種、業界であっても人と接する中で人間関係を築きながら仕事をこなしていく訳なので「説明する力」は欠かせないだろう。自分の考えを伝えられるのはもちろんのこと、感じていることを表現したり、納得していない相手を説得したり、あるいは自分の落ち度を謝罪したりなど、仕事のときや家庭にいるとき、プライベートな時間など、昼夜や場所を問わず、様々な場面で私たちは説明を問われる。説明を必要とし、求められるのだ。

　それでは「説明する力がある」とは何か。ひとつは「誰にでも分かりやすいこと」であろう。難解な表現や専門用語を並べて、相手が困惑しているという場面に遭遇することがあるが、こういうのは説明する力がないのではないかと考える。これは相手が理解できないような言葉を並べ立て相手を黙らせ、難しい表現を知っていて①すごい人だと思わせたいだけなのだろう。ただ、それでは難しい表現を使わなければいいのかというと、そういう訳ではない。例えば「可及的速やかに提出してください」と言い、相手がポカンとした場合に「早く出してください」と言い換えられる柔軟性があるかどうかが重要だ。相手が子供であれば子供に理解できるように、留学生であればその学生達が理解できるように、あるは色々な人がいる場面で、万人に分かるような語彙を持ち合わせ、かつそれを使いこなせるかが最も大事なことだろう。その時にどんな方法を使えばいいのかというと、会話相手の身近にあって知っているものを活用して、具体的な例を挙げながら説明するといい。②ある言語学者は方言の説明をする時に、日本全国の方言や専門用語を列挙するのではなく「自分や両親はどのような話

し方をしているのか」という導入から入り、日常生活の中にある方言の解説から始めた。こうした方法を取ることができるのが本当に説明する力を持っているということなのだろう。

　他にも「事実と意見を分けること」「簡潔に話すこと」「結論を先に持ってくる」などいくつかのテクニックは挙げられる。しかし、いずれにしてもこのような力は生まれつき備わっているものではなく訓練が必要であり、それは本人が日々の生活の中で意識したり、あるいは教育や社会経験を通じて養っていくものである。社会に出る前に「説明する力」を身につけるトレーニングを勧めたい。これから始まる就職活動、その後社会に出てからもきっと役に立つはずであるから。

21 ①すごい人は、誰がそう思うのか。

1　聞き手
2　専門用語を使う人
3　難しいことを理解している人
4　納得していない相手を説得できる人

22 ②ある言語学者の話は、文章の中でどのような役割をしているか。

1　方言を学ぶことが簡単であることを証明する役割
2　例えを使って分かりやすく説明している例を示す役割
3　「説明する力」が社会で必要とされていることを示す役割
4　専門的な話が難しすぎて、ふつうの人には理解できないことを示す役割

[23] この文章はどのような人に向けて書かれているか。

1 大学生
2 家庭の主婦
3 定年退職した年配
4 会社で働いている社会人

[24] 筆者が最も言いたいことは何か。

1 人の話を聞くことが説明する力をつけるために有効である。
2 社会に出るからには、何かの分野で専門的な力が必要である。
3 社会人には説明する力こそ重要で、その力をつけるには訓練が必要だ。
4 言葉を自由に使うことのできない人は増えている現代社会では、話す訓練が必要だ。

問題13 右のページは、自然の中で色々な体験ができるイベントの情報である。下の問いに対する答えとして最もよいものを、1・2・3・4から一つ選びなさい。

25 Aさんには二人の子どもがいる。子どもは小学校2年生と5歳である。その子どもたちと一緒に、外で食事を作って食べるイベントに参加したいと思っている。宿泊はできないので、日帰りにしたい。費用は一番安いものでいくらかかるか。

1　9000円
2　12000円
3　13500円
4　1500円

26 小学1年生のB君が参加できるイベントはいくつあるか。

1　1つ
2　2つ
3　3つ
4　4つ

イベント名	日時	内容	対象	一人あたり費用
森林ボランティア	10月20日 13時〜	森林の手入れ 整備・清掃	小学3年生以上（小学生の場合は保護者同伴）	無料
西湖探検	11月5日 10時〜15時	湖の魚、川の魚、紅葉を楽しもう	小学生以上（小学生の場合は保護者同伴）	2000円
ファイヤーキャンプ	11月22日〜23日（1泊2日）	キャンプファイヤーの準備 野外ゲーム	中学生以下の親子	4500円
冒険キャンプ	10月29日〜30日（1泊2日）	ハイキング 野外ゲーム 火おこし 野外炊事	小学生と保護者	4000円
山へGo！ウォーキング	11月15日 9時〜15時	ガイド付きの山歩き	小学2年生以上（小学生の場合は保護者同伴）	500円
大自然クッキング	10月15日 10時〜16時	農業体験 野外炊事	親子	3000円

실전 공략 | 모의고사 03

問題8 次の(1)から(4)の文章を読んで、後の問いに対する答えとして最もよいものを、1・2・3・4から一つ選びなさい。

(1)

最近、待機児童^(注1)の解消や24時間対応保育所の拡充など、女性が子供を産んでも働けるようにすべきだという意見が強まっている。だが、果たして女性が次々と社会進出すれば、良い社会になるのだろうか。幼い時に母親の愛情を受けて育ったかどうかは子供の情緒面の発達や人格形成に確実に影響する。保育所や塾に丸投げ^(注2)され、安らげる居場所はあるのか。大事な発育期に冷凍食品の食事でいいのか。一度、子供の立場に立って社会を考えてみてはどうだろう。今政府がすべきことは、働く女性の支援に偏るのではなく、子育てという選択を可能にすることができる仕組みづくりだと思う。

(注1) 待機児童：保育所に入るために待っている児童
(注2) 丸投げ：自分では何もせず、ほかの人に回すこと

1 筆者の考えと合っているものはどれか。

1 政府は一刻も早く働く女性への支援をすべきだ。
2 母親の愛情は子供の能力伸長に多大な影響を与える。
3 女性の社会進出の拡大で、様々な社会問題が発生している。
4 女性に育児も一つの選択肢であるという雰囲気を作ることが重要である。

(2)

　中国の急速な社会変化と経済成長は驚くに値するが、それに伴う副作用として環境問題の深刻さは到底言い尽くせない。世界で最も汚染されている20都市の中で、中国の都市が16も含まれているという。経済成長に見合った環境保護意識や公衆道徳心は、まだまだ足りない。それは所構わずゴミが捨てられている光景にもよく見られる。それでは一体何から改善すれば良いのだろうか。まず、挙げられるのが教育の普及や指導、実際の環境保護対策であろう。しかし、一人一人の環境改善に対する信念と意識の変化がない限り、環境汚染は続くだろう。つまり、経済成長と環境保護という2つの柱を両立させるためには、人々の習慣や意識の改革が最も有効であるということだ。

[2] 筆者が中国の環境問題について最も言いたいことは何か。

1　解決の糸口としては何よりも意識改革が求められる。
2　教育の普及や実質的な環境改善の実施が一番急務である。
3　多くの人が身近な生活環境に関心を払わなければならない。
4　現在、中国の自然環境は、危機的状況にあると言わざるを得ない。

(3)

　「郷に入いっては郷に従え」という諺がある。その土地へ行ったら自分の価値観と異なっていてもその土地の習慣や風俗に従うのが良いという処世術を教えている諺だ。これは職場であろうが旅先であろうが様々な新しい状況に置かれた時、その状況に順応していく方が望ましいということだろう。勿論、その考え方に従えば価値観の違いから起こりがちなトラブルをほとんど解決できる。しかし、単に従うだけではなく、変えるべきことは変革させたり自分のアイデンティティーを保ったりしながら、うまくバランスを取ることが必要ではないだろうか。

3 本文に出ている諺についての筆者の考えと合っているものはどれか。

1　状況に相応しい人間になることが重要である。
2　自分の主体性を失わずに、状況に合わせることが大事である。
3　新しい状況に置かれたら、その状況を積極的に受容した方が良い。
4　状況によっては今までの自分の価値観を果敢に捨てるべきである。

(4)

　世界的に広がるハッカーによる攻撃。それを阻む「サイバー戦士」の卵を全米各地から発掘し、育てている「ハッカー対策キャンプ」は、人材育成の一環として才能ある人の将来を犯罪組織に絡め取られてしまわないようにするのが目的で、このキャンプを通じて優秀なハッカーらのスカウト競争が激しくなっている。キャンプ修了後は政府機関や企業に入る道まで導くため、毎年、参加者は増える一方である。男子生徒の参加が目立つが、その中には40歳の女性社会人もいたという。「才能をより多く見出し、生かす機会を与えたいです」とキャンプのディレクターであるカレンさんは言う。

4 ハッカー対策キャンプについての説明の中で、正しくないものはどれか。

1　性別を問わず、誰でも参加できる。
2　キャンプ修了後は、職も世話してもらえる。
3　今年は去年に比べ、参加者が伸びたと言える。
4　政府中心の取り組みで、徐々に民間にも拡大していく予定である。

실전 공략 | 모의고사 03

問題9 次の(1)から(3)の文章を読んで、後の問いに対する答えとして最もよいものを、1・2・3・4から一つ選びなさい。

(1)

　青年失業が社会的問題となり、政府はもちろんのこと、企業でも大卒と高卒の採用を増やすなど、多様な方法を出している。特に銀行業界では、いわゆる高卒神話を成し遂げた彼らに再び注目し始め、CEOにまでなった人物が誌面を飾るようになっている。

　しかし、企業の本当の悩みは、社会的変化と関係なく会社の職務に適切な人材を探すことにある。求職者の中でどのような人材を採用すべきか、難しい問題である。いざ採用してみると、お互いが損をしたという思いを隠せない場合が大半である。

　求職者のキャリア、すなわち学歴や条件などは、いつになく派手になったが、その人たちは勤務していくらも経たずに会社を辞めてしまう。理由としては、好きでもない仕事を上司にさせられるからといったケースが最も多いという。

　近年、海外に進出する企業が増加する中、しっかりとした現地の人材を採用することも難問である。このようにぴったりと合う人材を選り分けるための悩みはますます増えていく。これは国内企業のみならず、海外支社を持つグローバル企業も同じである。現地で適切な人材を採用すべきだが、だからといって本社の人事担当者がいちいち海外の支社に行き、面接をすることも不可能である。時間と費用の問題はさておいても、短期間で良い人材を選び、採用するのがそれほど簡単ではないからである。

[5] 本文によると、今の企業の本当の悩みは何か。

1　高卒者の採用を大幅に増やすこと
2　人材育成プログラムを見直すこと
3　大卒者の規模をこれから制限するしかないこと
4　社会的変化と無関係に会社の職務に適性のある人材を探すこと

[6] その人たちは勤務していくらも経たずに会社を辞めてしまうの理由として正しいものはどれか。

1　最初の採用条件と異なる場合が多いから
2　飽きっぽい性格の持ち主が多いから
3　自分の好みに合わない仕事をやらされる場合が多いから
4　いくら努力しても、報われない場合が多いから

[7] 海外に進出している企業が現地で人材を採用する際、最も大きな問題点は何か。

1　言葉が通じなくて何をするにも通訳が必要であること
2　短期間で適切な人材を選り分けることが簡単ではないこと
3　本社の人事担当者がその海外の支社に行く必要があること
4　求職者が集まりすぎて面接をするのに時間がかかってしまうこと

(2)

　日本語は言語として様々な特徴があるが、その中で語彙面の特徴として挙げられるのが「オノマトペ」である。オノマトペとは、外界の物音や声を言語化した擬音語と現実世界の状態を私たちの発音で写し取った言葉である擬態語を表すものである。①オノマトペを正確に定義するのは容易ではない。なぜなら、分類の基準をどこに置くのかによってその定義自体が変わってしまうからである。例えば、「雨が②ざあざあ降っている」という文の場合、窓越しから雨が勢いよく降っている光景を目の前で見ているとすれば、「ざあざあ」は擬音語になる。しかし、居間のソファに腰掛け、窓を全部閉めて雨音が全く聞こえない状態であれば、「ざあざあ」は擬態語とも捉えられる。

　日本語のオノマトペは、正確な意味やニュアンスはもちろんのこと、人間の心理や感情などを表現するのに的確な言葉であり、他言語に比べて発達しているとよく言われる。実際、日本語のオノマトペは日常会話に止まらず、新聞のキャッチフレーズやテレビのコマーシャル、漫画、文学作品など様々な領域で幅広く用いられ、日本人の生活の至るところで目にし、耳にすることができる。これはオノマトペが臨場感(注)に溢れ、微妙な意味合いの違いを正確に描写できる便利な言葉だからである。

(注) 臨場感：実際その場に身を置いているかのような感じ

[8] ①オノマトペを正確に定義するのは容易ではないの理由として正しいものはどれか。

1　基準の置き方によって定義自体が変わってしまうから
2　あまりにも身近な語彙で、定義することができないから
3　定義を聞いてもすぐ理解できないほど概念が難しいから
4　各時代の変化を忠実に反映する言葉で、いつ変わるかわからないから

[9] 本文の内容からみて、②ざあざあは何と言えるか。

1　状況によって擬音語にも擬態語にもなりうると言える。
2　外界の物音を表す言葉だから、擬音語であると言える。
3　人の感情を表す場合もあるから、擬音語と擬態語どちらにも含まれないと言える。
4　現実世界の状態を私たちの発音で写し取った言葉であるから、擬態語であると 言える。

[10] オノマトペが様々な領域で幅広く使われている理由は何故か。

1　多く使えば使うほど人々の印象によく残るから
2　抽象的な概念を表すのに適している言葉だから
3　誰でも簡単に作れ、発音上の面白さもあるから
4　臨場感に溢れ、微妙な意味合いの違いを正確に描写できる便利な言葉だから

(3)

　クラシックバレエはおよそ2世紀前から、ダンサーからダンサーへと受け継がれている身体芸術である。バレエが今も輝きを保っているのは、ダンサーがいなければ永久に失われてしまったかもしれない作品を、誠実さと愛情をもって伝達してきた芸術家たちのおかげである。

　誰が見ても優雅で美しいバレエに憧れている人が多いが、ダンサーになるためには非常に厳しい条件が要求される。まず、ダンスは視覚的な芸術であるため、ダンサーのすらりとした体つきを無視できない。また、生まれつきの欠陥さえなければ、練習に差し支えはないが、関節の柔軟性や筋肉の柔らかさは必ず必要である。最後に、自然に音楽と調和できるリズム感も欠かせない要素である。例えば、音感のある子供は、本能的に自然と表現を取り、リズムを変えようとするし、一瞬とまどいながらも、すぐに自分のステップを曲に合わせるだろう。ダンサーにとって音感の欠如は、ダンサーの道を絶たれるほどの致命的な欠点である。

　バレエを始めたばかりの少女は、すぐにチュチュ(注)をつけて派手な舞台で踊る自分を想像したりするが、そこに最初の試練が訪れる。絶え間ない努力や練習の厳しさを克服しなければ、立派なダンサーにはなれない。同じ振り付けを完全に理解するまで、また完璧にできるまで何度も練習を繰り返し、安易な自己満足なく、自己批判する心があってこそ、徐々に肉体と精神が鍛え上がっていくものなのだ。

(注) チュチュ：バレリーナが着用するスカート

11 クラシックバレエが現在まで受け継がれてきた理由は何か。

1 伝統を重視する研究者たちの努力があったから
2 昔から根強い人気があり、今もその人気が衰えていないから
3 誠実さと愛情をもって技を伝達してきたダンサーたちの努力があったから
4 難易度が低くて初心者でもすぐに覚えることができるから

12 ダンサーになるための条件として正しくないものはどれか。

1 生まれつきの柔軟な関節と筋肉を持っている必要がある。
2 柔軟性とすらりとした体つきを持っている必要がある。
3 自然に音楽と調和できるリズム感を持っている必要がある。
4 先天的なハンディキャップを克服しようとする意志が必要である。

13 筆者が考えている立派なダンサーとはどんな人か。

1 いつも派手な舞台に立って踊る自分を想像している人
2 練習に完璧を追及し、自分を反省する心構えを持っている人
3 音感の欠如という自分の短所を素直に受け入れている人
4 何度練習しても覚えられない動作はきっぱりと諦められる人

실전 공략 | 모의고사 03

問題10　次の文章を読んで、後の問いに対する答えとして最もよいものを、1・2・3・4から一つ選びなさい。

　街というものは、様々な景色を見せてくれるものだ。それはその国の地域だけではなく、国によっても違う。海外を歩いていると、騒々しい雑踏もあれば、整然とした町並みもある。それぞれの好みがあるだろうが、個性があっていいものだ。

　しばらくしたある日、東京である友人と話す機会があった。彼はイタリア人で生まれ育ちはローマだが、仕事で日本に来て、もう長く東京に住んでいる。カフェで話をしながら彼に「色々な国に仕事で行く機会はあるけれど、特にヨーロッパの町並みは整然としていて、きれいでいいよね。」と私が話すと彼は①少し不思議そうな表情を浮かべた。「たしかにきれいはきれいだけど、東京に住んでいてもそういう風に思うの？」と彼は言った。彼の住んでいるところは下町のような所で、大通りやビルもあるが、少し横道に入ると路地が広がり、迷路のようになっている。しかも、その路地には小さな小売店や工場、干してある布団や道にはみ出している鉢植えなど、人々の活気溢れる雰囲気と生活の匂いがするのだ。また東京という大都会の高層タワーやビル、最新の設備のすぐ横に昔からある神社や寺があったりもする。彼は②こういった路地を歩き回りながら探検し「こんな場所にこんなものが」というようにミスマッチを発見するのが楽しいのだそうだ。

　そんな話を聞きながら、仕事先で行ったヨーロッパのきれいな街並みを思い返して見ると、たしかに同じような路地は、道は雑然としておらず、石造りの家々がきれいではあるが、何が出てくるか分からないというようなわくわく感や期待感はない。むしろ、はじめはそのきれいさに感動しても、飽きるのも時間の問題とも言えるのかもしれない。彼の経験も同様で、美しく整った街を見飽きた目には、東京のある意味で予測不可能な特徴が新鮮にうつり、またいつ

までも飽きさせないのかもしれない。

　こういった外国人の目にうつる日本の街への感想は、海外からの観光客を増やしたいとする昨今の政府にとっていいヒント、アドバイスになるのではないか。③街はきれいにするだけが能ではないということなのだ。

[14] 彼が①少し不思議そうな表情を浮かべたのはなぜか。

1　東京の街並みよりもヨーロッパの街並みの方が面白いから
2　ヨーロッパの街並みよりも東京の街の方が面白いから
3　東京もヨーロッパもどちらの街並みも面白いと思ったから
4　当たり前のことを話していると思ったから

[15] ②こういった路地にあてはまらないものはどれか。

1　きれいな建物が整然と並んでいる路地
2　不釣合いなものが目に入ってくる路地
3　人々の生活が感じられる路地
4　小さい道が広がり分かりにくい路地

[16] ③街はきれいにするだけが能ではないということなのだ。とはどういう意味か。

1　街はきれいであれば人の心をひきつけるという訳ではない。
2　観光客を増やすためには、街をきれいに掃除するべきだ。
3　観光客を増やすためには、街をきれいにする人々の意識が大切だ。
4　街をきれいにしても、路地の雑多な雰囲気はなくならない。

[17] 本文の内容と合っているものはどれか。

1　東京の路地には色々な発見がある。
2　ヨーロッパの路地には色々な発見がある。
3　ローマは整然ときれいであり飽きない。
4　東京の路地は迷路のようで困る。

실전 공략 | 모의고사 03

問題11 次の相談者と回答者AとBの文章を読んで、後の問いに対する答えとして最もよいものを、1・2・3・4から一つ選びなさい。

相談者：

　私は今、高校３年生になったばかりです。今まではサッカー部に所属してずっと部活に集中してきましたが、卒業を意識し始めたときに少し怖くなってきました。今は将来何がしたいのか分かりません。サッカー以外はいつも音楽を聞いたり、映画を見たり、友達と話したりと、将来のこととはあまり関係無いように思います。最近では高校生でプロの将棋の棋士になったり、18歳でベンチャー企業を立ち上げて社長になったりという話も聞きますが、そのような人達はなぜそんなに若いときから、自分のやりたいことがはっきりしていたのでしょうか。私はやりたいことが分かりません。そして、それはだめなことなのでしょうか。将来について、とても不安です。

回答者Ａ：

　あなたはとても正直な人だと思います。将来何がしたいのか分からないのは、高校生くらいであればあって当たり前のことで、だめでもなんでもありません。むしろ普通のことでしょう。あなたの好きなことは音楽や映画などで、受け身のものが多いですね。サッカーで将来をつかむということでなければ、何かそういったスポーツのように自分から何かをしたり、表現したりすることで、仕事にも結びつくようなものを見つけてやってみてはどうでしょうか。それから、何かに少しでも興味があってそれが学べる大学や専門学校があれば、是非行きましょう。これらは、様々な人に出会い経験が積めるだけではなく、人生の幅や選択肢を広げるものです。

回答者B：

　あなたくらいの年齢で将来が不安、したいことがないというのは普通のことです。だから、むやみに心配することはないと思います。若いときに色々と決断して実行できる人もいますが、そういう人は稀ですし、少ないですよね。10代は皆があなたのようにはっきりしないまま、ああしてみようか、こうしてみようかと迷いながら、しかしお金を稼がないと食べていけないので、とりあえずどこかの会社に入るというようなことになっていきます。会社に入ればそこで仕事をしているうちに経験を積み、社会を知って、その中でだんだん自分は何に向いているのか、何が好きなのかが見えてくるのです。だから心配はいりませんよ。

18 相談者の相談は何か。

1　若いうちに仕事についておきたい。
2　サッカーを一生の仕事にしていきたい。
3　やりたいことが見つからず不安である。
4　やりたいことがあってもどうすれば良いか分からない。

19 AとBに共通している回答は何か。

1　何かしてみた方がいいと言っている点
2　相談者の悩みが理解できないと言っている点
3　今は何もしなくても問題ないといっている点
4　相談者に悩みごとがあるのは、普通のことだといっている点

20　「相談者」の相談に対するＡ、Ｂの回答について、正しいものはどれか。

1　Aは趣味を勧めていて、Bは仕事を進めている。

2　Aは迷っているのがよくないと言っていて、Bは進学を勧めている。

3　Aは進学してもいいと言っているが、Bはそのままでいいと言っている。

4　Aはそのままでいいと言っているが、Bは何かしてみた方がいいと言っている。

問題12　次の文章を読んで、後の問いに対する答えとして最もよいものを、1・2・3・4から一つ選びなさい。

　才能とは何のか。ずっと以前からそのようなことを考えていて久しくなる。外国語がよく話せる、様々な知識がある、学校の成績が抜群にいい、などそういうものが世間一般で言われているような才能であるようだ。才能は結果だけを見ていて、その過程が見落とされがちな面もあるので何とも言いがたいが、生まれつきという意味には置き換えられないはずなので、能力やセンスといった言葉に近いのだろうか。例えば二言語以上を日常的に使えるバイリンガルやマルチリンガルは、子供の頃の環境や教育、センスによるものだと考えられることが多いが、幼少期を越えて、学校教育の中で学んだ外国語や成人してから勉強を始めた外国語も、自分の母語と経験を併せてうまく活用すれば、うまく話せるようにならないことはない。もちろん、発音は早ければ早い方が良さそうだが。

　ここまでを見てみると、才能はあたかも一般的に特技と言われるものが多いようにも思えるが、実際にはそう単純なものではない。現代社会では、会社で上司があまり叱らなくなったなどといわれているが、そういう上司でもたまには大きな声で注意をしたり、当たり散らすこともある。それを周囲の人が聞いていて「あれ大丈夫か。ちょっと叱り方がきつすぎるみたいだけど、彼はあんなに強く当たられたら明日は休んでしまうんじゃないか」と皆で心配していると、その彼が翌朝に笑顔で元気に出勤し「おはよう」と明るく挨拶をしている。叱られて落ち込んでいるはずの本人からそう言われると、言われた方が①びっくりして、②予想外だと思ってしまう。いや、それどころか「彼は前向きで、明るくていい人だなあ、頑張ってるなあ」と思われ、周囲から好感すら持たれるだろう。

실전 공략 | 모의고사 03

　嫌なことがあっても、周囲から見たらひどいと思うようなことがあっても、あまりそう感じない、あるいはすぐに忘れられる、平気でいられるというのは、決して良いことだけではない長い人生を送っていく私たちにとって、重要な資質と言っていいだろう。③「鈍さ」も立派な才能と言えるということである。
　一般的には勉強やスポーツ、何かのスキルや頭の回転の速さ、繊細な感覚などが才能と話題にされることが多く、「鈍さ」は「あの人鈍いね」「こういう人は鈍い」などと捉えられていたが、これはこれでまさしく才能であり、認めざるを得ないのではないだろうか。

[21] ①びっくりは、誰がしたのか。

1　本人
2　叱った上司
3　まわりの人
4　叱られた人

[22] ②予想外なのは、どうしてそう思ったのか。

1　とても落ち込んでいたから
2　叱られた本人が元気だったから
3　叱っても全く効果がないように見えたから
4　休むことになっていたのに出勤してきたから

[23] ③「鈍さ」とは文章の中ではどのようなことか。

1　失敗しても気にしないこと
2　体調が悪くても気にしないこと
3　他人の好感に気がつかないこと
4　嫌がられていることに気がつかないこと

24 筆者が最も言いたいことは何か。

1 「鈍さ」は環境によって育つものである。
2 才能は一見マイナスに思えることの中にもある。
3 才能は持って生まれた生まれつきのものである。
4 才能は生まれつきではないので訓練が必要である。

問題13 右のページは海外ボランティア募集の一覧である。下の問いに対する答えとして最もよいものを、1・2・3・4から一つ選びなさい。

[25] 重くない犯罪を犯した子どもたちに社会復帰ができるようなプログラムに参加したいが、この分野での経験はないという元会社員の男性に最適な活動はどれか。

1　ケニア
2　フィリピン
3　インドネシア
4　ネパール

[26] 女性は社会経験や実務経験はないが、子どものために働いてみたいと考えている。参加できる活動はどれか。

1　ネパール
2　マレーシア
3　インドネシア
4　タンザニア

国名	配属先	支援内容	資格や条件
モロッコ	知的障害者支援機構	知的障害を持つ子どもに対するスポーツの指導	実務経験2年以上の女性
ネパール	子ども未来審議会	子どもを飲酒や薬物の使用から守り、充実した未来を作るための指導、企画開発、プロモーションの実施	特になし
ケニア	児童保護施設	貧困、両親の不在、軽犯罪を犯すなどした子どもたちへの支援。音楽、絵画、スポーツの教育を通じて子どもたちの社会復帰を指導	社会経験2年以上の男性
インドネシア	バンドン保育園	保育園児に対する日本文化・日本語の指導、各イベントの企画と運営	社会経験
フィリピン	男子少年院	犯罪を犯した未成年の社会復帰を目的とした教育と職業訓練	指導経験3年以上
タンザニア	TS高等学校	学校教育の充実のための企画開発と運営。学習環境改善への取り組み支援。	大学卒業。子どもへの支援・指導経験
マレーシア	聴覚障害児童支援会	製菓・製パン、芸術の中から自身の得意な分野を選択する必要あり。その分野において職業訓練を実施。	特になし

N1 독해 실전 공략 해답 용지

모의고사 01

問題8
1	①	②	③	④
2	①	②	③	④
3	①	②	③	④
4	①	②	③	④

問題9
5	①	②	③	④
6	①	②	③	④
7	①	②	③	④
8	①	②	③	④
9	①	②	③	④
10	①	②	③	④
11	①	②	③	④
12	①	②	③	④
13	①	②	③	④

問題10
14	①	②	③	④
15	①	②	③	④
16	①	②	③	④
17	①	②	③	④

問題11
18	①	②	③	④
19	①	②	③	④
20	①	②	③	④

問題12
21	①	②	③	④
22	①	②	③	④
23	①	②	③	④
24	①	②	③	④

問題13
25	①	②	③	④
26	①	②	③	④

모의고사 02

問題8
1	①	②	③	④
2	①	②	③	④
3	①	②	③	④
4	①	②	③	④

問題9
5	①	②	③	④
6	①	②	③	④
7	①	②	③	④
8	①	②	③	④
9	①	②	③	④
10	①	②	③	④
11	①	②	③	④
12	①	②	③	④
13	①	②	③	④

問題10
14	①	②	③	④
15	①	②	③	④
16	①	②	③	④
17	①	②	③	④

問題11
18	①	②	③	④
19	①	②	③	④
20	①	②	③	④

問題12
21	①	②	③	④
22	①	②	③	④
23	①	②	③	④
24	①	②	③	④

問題13
25	①	②	③	④
26	①	②	③	④

모의고사 03

問題8
1	①	②	③	④
2	①	②	③	④
3	①	②	③	④
4	①	②	③	④

問題9
5	①	②	③	④
6	①	②	③	④
7	①	②	③	④
8	①	②	③	④
9	①	②	③	④
10	①	②	③	④
11	①	②	③	④
12	①	②	③	④
13	①	②	③	④

問題10
14	①	②	③	④
15	①	②	③	④
16	①	②	③	④
17	①	②	③	④

問題11
18	①	②	③	④
19	①	②	③	④
20	①	②	③	④

問題12
21	①	②	③	④
22	①	②	③	④
23	①	②	③	④
24	①	②	③	④

問題13
25	①	②	③	④
26	①	②	③	④

일본어능력시험

일단 합격
JLPT
N1 독해

유선희, 이소노 히데하루,
JLPT 교재개발연구회 저

해설서

동양북스

차례

PART 1 유형 공략

問題8	내용 이해(단문)	04
問題9	내용 이해(중문)	04
問題10	내용 이해(장문)	05
問題11	종합 이해	06
問題12	주장 이해(장문)	07
問題13	정보 검색	08

PART 2 합격 공략

問題8	내용 이해(단문)	10
問題9	내용 이해(중문)	15
問題10	내용 이해(장문)	21
問題11	종합 이해	33
問題12	주장 이해(장문)	40
問題13	정보 검색	48

PART 3 실전 공략

모의고사 01~03 정답	54
모의고사 01	55
모의고사 02	69
모의고사 03	82

* PART1 유형 공략 워밍업 문제의 정답은 해당 페이지 아래에서 확인할 수 있습니다.

PART 1 유형 공략 정답 및 해석

問題8 내용 이해(단문)

워밍업 ▶ p.14

문제 다음 글을 읽고 질문에 답하시오.

우리 집의 소비 전력량은 냉장고, 에어컨, 텔레비전, 조명 기구가 대부분을 차지하고 있다. 다만 실제로 절전에 **1 힘써도** 구체적으로 어느 가전제품에서 몇 퍼센트 절전이 되었는지는 잘 모른다. 매달 요금 **2 청구서**로 전체 절전 금액은 **3 파악**할 수 있지만 그것만으로는 충분하지 않은 느낌이 든다. 예를 들어 자동차는 주행거리나 가솔린 잔량을 표시해 주기 때문에 안심하고 운전할 수 있다. 그런데 주요 가전제품에서 소비한 전력량을 **4 일별**이나 **월별**로 표시할 수 있게 되면, 전날이나 전월 대비 몇 퍼센트를 절전했는지 보다 구체적으로 파악할 수 있을 것 같다. 각 가전제품 제조 회사는 전력 사용량을 확인할 수 있는 표시 **5 장치** 표준화에 **6 힘써** 주었으면 한다.

단어

消費電力量 しょうひでんりょくりょう 소비 전력량 | 冷蔵庫 れいぞうこ 냉장고 | 照明 しょうめい 조명 | 器具 きぐ 기구 | 節電 せつでん 절전 | 取り組む とりくむ 몰두하다, 힘쓰다 | 家電 かでん 가전 | 請求書 せいきゅうしょ 청구서 | 把握 はあく 파악 | 気がする きがする 느낌이 들다, 생각이 들다 | 走行距離 そうこうきょり 주행거리 | 残量 ざんりょう 잔량 | 表示 ひょうじ 표시 | 装置 そうち 장치 | 標準化 ひょうじゅんか 표준화 | 務める つとめる 힘쓰다, 노력하다

問題9 내용 이해(중문)

워밍업 ▶ p.21

문제 다음 글을 읽고 질문에 답하시오.

절도방지 연락회에서 '절도하지 않고 시키지도 않는 사회 만들기'에 대해서 소개합니다. 현재 도쿄 도내의 모든 경찰서에는 절도 방지 연락회가 설치되어 경찰뿐만 아니라 행정, 소매 점포, 학교, 지역 주민 등 **1 모두**가 절도 방지 대처에 힘쓰고 있습니다.

'**2 겨우** 절도'라고 생각할지도 모르겠지만, 절도가 애들 장난만은 아닙니다. 현재 사회에서는 성인 · 고령자의 절도가 심각한 문제가 되고 있습니다. 이러한 요인 중 하나로써 '고독', '빈곤', '**3 사는 보람**이 없음' 등을 들 수 있습니다만, 어쨌든 절도 피해는 소매점의 경영을 **4 압박**하는 심각한 문제가 되고 있습니다. 많은 절도 적발 건수와 피해 총액을 보더라도 가볍게 볼 수 없을 것입니다. 중요한 것은 규범의식과 사회 · 지역 **5 유대**입니다. 현재 우리는 이러한 이념에 근거하여 '사회 · 지역 연대 만들기'와 '규범의식'의 향상을 위해 여러 가지 대책을 추진, 실행하고 있습니다. 절도를 근절시키기 위해서는 평소의 인사나 말 걸기에서 비롯되는 사회 환경 만들기와 함께 그 지역에 생활하는 한 사람 한 사람이 사회 참가를 적극적으로 하여 우리 자신이 절도에 대해서 확고한 규범의식을 계속 **6 유지**하는 것이 중요합니다. 고독감 때문에 도둑질을 하게 될 것 같거나 가족이나 친구가 도둑질을 하는 것 같은 생각이 들거나 절도 방지 자원봉사자로 참가하고 싶은 분 등은 망설이지 말고 절도 방지 연락회에 상담해 주십시오.

단어

万引き 물건을 슬쩍 훔침, 또는 그런 사람 | 連絡会 연락회 | 警察署 경찰서 | ~だけではなく ~뿐만 아니라 | 行政 행정 | 店舗 점포 | 地域 지역 | 住民 주민 | 総ぐるみ 전원이 일체가 됨, 모두, 전부 | たかが 기껏, 고작 | ます형+がちだ ~하기 쉽다 | いたずら 장난 | 成人 성인 | 孤独 고독 | 貧困 빈곤 | 生き甲斐 사는 보람, 사는 값어치 | 圧迫 압박 | 軽視 경시 | 絆 인연, 유대 | ~に基づいて ~을/를 근거로 해서 | 推進 추진 | 根絶 근절 | 確固 확고 | 保持 유지 | 迷う 망설이다

問題10 내용 이해(장문)

워밍업 ▶ p.29

문제 다음 글을 읽고 질문에 답하시오.

　'젊음이란 무엇인가'라는 물음은 자주 듣는 이야기이며, 그것은 **1** '늙는 것'은 무엇인가'라는 말이기도 할지 모른다. 혹은 '어른이 된다는 것은 무엇인가'라고 바꿔 생각하는 것도 가능할 것이다.

　인간은 살아가면서, 그때그때 그런 것을 문득 생각하거나 헤아리거나 하는 것 같다. 육체적인 젊음과 늙음과는 별개로 현대에는 정신적인 풍요라고나 할까? ① 그런 것을 추구하게 되었다고 느낀다. 이것은 물리적인 육체와는 별도로, 정신 세계의 재고를 **2** 도모하고 있다고도 생각할 수 있을 것이다. 아주 최근에 내가 만난 사람은 이미 중년을 넘은 나이였지만, **3** 발랄해서 도저히 그 나이로는 생각되지 않는 활력이 **4** 넘치고 있었다.

　이러한 경험으로 보면, 육체적으로 젊어도, 목적도 없고 무기력하게 되어 버리면, 그에 걸맞게 느껴져 버리는 것도 있을 것이며, 그 반대도 또한 **5** 그럴 것이다. 이것을 힌트로 하면, 만약 이러한 테마에 맞닥뜨렸을 경우에, 우선 그 것을 염두에 두는 것이 도움이 될지도 모른다. 그렇다고는 해도, 사춘기에 이러한 전제는 통용되지 않기 때문에, 역시 청년기 이후가 된다고나 할까?

　사춘기에는 '어른이 되는 것'에 대해서 생각할 것이며, 청년기부터 앞날은 '젊음' 혹은 '늙음'에 대해서 생각하게 되면, 역시 보편적으로 효과가 있는 틀은 없는 것 같다. 그러나 육체와 정신에 있어서 건전성, 활력은 관계가 있다고 의학에서도 보고되어 있는 것에서 알 수 있듯이, 어느 쪽이든 한편이 건전하고, 다른 한편이 불건전한 것은 아닌 것 같고 양면적으로 고찰해야 할 것이다.

　어쨌든, 현대 사회에서 '마음'을 테마로 널리 인간의 정신 면이 주목받고 있는 것은 매우 흥미로운 사실이며, ② 사회 현상이라고도 말할 수 있을 것이다. 지금까지는 육체적인 측면이 주시되어 온 감이 있다. 누구나가 **6** 피할 수 없는 조건이 장수화에 의해서, 그 흥미가 '마음'으로 옮겨 간 것은 아닐까 하고 나는 생각한다. 세상이 물건으로 넘쳐나고, 무엇이든 곧바로 가질 수 있는 시대이지만, '물건'만이 아니고, '사람'도 풍요롭고 싶은 것이다.

단어

若さ 젊음 | 老い 늙음 | ~かもしれない ~일지도 모른다 | あるいは 또는 혹은 | 大人 어른, 성인 | 置き換える 바꿔 놓다, 치환하다 | 可能 가능 | ~ようだ ~인 것 같다 | 肉体的 육체적 | 精神的 정신적 | 求める 구하다 | ~ようになる ~하게 되다 | 物理的 물리적 | ~とは別に ~와/과는 별도로 | 世界 세계 | 見直し 재고 | 図る 도모하다 | つい 그만, 무심코 | 既に 이미, 벌써 | 年配 연배(주로 중년 이후를 일컬음) | 年齢 연령 | はつらつ 발랄 | 活力 활력 | みなぎる 가득 차다, 넘치다 | 相応 상응 | 然り 그렇다, 맞다 | ~であろう ~일 것이다 | もしも 만약 | ぶつかる 부딪치다 | 場合 경우 | 念頭に置く 염두에

두다 | 役に立つ 도움이 되다 | ～とは言っても ~라고는 해도 | 思春期 사춘기 | 前提 전제 | 通用 통용 | 青年期 청년기 | 以降 이후 | ～について ~에 대해서 | 普遍的 보편적 | 効果 효과 | 枠組み 틀 | ～における ~에 있어서 | 健全性 건전성 | 医学 의학 | 報告 보고 | 不健全 불건전 | 両面的 양면적 | 考察 고찰 | ～べきだ ~해야 한다 | いずれにしても 결국, 어차피 | 興味深い 매우 흥미롭다 | 逃れる 도망치다, 달아나다 | 長寿化 장수화 | ～によって ~에 의해, ~에 따라 | 移る 옮기다, 이동하다 | あふれかえる 넘쳐나다, 많다 | 手に入る 손에 들어오다 | ～だけではなく ~뿐만 아니라 | 豊かだ 풍족하다, 풍부하다

問題11 종합 이해

워밍업 ▶ p.37

문제 다음 글을 읽고 질문에 답하시오.

상담자:
　저는 한 달 전에 일본에 막 왔습니다만, **1 염원**하던 일본 유학도 이루어 지금은 하루하루의 생활을 **2 만끽**하고 있습니다. 그러나 저는 낯가림이 심한 성격이라 일본인과 대화를 할 때도 목소리가 작아지거나 자신 있게 말을 못하거나 솔직하게 못 웃는 경우가 있습니다. 현재는 아르바이트도 생각하고 있습니다만, 구하는 곳은 손님을 대하는 업종이 많아서 좀처럼 쉽게 응모를 **3 결행**하지 못하고 있습니다. 어떻게 하면 극복할 수 있을까요?

회답자A:
　예전에는 저도 그랬었기에 낯가림은 힘들 거라고 생각되네요. 다만 커뮤니케이션은 실은 기술이기 때문에 무턱대고 극복하려고 해도 안 되지요. 우선은 냉정하게 스스로에 대해 다시 생각해 보는 것이 필요합니다.
　그런데 낯가림은 원래 성격인가요? 아니면 일본에 와서부터 생겼나요? 만약 전자라면 자신의 성격 자체의 문제이기 때문에 우선은 커뮤니케이션에 관한 지식을 서적 등으로 익혀 두고 그것을 **4 실천**하는 것이 바람직합니다. 후자라면 언어의 문제로 생각되므로 자신감을 가지고 말할 수 있게 될 때까지 공부에 **5 힘쓰기**를 권장합니다. 어쨌든 최종적으로는 실제 행동을 동반한 훈련도 필요하겠지만, 고치는 것은 가능할 것입니다. 저도 상담자처럼 고민한 시기가 있었습니다만, 여기서 말한 것들은 뛰어난 효과가 있습니다. 꼭 시도해 보시기 바랍니다.

회답자B:
　'부끄럽다', '이상하게 보지 않았으면 좋겠다' 등 자신이 어떻게 비춰질까에 기준이 놓여 있지는 않은가요? 자신을 중심에 두면 상대방을 신경 써야 할 필요가 생기고, 마음이 닫혀 아무래도 낯을 가리는 성격이 되어 버리는 것은 아닐까요? 제멋대로 하는 게 좋다고는 말할 수 없겠지만, 앞서 말한 것들을 의식하면 필연적으로 커뮤니케이션이 잘되지 않는 경우가 많아지겠죠.
　6 극복하기는 어려울지도 모르겠지만, 줄일 수는 있습니다. 상대를 배려하고 즐겁게 하려는 것에 집중하는 방법은 어떨까요? 낯가림은 말하는 게 무섭거나 스트레스가 되는 거라고 생각합니다만, 항상 내가 먼저 말을 걸고 대화의 분위기를 북돋우려고 노력하여 상대를 즐겁게 만드는 것을 실행해 보세요.

단어

念願ねんがん 염원	果はたす 다하다, 달성하다	満喫まんきつ 만끽	人見知ひとみしり 낯가림	激はげしい 심하다	素直すなおに 솔직히	接客業せっきゃくぎょう 접객업
~ため ~기 때문에	なかなか 꽤, 좀처럼	応募おうぼ 응모	踏ふみ切きる 결단하다, 단행하다	克服こくふく 극복	やみくもに 무작정
見みつめ直なおす 되돌아보다, 재검토하다, 다시 살펴보다	知識ちしき 지식	書籍しょせき 서적	身みに付つける 몸에 익히다	実践じっせん 실천	望のぞまれる 바람직스럽다
勉学べんがく 면학	励はげむ 힘쓰다	勧すすめる 권하다, 권장하다	いずれにしても 어쨌든	最終的さいしゅうてき 최종적	伴ともなう 동반하다, 함께 가다
直なおす 고치다	述のべる 말하다, 진술하다	抜群ばつぐん 발군	是非ぜひ 꼭, 반드시	試ためす 시험하다, 시도하다	基準きじゅん 기준
気きにする 걱정하다, 마음에 두다	生しょうじる 생기다	閉とざす 닫다, 잠그다	自分勝手じぶんかってに 멋대로	意識いしき 의식	乗のり越こえる 극복하다
軽減けいげん 경감	思おもいやる 배려하다	怖こわい 무섭다, 두렵다	盛もり上あげる 북돋우다, 고조시키다	努力どりょく 노력

問題12 주장 이해(장문)

워밍업 ▶ p.46

문제 다음 글을 읽고 질문에 답하시오.

　　세상에는 다양한 언어가 존재하고, 또한 마찬가지로 같은 나라 안에서도 그 지역마다 특징이 있는 언어가 활발하게 쓰이고 있다. 예를 들어 한국에서는 서울과 부산의 말은 악센트나 억양, 어휘 차원에서 **1** 다르고 일본에도 치바 사투리나 후쿠야마 사투리 같은 방언이 있다. 이러한 말들은 시대와 함께 변화해 간다는 것이 현재의 공통된 인식이라고 생각되는데, 그렇다면 언어는 어떻게 변화해 가는 것일까? 여기서는 일본 국내의 예로써 오가사와라 제도의 예를 들어 고찰해 보고자 한다.

　　일본 태평양상에 있는 오가사와라 제도에는 유럽과 미국계로 불리는 일본인 이외의 선조를 갖는 사람들이 있다. 처음에 오가사와라 제도에 살기 시작한 것은 일본인이 아니라 유럽의 여러 나라나 태평양 제도에서 **2** 찾아온 사람들이었고, 섬 출신 2세 이후 사이에서는 일종의 영어가 사용되었다. 1870년대가 되어 일본인 이민이 대량으로 유입되자 기존에 살고 있던 사람들은 일본어를 사용하게 되었지만, 수십 년에 걸쳐 영어를 **3** 친근한 언어로써 **4** 유지하고 2언어 **5** 병용을 이어갔다. 제2차 세계대전 후에는, 미군의 통치 하에서 영어가 부활했기 때문에 현재 중년층 사람들은 영어를 유창하게 할 수 있는데, 전후에 태어나 자란 그들의 자녀들은 일본어 모노링구얼, 즉 일본어밖에 할 줄 모르는 상황이 되었다.

　　지금까지는 텔레비전의 영향으로 사람들의 악센트 체계가 변한다고 자주 지적되어 왔다. 가령, 미야기현 중심 도시에 있는 센다이시에 살고 있는 젊은이들의 악센트가 도쿄 악센트로 변화하고 있다는 사실은 있지만, 미야기현 밑으로는 아직까지도 사투리가 사용되고 있다. 도시 사람들만이 텔레비전을 보고 있고, 또는 텔레비전을 보는 시간이 많다고는 생각되지 않는다.

　　언어 변화에 주목한 최근의 오가사와라 제도의 조사에서는 섬에 살고 있는 유럽이나 미국계 젊은이들 대부분이 도쿄 식 악센트로 말하고 있다는 것을 알 수 있었다. 이것은 현재 오가사와라 초·중·고등학교에 다니는 많은 학생들이 도쿄도(오가사와라 섬은 도쿄도이다)의 직원이나 관동지방 기업에서 **6** 전근으로 섬에 온 사람들의 아이들이고, 그 아이들은 도쿄 식 악센트 사용자라는 것, 그리고 유럽이나 미국계의 젊은이들은 이러한 사람들에게 둘러싸여 생활해 온 것이 주된 요인이라고 생각된다. 센다이시는 관동지방에서 그다지 멀지 않고 대도시라는 점을 감안하면 앞의 미야기현 조사에도 같은 말을 할 수 있지 않을까?

　　지역 언어나 사투리에서는 특히 그 전통적인 특징에 주목하기 쉽지만, 언어 또한 변화해 간다는 것도 의식해 주었으면 한다.

단어

| 同様に 마찬가지로 | 地域 지역 | ごとに 마다 | 特徴 특징 | いきいきと 생생하게 | 語彙 어휘 | レベル 레벨, 수준 | 異なる 다르다 | ~弁 ~사투리 | 方言 방언, 사투리 | 時代 시대 | ~とともに ~와/과 함께 | ~していく ~해 가다 | 共通認識 공통인식 | 変わっていく 변해 가다, 달라져 가다 | 例 예 | 挙げる 들다 | 考察 고찰 | 諸島 제도 | 欧米 구미 | 先祖 선조 | 住み始める 살기 시작하다 | やってくる 찾아오다 | 以降 이후 | 一種 일종 | 移民 이민 | 在来 재래 | わたって 걸쳐 | 身内 온몸, 가족, 집안, 무리 | 維持 유지 | 併用 병용 | 米軍 미군 | 統治下 통치하 | 復活 부활 | 中年層 중년층 | 流暢 유창 | モノリンガル 모노링구얼, 모어만 구사하는 사람 | これまでに 지금까지 | 指摘 지적 | たびたび 자주, 여러 번 | 未だに 아직까지도, 아직껏 | ~における ~의, ~에서의, ~의 경우의 | 企業 기업 | 転勤 전근 | 来島 섬에 오다 | 囲まれる 둘러싸이다 | 主な 주요한, 중요한 | 要因 요인 | 伝統的 전통적 | 特徴 특징 | ます형+がちだ ~하기 쉽다 |

問題13 정보 검색

워밍업 ▶ p.54

문제 다음 글을 읽고 질문에 답하시오.

이 워크숍은 교사의 커뮤니케이션 능력을 높이기 위한 기술을 과학적 **1 견지**로부터 검토하는 **2 체험형** 워크숍입니다. 워크숍에서의 활동을 통해 평소의 교육 활동을 반성·검토하고 토론을 실시함으로써 미래로 이어질 과제를 찾아냅니다.

【스케줄·신청 방법】

- 일정 : 1일째 9월 12일(토) 10:00~20:00 전체 설명·워크숍(친목회 포함)
  2일째 9월 13일(일) 9:00~15:00 워크숍(폐회 포함)
- 수강료 : 10,000엔
- 정원 : 워크숍 ① 20명/워크숍 ② 20명/워크숍 ③ 20명
- 응모 요건 : 일반·학생에 **3 관계없이** 응모할 수 있지만, 일본어 교육 경험이 있는 분에 한합니다. 또한 워크숍에는 무선 LAN에 접속 가능한 노트북 컴퓨터를 반드시 지참해 주시고, 이틀간의 모든 일정에 참가할 수 있는 분으로 한정합니다. 숙박은 저희 워크숍 준비위원회가 준비한 워크숍이 실시되는 세미나 하우스에서 숙박 가능(별도 1박 4,000엔, 싱글 룸·식사 없이 잠만 잠)합니다만, 자택에서 다니며 참가하시거나 **4 가까운** 호텔, 친구 집에서의 숙박 등을 자유롭게 이용하시면 됩니다. 워크숍 수강료에는 이틀간의 중식비가 포함되어 있습니다(학생은 수강료가 20퍼센트 할인됩니다). 워크숍 전날을 포함해 예약이 가능합니다. 또 신청 단계에서 워크숍을 지정하시고, 이틀 동안 같은 멤버로 연수를 실시하기 때문에 참가 도중 변경이나 복수 워크숍에는 참가할 수 없습니다. 신청은 모두 이메일로 주고받겠습니다.

제목은 '다카라 일본어학교 일본어 교육 워크숍 신청'으로 본문에 이름과 **5 소속**, 주소를 기입해 주십시오. 그 후에 본교에서 답신 메일을 보내 드리면 그 답신 메일에 기재된 곳으로 계좌이체를 부탁 드리겠습니다. 자세한 내용은 아래에 있는 홈페이지를 보시고, **6 잘 모르는** 부분은 문의해 주십시오.

다카라 일본어학교 2020년도 워크숍 개최 준비 사무국:
전화:03-8765-4321
홈페이지:http://www.Takala.japanese.ac.jp/
Email:takala@tmu.ac.jp

단어

コミュニケーション 커뮤니케이션 | 能力(のうりょく) 능력 | 高(たか)める 높이다 | ～ための ~기 위한 | スキル 스킬 | 科学的(かがくてき) 과학적 | 見地(けんち) 견지 | 検討(けんとう) 검토 | 体験型(たいけんがた) 체험형 | ～における ~에서의, ~에 있어서의 | 活動(かつどう) 활동 | ～を通(とお)して ~을/를 통하여 | 日々(ひび) 나날, 날들 | 教育(きょういく) 교육 | 活動(かつどう) 활동 | 内省(ないせい) 반성 | 検討(けんとう) 검토 | ディスカッション 디스커션, 토의, 토론 | ～によって ~에 의해 | 今後(こんご) 앞으로, 차후 | 繋(つな)がる 이어지다, 연결되다 | 課題(かだい) 과제 | 見(み)つける 찾아내다, 발견하다 | 懇親会(こんしんかい) 친목회 | 含(ふく)む 포함하다 | 応募要件(おうぼようけん) 응모요건 | 一般(いっぱん) 일반 | 問(と)う 묻다 | 経験(けいけん) 경험 | 無線(むせん) 무선 | 接続(せつぞく) 접속 | 持参(じさん) 지참 | 頂(いただ)く 받다 | 日程(にってい) 일정 | 参加(さんか) 참가 | 宿泊(しゅくはく) 숙박 | 当(とう) 당 | 準備(じゅんび) 준비 | 委員会(いいんかい) 위원회 | 用意(ようい) 용의, 준비, 대비 | 行(おこな)われる 행하여지다 | 別途(べっと) 별도 | シングルルーム 싱글룸 | 素泊(すど)まり 식사를 포함하지 않고 잠만 자는 숙박 형태 | 近隣(きんりん) 근린 | 割引(わりび)き 할인 | 申(もう)し込(こ)み 신청 | 段階(だんかい) 단계 | 指定(してい) 지정 | 研修(けんしゅう) 연수 | 途中(とちゅう) 도중 | 変更(へんこう) 변경 | 複数(ふくすう) 복수 | 所属(しょぞく) 소속 | 住所(じゅうしょ) 주소 | 記入(きにゅう) 기입 | 返信(へんしん) 답신, 답장 | 記載(きさい) 기재 | 先(さき) 곳, 장소 | 振(ふ)り込(こ)み 계좌이체 | 詳(くわ)しい 자세하다 | 問(と)い合(あ)わせ 문의

PART 2 합격공략 정답 및 해석

問題8 내용 이해(단문)

실전 연습 ▶ p.58

| 1 | 4 | 2 | 1 | 3 | 2 | 4 | 4 | 5 | 2 | 6 | 2 |

문제8 다음 (1)부터 (4)의 글을 읽고, 다음 질문에 대한 답으로 가장 알맞은 것을 1·2·3·4 중에서 하나 고르시오.

> 기숙사라고 하면 싸고 낡고, 인간관계도 번거롭다고 꺼리기 쉽지만, 요즘 기숙사는 이미지를 확 바꾸어 배움의 일환이라는 생각을 명확하게 하고 있다. 올해 완성한 국제 기숙사에는 입구부터 이미 세련된 분위기가 감돈다. 유학생들에게 사는 장소를 제공함과 동시에 국제 교류의 장으로써 활용할 수 없을까 생각한 것이 계기라고 한다. 이 기숙사에 살고 있는 일본인 학생은 "일본에 살면서 외국인과 이야기할 기회를 더 늘리고 싶었다"고 한다. "친구 관계에서 더 나아가 가족같이 지낼 수 있는 곳이 이 기숙사의 장점입니다"라고 말하며 마음에 들어하고 있다.

1 본문에 나와 있는 국제 기숙사에 대한 설명 가운데 맞는 것은 어느 것인가?
   1 값싸고 대인 관계에서의 스트레스도 적다.
   2 최대한의 자유가 보장되어, 학문의 장으로 활용되고 있다.
   3 당초의 의도와는 달리, 국제 교류의 장으로써의 기능은 별로 없다.
   4 기존의 기숙사 이미지에서 벗어나, 국제 교류의 역할도 하고 있다고 말할 수 있다.

단어

寮(りょう) 기숙사 | 煩(わずら)わしい 번거롭다, 귀찮다 | 敬遠(けいえん) 가까이하지 않고 피함 | ます형+がちだ ~하기 쉽다 | 一新(いっしん) 일신 | 一環(いっかん) 일환 | 考(かんが)え方(かた) 사고방식, 생각 | 明確(めいかく) 명확 | 完成(かんせい) 완성 | おしゃれだ 멋지다, 세련되다 | 漂(ただよ)う 감돌다 | 提供(ていきょう) 제공 | ~と共(とも)に ~와/과 함께 | 活用(かつよう) 활용 | 交流(こうりゅう) 교류 | 更(さら)に 더욱 | 気(き)になる 마음에 들다 | 様子(ようす) 모습, 상황, 형편

해설

원래 기숙사 하면 싸고 낡고, 인간관계도 번거로워 꺼렸다고 했으므로 1번은 정답이 될 수 없다. 그리고 국제 교류의 장으로 활용할 수 없을까 생각한 것을 계기로 만들었다고 했으므로, 학문의 장으로 활용하는 것은 답이 될 수 없다. 그런데, 일본인 학생은 외국인과 친구 관계에서 더 나아가 가족 같이 지낼 수 있는 곳이 이 기숙사의 장점이라고 말하고 있으므로 기존의 기숙사 역할에서 벗어나 국제 교류의 역할도 하고 있다고 한 4번이 정답이 된다.

전철 등에서 자주 볼 수 있는, 어린아이가 어머니에게 찰싹 달라붙어 있는 모습은 주위를 훈훈하게 만든다. 다만 최근 내가 신경이 쓰이는 것은 흔들리는 전철이나 버스 안에서 아이가 열심히 말을 걸려고 하는데도 어머니는 휴대전화 화면에만 열중(注)하는 광경을 자주 목격하는 점이다. 요즘 세상에 휴대전화도 사용하지 말고, 문자도 보내지 말라는 둥 할 생각은 없지만 정말이지 염려스럽다. 무엇보다 아이가 쓸쓸해 보인다. 아이와 함께 있을 때는 부디 휴대전화를 든 손으로 아이의 손을 잡아 주었으면 좋겠다. 휴대전화 화면이 아니라 아이와 마주보고 이야기를 나누었으면 한다. 함께 있을 수 있는 시간은 그렇게 길지 않기 때문이다.

(注) 無我夢中 : 어떤 일에 열중하여 자신을 잊어버리는 일

2 글쓴이가 가장 말하고자 하는 것은 무엇인가?

1 아이와 함께 있을 때에는 다른 것은 제쳐놓고 더욱 아이에게 관심을 가지기를 바란다.
2 어머니는 아이와 떨어져 혼자만의 시간을 즐기는 것도 중요하다.
3 휴대전화는 정보수집의 중요한 수단이기 때문에 가지는 것을 반대하지는 않는다.
4 사회의 기본적인 예절은 부모가 아이에게 가정 내에서 제대로 가르치기 바란다.

단어

見かける 눈에 띄다 | 幼い子 어린아이 | 寄り添う 바싹 달라붙다 | 姿 모습 | 和む (기분·분위기가) 온화해지다 | 気になる 걱정이 되다 | 揺れる 흔들리다 | 懸命 힘껏 노력하는 모양 | ~(よ)うとする ~하려고 하다 | 話しかける 말을 걸다 | 場面 장면 | 無我夢中 열중하는 모양, 골몰함 | 光景 광경 | 目にする 보다 | 時世 요즘 세상 | 危なっかしい 염려스럽다 | 手をつなぐ 손을 잡다 | ~てほしい ~해 주었으면 한다 | 向き合う 마주보다

해설

글쓴이는 어머니가 휴대전화 화면에만 열중하고 아이를 돌보지 않는 광경을 보고 염려스러웠다. 휴대전화 화면이 아니라 아이와 마주보고 이야기를 나누길 바라면서 시간이 별로 길지 않으니 아이와 함께 있을 때는 부디 휴대전화를 든 손으로 아이의 손을 잡아 주었으면 좋겠다고 언급하고 있으므로 글쓴이가 본문에서 가장 말하고자 하는 것은 아이와 함께 있을 때에는 다른 것은 제쳐놓고 더욱 아이에게 관심을 가지기를 바란다고 한 1번이 정답이다.

관용이란 상대방의 입장에서 문제를 바라보며 진정으로 이해하려는 마음으로, 상대의 이야기를 경청하며 자신의 생각과는 다르거나 부족한 점이 있을 수 있다는 한계를 인정하는 태도를 가리킨다. 자기 신념에 자신감을 가지고 타인에 대해서는 열린 마음을 가진 사람만이 진정한 관용 정신을 누릴 수 있다고 말할 수 있겠다. 한편, 자기의 신념과 능력에 자신감이 없는 사람은 마음이 닫혀 있어 비판을 받아들이지 못하고 독선(注)적이며, 타인의 실수에 엄격한 태도를 보인다. 이런 사람은 자기의 약점을 인정할 만한 용기가 없고 공정하다고도 말할 수 없다. 우리는 상대방을 비판하기에 앞서 과연 자신이 공정한 관용 정신을 가지고 있는지에 대해 충분히 생각해 볼 필요가 있다.

(注) 独りよがり : 타인의 의견을 무시하고 자기만 좋다고 믿는 것

3 글쓴이가 말하고 있는 진정한 관용은 어떤 것일까?

1. 항상 상대를 배려하는 것에 힘쓰는 것
2. **자신의 생각에 자신을 갖고, 자신의 약점을 적극적으로 인정하려는 것**
3. 자신의 단점에 얽매이지 않고 장점을 키우려는 노력을 항상 하는 것
4. 어떤 일에든 열린 마음으로 임하며 상대방의 약점 등은 결코 지적하지 않는 것

단어

寛容 관용 | 立場 입장 | 見つめる 응시하다, 지켜보다 | 耳を傾ける 귀를 기울이다 | 限界 한계 | 認める 인정하다 | 指す 가리키다 | 批判 비판 | 信念 신념 | ～に対して ～에 대해서 | 享受 향수, 음미하고 즐김 | 独りよがり 독선, 독선적 | 過ち 잘못 | 厳格 엄격 | 短所 단점 | 勇気 용기 | 公正 공정 | 先立つ (순서가) 앞서다 | 果たして 과연 | ～について ~에 관하여, ~에 대해서

해설

상대방의 입장에서 문제를 바라보며 진정으로 이해하려는 마음으로 자기 신념에 자신감을 가지고 타인에 대해서는 열린 마음을 가진 사람만이 진정한 관용 정신을 가질 수 있다고 말하고 있다. 여기서 말하는 열린 마음이란 자기의 약점을 인정할 만한 용기를 가진 사람을 의미한다. 따라서 글쓴이가 말하는 진정한 관용은 자신의 생각에 자신을 갖고, 자신의 약점을 적극적으로 인정하려는 것이라고 한 2번이 정답이다.

응급조치는 가정 내에서도 매우 중요하다. 특히 유아나 어린이의 경우, 많은 시간을 가정에서 보내기 때문에 가정에서 일어나는 사고의 대부분은 보호자가 보살피고 있는 동안에 발생하고 있다고 한다. 이것은 집안이라고 방심하고 있는 보호자의 안일(注)한 생각과 아이의 특성을 고려하지 않은 가구나 물건에 의해 발생한다. 따라서 부모나 보호자는 가정에서 발생할지도 모르는 사고에 대해 미리 교육을 받아 둘 필요가 있다. 또한 아이가 사고를 당하면 어떻게 대처할지, 구급차가 올 때까지 무엇을 해야 하는지에 대한 기본적인 지식과 기술을 익혀 두는 것도 중요할 것이다.

(注) 怠慢 : 게을리하고 소홀히 하는 것

4 본문의 내용과 맞지 않는 것은 어느 것인가?

1. 사고가 발생하기 전에 대처 방법을 습득해 둘 필요가 있다.
2. 가정 내에서의 사고를 방지하기 위해서는 아이의 특성을 고려해야 한다.
3. 가정에서 발생하는 사고의 대부분은 보호자와 함께 있을 때에 일어난다.
4. **아이뿐만 아니라 부모와 보호자도 응급처치에 대한 교육을 받아야 한다.**

단어

応急処置 응급처치, 응급조치 | 幼児 유아, 어린아이 | 保護者 보호자 | 見守る 지켜보다 | 油断 방심, 부주의 | 怠慢 태만 | 考慮 고려 | 家具 가구 | ～によって ~에 의해 | 従って 따라서 | ます형+かねない ~할지도 모른다 | 予め 미리, 사전에 | 対処 대처 | 救急車 구급차, 응급차 | 身につける 익히다, 습득하다

해설

글쓴이는 가정에서 일어나는 사고의 대부분은 보호자가 보살피고 있는 동안에 발생하고, 이것은 아이의 특성을 고려하지 않은 가구나 물건에 의해 발생한다는 이유를 들고 있다. 또한 부모나 보호자는 가정에서 발생할지도 모르는 사고에 대해 미리 교육을 받아야 할 필요가 있다고 말하고 있으므로 1번, 2번, 3번은 본문의 내용과 일치한다고 볼 수 있다.

그러나 4번에서 '아이뿐만 아니라'고 한 것과 응급처치에 대한 교육을 받아야 한다는 것은 본문의 내용과 맞지 않는 함정이다. 따라서 정답은 4번.

사춘기 때부터 얕은 잠을 자고, 작은 소리에도 깨기 때문에 수면 부족 상태로 스트레스를 받았다. 23살 때 신경안정제와 수면제를 처방 받았지만, 약에 의존하고 싶지 않았던 나는 매일 저녁 10킬로미터를 달리며 숙면을 취하려 했지만 결국 뜻대로 되지 않았다. 결혼하고 나서 잠이 안 오는 마이너스 요인을 플러스로 바꿔 버리면 스트레스는 받지 않을 것 같아서, 신문 배달이 오는 아침 4시쯤부터 움직이기로 했다. 빨래를 하고 가족의 도시락도 만들었다. 지금도 잠은 얕게 자지만, 이제 스트레스는 거의 받지 않는다. 즉각적인 효과를 원하지 않고 편안하게 시작했던 것이 효과가 있었다고 생각한다.

5 글쓴이가 가장 말하고자 하는 것은 무엇인가?

1. 무엇이든 적극적으로 행동하는 것은 때로는 스트레스 요인이 될 수 있다.
2. **자신에게 있어서 마이너스라고 생각되는 요인도 생각에 따라 플러스로 바꿀 수 있다.**
3. 모든 것을 서둘지 않고 천천히 몰두하면 언젠가는 반드시 좋은 결과를 얻을 수 있다.
4. 일상작업과 같은 단순한 일도 스트레스의 발산이 되기 때문에 충분히 활용하길 바란다.

단어

思春期 사춘기 | 眠り 잠, 수면 | 物音 (어떤) 소리 | 目が覚める 잠을 깨다 | ～てしまう ~해 버리다 | 寝不足 수면부족 | 精神安定剤 정신안정제 | 睡眠剤 수면제 | 処方 처방 | 依存 의존 | 毎夕 매일 저녁, 저녁마다 | 叶う 이루어지다, 뜻대로 되다 | ます형+始める ~하기 시작하다 | 即効 즉효 | 求める 구하다 | ～ずに ~하지 않고, ~하지 말고 | 気楽だ 속 편하다 | 効く 효과가 있다, 듣다

해설

글쓴이는 사춘기 때부터 얕은 잠을 자고, 작은 소리에도 깨기 때문에 잠이 부족해지면서 스트레스를 받았다. 그러나, 결혼하고 나서 잠이 안 오는 마이너스 요인을 플러스로 바꾸면 스트레스는 받지 않을 것 같아 아침 일찍부터 몸을 움직이기로 한다. 아직도 얕은 잠은 자지만 스트레스는 거의 받지 않는다고 말하고 있으므로 자신에게 마이너스라고 생각되는 요인도 생각에 따라 플러스로 바꿀 수 있다고 한 내용이 글쓴이가 가장 말하고자 하는 요지라고 볼 수 있기 때문에 정답은 2번이다.

노후 대책은 저축만으로 충분할까? 퇴직 후의 수입을 어떻게 확보하면 좋을까? 연금은 얼마나 받을 수 있을까? 노후에 대한 불안은 생각하면 생각할수록 끝이 없다. 총무성의 조사에 의하면, 60세 이상의 표준 생활비는 한 달에 대략 20만 엔 정도라고 한다. 모든 것을 퇴직금과 연금만으로 충당하려는 것은 지극히 어려운 일(注)이다. 지금 시대는 나라나 기업의 지원만으로 한 달 생활비를 충당할 수 없다. 물론 개인차가 있다고 생각하지만, 앞으로 노후 자금은 자기 책임으로 관리하지 않으면 안 된다.

(注) 至難の業 : 지극히 곤란한 일

6   노후 대책에 대한 글쓴이의 생각과 맞는 것은 어느 것인가?

1   노후를 위해서는 저축과 연금의 확보가 요구된다.
2   노후 자금은 퇴직금이나 연금에만 의지할 수가 없다.
3   나라와 기업은 보다 적극적으로 노후의 지원을 해야 한다.
4   퇴직금만으로는 부족하기 때문에 연금을 충당하지 않으면 안 된다.

단어

老後対策 노후대책 | 貯金 저금 | 退職 퇴직 | 収入 수입 | 確保 확보 | 年金 연금 | きりがない 끝이 없다 | ～によれば ~에 의하면 | 総務省 총무성 | 標準 표준 | およそ 대강, 대략 | 至難の業 지극히 어려운 일 | 賄う 조달하다 (돈·물자 등을) 꾸리다 | 管理 관리 | ～なければならない ~하지 않으면 안 된다

해설

글쓴이의 생각은 마지막 문장에 나와 있는데 지금 시대는 나라나 기업의 지원만으로 한 달 생활비를 충당할 수 없다. 앞으로 노후 자금은 자기 책임으로 관리해야 한다고 말하고 있다. 따라서 노후 자금은 퇴직금이나 연금만으로는 의지할 수가 없다고 한 2번이 정답이다.

問題9 내용 이해(중문)

실전 연습 ▶ p.64

1	4	2	2	3	3	4	2	5	3	6	2	7	3	8	2
9	4	10	3	11	1	12	2								

문제9 다음 (1)부터 (3)의 문장을 읽고 다음 질문에 대한 답으로 가장 알맞은 것을 1·2·3·4 중에서 하나 고르시오.

　요즘처럼 전화나 전자메일이 없었던 때에는 편지가 유일한 전달 수단이었기 때문에 옛날부터 편지를 주고받는 일은 매우 중시되어 왔다. 특히 예의를 중시하는 일본에서 편지는 서식을 비롯해 문체, 말투 등에도 일본인만의 세심한 배려가 깃들어 있었다. 따라서 편지를 받은 사람은 편지를 쓴 사람의 따뜻한 마음의 온기를 그대로 느낄 수 있어서 휴대전화나 컴퓨터로 받은 메일에서는 맛볼 수 없는 편지만의 장점을 느낄 수 있다고 할 수 있겠다.
　한편, 채 1분도 안 되는 사이에 상대방에게 도착하는 신속성과, 같은 내용을 많은 사람들에게 동시에 전달할 수 있는 편리함 때문에 전자메일이나 휴대전화 문자는 이제 우리 생활 곳곳에서 일상이 되어 버렸다. 이에 비해 편지는 상대방에게 전달되기까지 복잡한 과정과 시간을 필요로 한다. 따라서 종이에 쓰고 봉투에 넣어 우표를 붙이고 우체국에 가지고 가는 것은 디지털 시대인 요즘에는 맞지 않는 아날로그 방식의 낡은 방법일지도 모른다. 하지만 아직도 여전히 손으로 쓴 편지가 사라지지 않는 것은 그 나름의 이유가 있기 때문일 것이다. 확실히 전자메일은 편리하지만, 편지만큼 사람의 마음을 움직일 수 있다고는 도저히 생각되지 않는다.

1　편지만의 장점이 가리키고 있는 것은 무엇인가?
　1　몇 번이나 수정을 할 수 있는 것
　2　까다로운 과정을 끝마친 후의 기쁨
　3　종이만 있으면 언제든지 작성할 수 있는 것
　4　발신인의 따뜻한 마음을 느낄 수 있는 것

2　전자메일의 장점이 아닌 것은 어느 것인가?
　1　짧은 시간에 상대방에게 보낼 수 있다.
　2　보내면 즉시 상대방의 반응을 살필 수 있다.
　3　내용 작성에서부터 전달할 때까지의 과정이 매우 간단하다.
　4　같은 내용의 메일을 많은 사람들에게 동시에 전달할 수 있다.

3　편지에 대한 글쓴이의 생각과 맞는 것은 어느 것인가?
　1　과정이 복잡하고 시간도 걸려 불편하기 짝이 없는 전달 수단이다.
　2　전자메일이나 휴대전화 문자에 비해 단점이 많기 때문에 이제는 그만두어야 한다.
　3　아직 살아남아 있는 것은 사람의 마음을 움직일 수 있는 힘이 숨어 있기 때문이다.
　4　자신의 기분을 솔직히 전달할 수 있기 때문에 편지를 쓰는 사람은 앞으로 폭발적으로 늘어날 것이다.

単語

~のように ~처럼 | 電子メール 전자메일 | 唯一 유일 | 伝達手段 전달 수단 | やり取り 주고받음 | 重んじる 중히 여기다 | ~において ~에 있어서 | 書式 서식 | ~をはじめ ~을/를 비롯해 | ~ならではの ~만의, ~특유의 | 細やかだ 세세하다, 자상하다 | 心遣い 배려, 마음 씀씀이 | 温もり 온기 | 数字+足らず 채 ~이/가 안 됨 | 手元 수중 | 届く 도착하다 | 迅速性 신속성 | 利便性 편의성, 편리함 | 普遍化 보편화 | ややこしい 복잡하다, 까다롭다 | プロセス 과정 | 要する 필요로 하다 | 封筒 봉투 | 貼る 붙이다 | 方法 방법 | 相変わらず 여전히, 변함없이 | 手書き 손 글씨 | 到底 도저히

해설

1. 일본에서 편지는 서식을 비롯해 문체, 말투 등에도 일본인만의 세심한 배려가 깃들어 있었기 때문에 편지를 받은 사람은 편지를 쓴 사람의 따뜻한 마음의 온기를 그대로 느낄 수 있는 것이 편지만의 장점이라고 말하고 있으므로 정답은 발신인의 따뜻한 마음을 느낄 수 있는 것이라고 한 4번이다.

2. 전자메일은 채 1분도 안 되는 사이에 상대방에게 도착하는 신속성이 있다고 했으므로 1번은 전자메일의 장점으로 볼 수 있고, 같은 내용을 여러 사람들에게 동시에 전달할 수 있는 편리함은 4번을 설명한 내용이다. 그리고 편지는 상대방에게 전달되기까지 복잡한 과정과 시간을 필요로 하지만 그에 반해 전자메일은 간단히 보낼 수 있다는 것도 장점이 된다. 따라서 1번, 3번, 4번의 내용은 전자메일의 장점이기 때문에 정답은 2번이다.

3. 편지는 상대방에게 전달되기까지 복잡한 과정과 시간을 필요로 하기 때문에 디지털 시대인 요즘에는 맞지 않는 아날로그 방식의 낡은 방법이라고 여길지도 모르지만, 아직도 여전히 손으로 쓴 편지가 사라지지 않는 것은 편지만큼 사람의 마음을 움직일 수 있는 것은 없다고 말하고 있다. 따라서 글쓴이는 편지가 아직 살아남아 있는 것은 사람의 마음을 움직일 수 있는 힘이 숨어 있기 때문이라고 한 3번이 정답이 된다.

사형은 인간 존재의 근간인 생명을 빼앗는 행위이다. 이것은 인류 역사상 가장 오랜 역사를 가진 형벌 중 하나이며, 범죄에 대한 근원적인 보복 조치로 인식되어 왔다. 사형 제도가 있는 나라는 미국, 일본, 중국 등 102개국으로, 그 중에서 전쟁 범죄를 제외한 일반 범죄에서 사형을 폐지한 나라는 10개국이다. 또한, 10년 이상 사형 집행을 하지 않은 나라는 34개국이라고 한다. 나아가 모든 범죄에 대해서 사형을 폐지한 나라는 독일, 프랑스 등 96개국이다. 따라서 사형에 대한 세계적 인식의 흐름은 여러 상황을 생각하면 유지해야 한다는 의견도 많지만, 점점 그 반대 방향으로 변하고 있다고 말할 수 있을 것이다.

인간의 존엄한 생명은 무엇과도 바꿀 수 없는 것이다. 그러나 과연 잔혹한 방식으로 사람의 생명을 빼앗은 연쇄살인범이나 대량학살 등의 극악 범죄에 대해서도 사형 선고를 내려서는 안 된다고 말할 수 있을까? 피해자 가족의 슬픔이나 고통, 일반 국민이 느끼는 불안과 공포를 고려하면 이러한 극악 범죄는 사형으로 대응하는 것이 정의의 실현을 위해서 타당하다는 의견이 있다. 그런 반면, 범죄에 대한 보복으로써 나라가 범죄자의 생명을 빼앗는 것은 결코 정당화될 수 없다는 의견도 있다. 결국 사형 제도의 존폐는 각국의 실정과 국민적 감정 등을 고려해 결정할 수밖에 없는 미묘한 문제인 것이다.

4 사형 제도의 상황과 맞는 것은 어느 것인가?

1 10년 이상 사형 집행을 하지 않은 나라는 96개국이다.
2 모든 범죄에 대해 사형을 폐지한 나라는 100개국에 못 미친다.
3 전쟁 범죄를 제외한 일반 범죄에서의 사형을 폐지한 나라는 102개국이다.
4 사형 제도가 있는 국가는 대부분 10년 이상 사형 집행을 하지 않은 나라이다.

5 사형에 대한 세계적 인식의 흐름과 맞는 것은 어느 것인가?

1. 여전히 존속을 바라는 나라가 대부분이다.
2. 찬성과 반대가 거의 같은 비율을 차지하고 있다.
3. **존속보다 감소나 폐지 쪽으로 점차 기울고 있다.**
4. 극악 범죄의 증가에 따라 점차 많아지고 있다.

6 사형 제도에 대한 글쓴이의 생각과 맞는 것은 어느 것인가?

1. 국가가 범죄자의 생명을 좌우하는 것은 납득할 수 없다고 생각하고 있다.
2. **찬성도 반대도 아니고, 금방 결정할 수 없는 문제라고 생각하고 있다.**
3. 이전은 사형 제도에 찬성했지만, 지금은 없애야 하는 제도라고 생각하고 있다.
4. 극악 범죄에 한해서는 피해자 가족의 기분을 고려해서 사형으로 대응해야 한다고 생각하고 있다.

단어

死刑 사형 | 根幹 근간, 근본 | 生命 생명 | 奪う 빼앗다 | 人類 인류 | 刑罰 형벌 | 犯罪 범죄 | ～に対する ~에 대한 | 根源的 근원적 | 報復 보복 | 措置 조치 | 戦争 전쟁 | 除く 제외하다, 없애다 | 廃止 폐지 | 執行 집행 | 維持 유지 | ます형+つつある 계속 ~하다 | 尊い 귀중하다, 소중하다 | ます형+がたい ~하기 힘들다 | 残酷 잔혹 | 極悪 극악 | ～てはいけない ~해서는 안 된다 | 苦痛 고통 | 恐怖 공포 | 考慮 고려 | 妥当 타당 | 仕返し 보복, 복수 | 正当化 정당화 | 存廃 존폐, 존속과 폐지 | ～た上で ~한 후에 | ～しかない ~할 수밖에 없다 | 微妙 미묘함

해설

4 10년 이상 사형 집행을 하지 않은 나라는 36개국이기 때문에 1번은 오답이고, 전쟁 범죄를 제외한 일반 범죄 사형을 폐지한 나라는 102개국이 아니라 10개국이다. 또한, 10년 이상 사형 집행을 하지 않은 나라는 36개국이라고 하였는데 사형 제도가 있는 국가는 대부분 10년 이상 사형 집행을 하지 않은 나라라고 하였으므로 4번도 정답이 될 수 없다. 그런데 '모든 범죄에 대해 사형을 폐지한 나라는 100개국에 못 미친다.'고 하였는데 96개국이기 때문에 2번이 정답이 된다.

5 '사형을 유지해야 한다는 의견도 많지만, 점점 그 반대 방향으로 변하고 있다고 할 수 있다'고 하였으므로, 존속보다 감소나 폐지 쪽으로 점차 기울고 있다고 한 3번이 사형에 대한 세계적 흐름이라고 볼 수 있으므로 정답이다.

6 국가가 범죄자의 생명을 좌우하는 것은 납득할 수 없다는 의견과 극악 범죄에 한해서는 피해자 가족의 마음을 고려해 사형으로 대응해야 한다는 의견이 있지만 글쓴이는 결국 사형 제도의 존폐는 각국의 실정과 국민적 감정 등을 고려해 결정할 수밖에 없는 미묘한 문제라고 생각하고 있다. 따라서 찬성도 반대도 아니고, 금방 결정할 수 없는 문제라고 생각하고 있다고 한 2번이 정답이다.

미국 콜롬비아 대학 심리학 교수가 미국인 10만 명을 대상으로 '행복'에 대한 과학적 측정을 실시했다고 한다. 그 결과 보통 사람들이 분명 행복할 것이라고 생각하기 쉬운 사람들, 요컨대 출세한 사람이나 부자, 종교적 신앙이 두터운 사람이 반드시 행복한 것은 아니라는 것이 밝혀졌다.
　　이 교수는 행복의 조건에 대해 다음과 같이 말하고 있다. 우선 사랑은 행복의 조건 중에서 가장 높은 순위를 차지하고 있다. 사랑이 없는 사람은 고수입, 좋은 직업, 건강, 미모, 결혼 등의 조건이 모두 갖추어졌다 해도 불행하다고 한다. 다음으로 지금 하는 일에 만족한다고 대답한 사람의 70퍼센트는 일상생활에서도 행복하다고 느꼈다. 한편, 자신의 일에 뭔가 불만이 있는 사람은 불과 14퍼센트밖에 일상생활에서 행복하다고 느끼지 않았다고 한다. 또한, 고령자라고 해서 젊은 사람보다 무조건 불행한 것은 아니라는 것도 판명되었다. 고령자들은 비관적인 젊은이와는 달리 미래에 대해 상당히 낙관적이었다. 더욱이 결혼의 유무에 따른 결과를 보면, 결혼 제도의 무의미성이 높아지고 있음에도 불구하고 기혼자가 미혼자보다 행복감을 보다 강하게 느끼고 있었다. 마지막으로 자신이 주위 사람들이나 일에 얼마나 강하게 관계되고 있는지가 행복을 결정하는 요인이었다. 즉, 다른 사람이나 일에 전혀 관계가 없는 사람은 정말 불행하다고 말할 수 있을 것이다.

7 미국 콜롬비아 대학의 심리학 교수의 조사 결과 어떤 것을 알게 되었는가?
1　종교적 신뢰는 행복에 어느 정도 영향을 주고 있다.
2　사회적 성공은 행복해지기 위한 지름길이 되는 경우도 있다.
3　금전적인 풍요로움이 반드시 행복과 직접적인 상관관계가 있다고는 말할 수 없다.
4　보통 사람이 분명 행복할 거라고 생각하기 쉬운 사람은 역시 행복했다.

8 본문에 나와 있는 행복의 조건이라고 말할 수 있는 것은 어느 것인가?
1　건강과 젊음
2　사랑과 주위 사람들과의 인연
3　고수입과 결혼의 유무
4　깊은 신앙심과 평범한 일상생활

9 일과 행복의 관계에 대한 설명 중에서 올바른 것은 어느 것인가?
1　일로부터의 해방감은 때로는 행복으로 이어지는 경우도 있다.
2　오직 일만 열심히 하는 생활을 하는 사람일수록 행복을 보다 강하게 느낀다.
3　일에 다소 불만이 있는 편이 좋은 자극이 되어 결국 행복으로 이어진다.
4　일에 불만이 없고 주위 사람들과의 연대감이 있다면 행복을 보다 강하게 느낀다.

단어

心理学 심리학 | 教授 교수 | 対象 대상 | ～に対する ~에 대한 | 測定 측정 | ～であろうと ~라고 해도 | ます형+がちだ ~하기 쉽다 | 出世 출세 | 宗教的 종교적 | 信頼 신뢰 | 必ずしも～わけではない 반드시 ~인 것은 아니다 | 述べる 말하다, 진술하다 | 順位 순위 | 占める 차지하다 | 高収入 고수입 | 美貌 미모 | 揃う 갖추어지다 | ～からといって ~라고 해서 | ～とは限らない ~인 것은 아니다, ~라고는 볼 수 없다 | 判明 판명 | 悲観的 비관적 | 楽観的 낙관적 | 有無 유무 | ～にもかかわらず ~임에도 불구하고 | 既婚者 기혼자 | 未婚者 미혼자 | 幸福感 행복감 | 繋がる 이어지다, 연결되다

해설

7 미국 콜롬비아 대학의 심리학 교수가 '행복'에 대한 과학적 측정을 실시한 결과 출세한 사람이나 부자, 종교적 신앙이 두터운 사람이 반드시 행복한 것은 아니라는 것이 밝혀졌다고 말하고 있으므로 금전적인 풍요로움이 반드시 행복과 직접적인 상관관계가 있다고는 말할 수 없다는 내용의 3번이 정답이다. 본문에서 글쓴이가 말한 보통 사람들이 분명 행복할 것이라고 생각하기 쉬운 사람들은 출세한 사람이나 부자, 종교적 신앙이 두터운 사람을 가리키고 있으므로 그들은 행복하다고 말할 수 없는 사람들이기 때문에 4번은 오답이 된다.

8 본문에서는 행복 조건을 크게 세 가지로 들고 있다. 우선 사랑이 행복의 조건 중에서 가장 높은 순위를 차지하고 있다고 언급하고 있다. 다음으로는 현재 하는 일에 만족한다고 대답한 사람의 70퍼센트가 일상생활에서도 행복하다고 설명하고 있으며, 자신이 주위 사람들이나 일에 얼마나 강하게 관계되고 있는지가 행복을 결정하는 요인이라고 말하고 있다. 따라서 '사랑과 주위 사람들과의 인연'이라고 한 2번이 정답이다.

9 글쓴이는 현재 하는 일에 만족한다고 대답한 사람의 70퍼센트는 일상생활에서도 행복하다고 느낀 반면, 자신의 일에 뭔가 불만이 있는 사람은 불과 14퍼센트밖에 일상생활에서 행복하다고 느끼지 않았다고 말하고 있다. 그리고 사람들이나 일에 전혀 관계가 없는 사람은 정말 불행하다고 말할 수 있을 것이라고 설명하고 있으므로 일과 행복의 관계를 바르게 설명한 것은 일에 불만이 없고 주위 사람들과의 연대감이 있다면 행복을 보다 강하게 느낀다고 한 4번이 정답이다.

이번에 도쿄 박물관에서 박물관 일에 대해 소개하려고 합니다. 박물관이나 미술관이라고 하면 문화재나 미술품을 전시하는 장소로만 떠올리는 사람이 많을 것입니다. 그러나 이것들은 전시장이 아니라 ①전시는 박물관이 가지는 기능 중에 극히 일부에 지나지 않습니다. 실은 박물관에 있는 전시 작품의 몇 백, 몇 천 배의 규모로 수장고에 보관되어 있는 물건을 무사히 다음 세대에 전해 주기 위해 그 수리나 보존에 막대한 노력과 비용을 쏟아붓고 있습니다.

박물관 관장인 나카무라 씨에 의하면 박물관은 확실히 전시품을 보여 주는 요소가 강한 것처럼 사람들에게 인식되는 경우가 많지만, 단순히 보여 주는 것만이 아니라 그 시대에 있었던 물건을 현대에 전하는 일이 프로의 일이라고 합니다. 그렇게 하기 위해서는 수리라고는 해도 누구나 할 수 있는 것이 아니라 각각의 전문 기술자에 의해 그 시대를 유지하는 형태로 수리하고 고치는 작업이 필요하며, 시간도 꽤 걸린다고 합니다.

이전에는 더부살이를 하며 10년 간 배워 한 사람의 몫을 하게 되고, 게다가 남자뿐이었던 ②이 세계에도 최근에는 대학의 미술학과나 사학과 출신, 미술대학 출신자, 또 대학원 박사 과정을 수료하고 나서 문을 두드리는 사람이 증가했습니다. 또 남자 사회였던 것은 옛말로, 오히려 지금은 여성이 많을 정도입니다. 문화재를 전시하는 것만이 아닌 그 시대를 그대로 보존하고 노력하려는 이 일은 요즘 젊은이에게도 매력적으로 비쳐지는 것 같습니다. 학예원의 사토 씨는 말합니다. "언뜻 보면 수수하게 보입니다만, 로망이 있지요."

10 ①전시는 박물관이 지닌 기능 중에 극히 일부에 지나지 않습니다라는 것은 왜일까?
1. 사람들이 박물관에 전시를 보러 오지 않아서
2. 박물관은 정기적으로 전시를 하지 않기 때문에
3. **문화재나 미술품을 유지하기 위한 작업을 하고 있기 때문에**
4. 문화재나 미술품을 전시하기 위한 시간이 상당히 걸리기 때문에

11 옛날에 ②이 세계는 어떤 세계였다고 말할 수 있는가?
1. **여성의 수가 압도적으로 적었다.**
2. 집에서 직장에 다니는 사람이 대부분이었다.
3. 보존보다도 전시를 하는 일이 중시되었었다.
4. 대학에서 전문적으로 공부를 하던 것이 많았다.

12 본문의 내용과 맞지 않는 것은 어느 것인가?

1 박물관의 업무 내용에는 전문성이 필요하다.
2 박물관의 업무 매력은 눈에 띄지 않는 경우가 많다.
3 박물관의 업무는 현대 사회에서 재검토되고 있다.
4 박물관의 주요 업무는 전시품을 수리하면서 전하는 것이다.

단어

博物館(はくぶつかん) 박물관 | 美術館(びじゅつかん) 미술관 | 文化財(ぶんかざい) 문화재 | 展示(てんじ) 전시 | ~に過(す)ぎない ~에 지나지 않다 | 作品(さくひん) 작품 | 規模(きぼ) 규모 | 収蔵庫(しゅうぞうこ) 수장고, 간직하는 창고 | 無事(ぶじ)に 무사히 | 引(ひ)き継(つ)ぐ 물려받다, 이어받다 | 修理(しゅうり) 수리 | 保存(ほぞん) 보존 | 莫大(ばくだい) 막대함 | 労力(ろうりょく) 노력, 수고 | 経費(けいひ) 경비 | 注(そそ)ぐ 붓다, 따르다 | ~によると ~에 의하면 | 単(たん)に 단순히, 단지 | 기본형+そうだ ~라고 한다 | ~わけではない ~인 것은 아니다 | 保(たも)つ 유지하다 | 直(なお)す 고치다, 수리하다 | かつて 일찍이, 옛날에 | 一人前(いちにんまえ) 한 사람 몫 | 出身(しゅっしん) 출신 | 博士(はかせ) 박사 | 叩(たた)く 때리다, 두드리다 | 魅力的(みりょくてき) 매력적 | 映(うつ)る 눈에 비치다, 보이다 | 一見(いっけん) 대충 봄, 언뜻 봄 | 地味(じみ) 수수함, 검소함

해설

10 박물관이나 미술관을 문화재나 미술품을 전시하는 장소로만 떠올리는 사람이 많은데 실은 박물관에 있는 전시 작품의 몇 백, 몇 천 배의 규모로 수장고에 보관되어 있는 물건을 무사히 다음 세대에 전해 주기 위해 그 수리나 보존에 막대한 노력과 비용을 쏟아붓고 있다는 것을 말하고 있다. 그렇기 때문에 전시는 박물관이 갖는 기능의 극히 일부분이라고 말한 것이다. 따라서 '문화재나 미술품을 유지하기 위한 작업을 하고 있기 때문에'라고 한 3번이 정답이다.

11 밑줄에 나오는 이 세계는 더부살이를 하며 10년 간 배워 한 사람의 몫을 하게 되고, 남자뿐이었다고 말하고 있다. 이것은 다시 말하면, 여성의 수가 압도적으로 적었다는 말로 바꿀 수 있기 때문에 1번이 정답이 된다.
대학에서 전문적으로 공부를 한 사람이 많았다는 것은 예전의 이 세계를 설명한 내용이 아니므로 4번은 정답이라고 볼 수 없다.

12 박물관은 전시품을 단순히 보여주는 것만이 아니라 그 시대에 있었던 물건을 현대에 전하는 일이 프로의 일이라고 하였으므로 전문성이 필요한 일이기 때문에 1번은 내용과 맞는 보기이다. 또한, 박물관의 일은 "언뜻 보면 수수하게 보입니다만, 로망이 있지요"라고 말하고 있기 때문에 현대 사회에서는 다시 보게 되었고, 박물관의 주요 업무는 전시품을 수리하고 보존하여 다음 세대에 전하는 일이라고 하였으므로 4번도 본문의 내용과 맞다. 그러나 박물관의 업무는 요즘 젊은이에게도 매력적으로 비쳐지는 것 같다고 하였는데 2번은 박물관 일의 매력이 눈에 띄지 않는다고 기술하므로 맞지 않는 보기이다. 따라서 정답은 2번이 된다.

問題10 내용 이해(장문)

실전 연습 ▶ p.72

1	1	2	2	3	4	4	3	5	2	6	2	7	3	8	4
9	4	10	4	11	3	12	2	13	1	14	4	15	3	16	1
17	4	18	3	19	2	20	2	21	1	22	4	23	1	24	3

문제10 다음 글을 읽고 이어지는 질문에 대한 답으로 가장 알맞은 것을 1·2·3·4 중에서 하나 고르시오.

　　옛날부터 자동차를 타는 사람들을 위한 자동차보험은 폭넓은 사람들에게 활용되어 왔지만, 요즘에는 자전거 승차 중의 사고에 대비하는 자전거보험도 계속 등장하고 있다고 한다.

　　치바현의 회사 경영자인 스즈키 마사오 씨는 올해 5월에 자전거보험에 가입했다. '이 근처 길은 사람의 왕래도 상당히 많다. 자전거를 타고 가다가 시야가 안 좋은 교차로나 굽은 모퉁이에서 지나가던 사람과 부딪칠 뻔했던 적도 있다. 또, 자전거 사고 이야기를 뉴스에서 듣고 혹시라도 사고를 일으켰을 때의 보상이 걱정이 되었다'고 말한다.

　　자전거 보험은 휴대전화나 편의점에서 간단히 신청할 수 있는 등, 손쉽게 가입할 수 있다는 점이 특징이다. 예를 들어 ①AB손해보험은 휴대전화 A와 B사의 손해보험 공동 출자로 작년 4월에 영업을 개시했다. 개업 기념 특가 상품으로 판매한 것이 자전거보험 가입에 한정된 상품으로, 보험료는 한 달에 고작 백 엔. 스즈키 씨도 가입한 이 보험은 '보험료가 적당하고 휴대전화로 가입할 수 있는 것도 간편하다'는 호평이다.

　　기한 제한으로 발매한 것이 인기가 높아져 사망보험을 500만 엔으로 늘리는 한편, 입원 보험을 제외하는 등 보상 내용을 재검토한 후에 올해부터 100엔 플랜(연간 1,100엔)을 일반 상품화시켰다. 또한, 입원 보험을 월액 만 엔으로 해서 보상 내용을 충실히 한 플랜(월액 400엔)도 현재 준비하고 있다. AB손해보험 대표이사인 모리사키 다케시 씨는 "가입자 중심은 20~30대 여성이고, 중학교나 고등학교에 통학하는 아이를 위해서 어머니가 가입하는 경우도 있다."고 말한다.

　　각 손해보험사가 자전거보험에 주력하고 있는 배경에는 ②자전거 사고, 그중에서도 자전거를 타는 사람이 가해자가 되어 버리는 사고의 증가가 있다. 경시청의 자료에 의하면 예를 들어 2010년에는 자전거와 보행자가 엉킨 사고는 2,760건, 자전거끼리의 사고는 3,796건으로 10년 전에 비해 50~60퍼센트가 증가했다. 또 이러한 사고로 손해배상 액수가 5,000만 엔을 넘는 사례도 나오고 있다.

　　파이낸셜 플래너인 다카하시 씨는 '자전거 사고로 고액의 배상금을 피해자로부터 청구받았을 경우 개인한테는 그 부담에 견디기 힘든 일도 있다. 자전거를 자주 타는 사람이라면 앞으로의 시대를 보험으로 대비해 둔다는 의미가 크지 않을까?'라는 견해를 보이고 있다. 어쨌든 이러한 사고 증가나 자전거보험에 대한 주목은 일본의 도로가 잘 정비되어 자전거 이용이 거리에서도 비교적 용이한 것 등 어떤 의미에서는 일본 특유의 것이라고도 생각할 수 있다.

　　통근이나 통학을 위해 또는 물건 사러 역 앞 슈퍼마켓까지, 친구와 차 마시러 근처 카페까지 등 '잠깐 요 앞에'로 활약하는 자전거. 면허도 필요 없고, 또한 그 편리함 때문에 ③간과하기 쉬운 점이지만, 어떤 일이 일어나고 난 후에는 '때는 이미 늦는다'는 경우가 생길 수도 있다. 자전거를 자주 타는 사람이라면 만일의 사태에 대한 대비로써 검토해 보는 것이 어떤가?

1 ① AB손해보험의 자동차보험에 든 것은 어떤 사람이 중심인가?

    1 자동차를 이용하여 통학하는 아이를 위해 드는 사람
    2 자동차를 보통 이용하지 않고 익숙하지 않은 사람
    3 자동차를 이용하여 근무하는 자신을 위해 드는 사람
    4 자동차 사고를 일으킬지도 모른다고 스스로 생각하는 사람

2 ②자전거 사고의 특징이 아닌 것은 어느 것인가?

    1 자전거끼리의 사고는 이전보다도 증가하고 있다.
    2 자전거 사고와 보험에 대한 관심은 세계 공통이다.
    3 자전거 사고와 보험에 대한 관심은 일본 현대 사회에서 특징적인 일이다.
    4 자전거 사고에서는 자전거를 타고 있는 사람이 가해자가 되는 경우가 증가하고 있다.

3 ③간과하기 쉬운 점은 무엇인가?

    1 자전거 사고가 증가하고 있는 점
    2 일본의 도로는 자전거로 달리는 데 적합한 점
    3 자전거는 근처까지 가기에는 편리한 탈것인 점
    4 자전거 사고에서 가해자가 되고 마는 일도 있다는 점

4 본문 내용과 맞는 것은 어느 것인가?

    1 자동차와 비교하면 자전거 사고는 위험하지 않다.
    2 별로 자전거를 이용하지 않는 사람이라면 보험은 필요하지 않다.
    3 자전거 사고의 경우, 반드시 피해자만 된다고는 할 수 없다.
    4 지금까지 자전거로 사고가 없다면, 보험은 앞으로도 생각할 필요가 없다.

단어

た형+ものだ ~하곤 했다 | 乗車(じょうしゃ) 승차 | 登場(とうじょう) 등장 | 加入(かにゅう) 가입 | 人通(ひとどお)り 사람의 왕래 | 見通(みとお)し 전망, 조망 | 曲(ま)がり角(かど) 길모퉁이 | 接触(せっしょく) 접촉 | 補償(ほしょう) 보상 | 損害(そんがい) 손해 | 出資(しゅっし) 출자 | 目玉(めだま) 관심을 끄는 것, 중심이 되는 것 | 限定(げんてい) 한정 | 手頃(てごろ) 알맞음, 적합함 | 外(はず)す 제외하다, 빼다 | ~た上(うえ)で ~한 후에 | 年払(ねんばら)い 1년 분을 한 번에 냄 | 通常(つうじょう) 통상, 보통 | 取締役(とりしまりやく) 중역, 임원 | 注力(ちゅうりょく) 주력 | 絡(から)む 얽히다, 밀접한 관계를 가지다 | 賠償(ばいしょう) 배상 | 請求(せいきゅう) 청구 | 耐(た)える 참다, 견디다 | 見解(けんかい) 견해 | 整備(せいび) 정비 | 免許(めんきょ) 면허 | 手軽(てがる) 간편함, 손쉬움 | 見落(みお)とす 간과하다 | ます형+かねない ~일지도 모른다

해설

1 개업 기념 특가 상품으로 한 달에 고작 100엔의 저렴한 보험료로 가입이 가능했으며, 전화로도 간편하게 가입할 수 있었던 상품이었는데, 인기가 높아지자 보상 내용을 재검토한 후에 일반 상품화했더니 20~30대 여성이 주로 가입했고, 중학교나 고등학교에 통학하는 아이를 위해서 어머니가 가입하는 경우도 있다고 했으므로 자전거를 이용해 통학하는 아이를 위해 드는 사람인 1번이 정답이다.

2 사고의 증가나 자전거보험에 대한 주목은 도로가 잘 정비되어 있고 자전거 이용이 비교적 쉬운 일본 특유의 것이라고 말하고 있으므로 자전거 사고와 보험에 대한 관심이 세계 공통이라고는 할 수 없다. 그러므로 2번이 정답이다.

3 각 손해보험사가 자전거보험에 주력하고 있는 배경에는, '자전거 사고, 그중에서도 자전거를 타는 사람이 가해자가 되어 버리는 사고의 증가가 있다.'고 했으므로 4번이 정답이 된다.

4 자동차와 비교해서 자전거 사고가 위험하지 않다는 내용은 본문에 나와 있지 않았고, 별로 자전거를 이용하지 않는 사람이라면 보험을 들지 않아도 좋다는 내용도 없으며, 지금까지 자전거로 사고가 없었다면 보험에 대한 생각을 할 필요가 없다는 내용도 없으므로 3번이 정답이다.

　고속도로 요금 할인이나 동북지방의 일부 노선이 무료화된 것을 계기로, 여름방학이나 겨울방학 같은 장기 휴가를 이용하여 드라이브 여행을 계획하고 있는 사람도 많을 것이다. 인터넷 게시판 "드라이브, 뭐 할까?"에서는 '아이와 함께하는 드라이브, 차내에서 어떻게 보내나요?'라는 글에 여러 가지 의견이나 아이디어가 올라왔다. 이 글을 쓴 사람은 연말연시에 따른 귀성 때문에 남편과 아직 어린 아이와 함께 10시간의 드라이브를 예정하고 있는데 끝말잇기 놀이 등을 해도 금새 질려 버릴 것 같다고 했다. ①이러한 글은 이전보다 증가하고 있다고 한다. 확실히 어린아이에게는 오랫동안 같은 공간에 가만히 있게 하는 것은 따분해서 뭔가 대책이 필요할 것이다.
　이 상담에 대해서는 뒷좌석에서 하는 DVD 시청을 해답으로 든 사람이 가장 많았고, '디즈니 등 애니메이션 종류를 넉넉하게' 등의 의견도 있었다. 드라이브가 아니고는 할 수 없는 즐기는 법도 많이 올랐는데, 맞은편에서 달려오는 차에 대해 '다음에 오는 차의 색은?'이나 '트럭은 몇 번째에 올까?'라는 퀴즈를 서로 내며 노는 방법도 인기가 있는 것 같다. 자동차를 놀이도구로 활용하면 다른 차의 번호판으로 덧셈을 하거나 지명을 외우거나 하면서 발전성도 있고, 게다가 미리 준비할 필요도 없다. 또 놀이뿐만 아니라 차 안을 학습의 장으로 활용하는 사람도 있는 것 같다. 게시판 글에 따르면 '숫자나 요일 등 영어 단어 문제를 내서 기억했는지를 체크해요. 우리 아이는 구구단을 차 안에서 외웠어요'라고 한다. 물론 자면서 보내는 선택지도 있지만 장시간에 이르는 드라이브에서는 그것도 한계가 있기 때문에 뭔가 ②대책이 필요하게 될지도 모른다.
　게다가 장시간의 드라이브로 대책이 필요한 것은 ③아이들만의 얘기는 아니다. 부부관계가 껄끄러워지는 경우도 있는 것 같다. 게시판에 올라온 의견 중에는 '남편은 운전 중에 정체가 되면 말이 없어지고 한숨만 내쉬어 짜증난 기분이 나에게도 전해져 즐길 수가 없어요.' '장시간 운전으로 피곤한 것은 알겠지만, 남편 기분이 안 좋아지면 아이와 게임도 할 수 없어요'라는 등 절실한 사연도 많았다. 그래서 차 안의 멤버 모두가 즐길 수 있도록 밀실이라는 상황을 살려 '가라오케 대회'를 여는 가족도 많았다. 역시 모두가 즐길 수 있는 놀이를 생각해 두지 않으면 안 될 것 같다.
　여행 저널리스트인 사토 스스무 씨는 장시간의 드라이브를 즐길 아이디어로써 '통과점'을 키워드로 들고 있다. '장거리 운전에 반드시 필요한 휴식을 겸해 현지 특산품 등의 물건 판매가 잘되고 있는 휴게소를 활용해 거기서 그곳의 산물을 즐기는 등, 이동하는 도중에도 목적을 만들면 여행도 한층 충실해지지 않을까?'라고 제안한다. 분명히 드라이브 도중에도 특색을 가진 여러 지역이 있으므로, 그것을 활용해 추억을 만드는 것도 나중에 '여기에 갔었지' '여기도 갔었지' 하며 화젯거리가 될지 모른다.

5 ①이와 같은 글이 상담으로 늘어난 배경은 무엇인가?
1　차를 가진 가정이 늘었기 때문에
2　유료 도로의 가격이 전보다 싸졌기 때문에
3　멀리 가는 데는 자동차가 편하다고 생각하는 사람이 늘었기 때문에
4　인터넷의 보급에 따라 상담을 손쉽게 할 수 있게 되었기 때문에

6 여기서 말하는 ②대책이란 무엇인가?
1　아이를 차내에서 얼마나 재울 수 있는지의 문제
2　아이를 차내에서 얼마나 즐겁게 해 줄 수 있는지의 문제
3　아이를 차내에서 얼마나 공부시킬 수 있는지의 문제
4　아이를 차내에서 얼마나 울리지 않을 수 있는지의 문제

7 ③아이들만의 얘기는 아니다란 무엇인가?
   1 아이가 불편해해도 어른에게는 전혀 영향이 없다.
   2 어른이 불편해하면 아이도 그 영향이 있다.
   3 장거리 드라이브에서는 어른도 즐길 만한 궁리가 필요하다.
   4 장거리 드라이브라도 어른은 아이처럼 심심하지 않다.

8 본문 내용과 맞는 것은 어느 것인가?
   1 현대는 자동차 사회가 되었고, 가족의 이동도 차가 늘어 났다.
   2 장거리 드라이브에서는 즐길 것은 우선 아이만으로 좋다.
   3 장거리 드라이브에서는 아이를 심심하지 않게 하기 위해 재우는 것이 제일이다.
   4 장거리 드라이브에서 모두가 즐기기 위해서는 통과하는 지역에 목적을 만드는 것도 한 가지 안이다.

단어

料金 요금 | 路線 노선 | 計画 계획 | 掲示板 게시판 | 書き込み (인쇄물 등에) 써 넣는 글 | 投稿主 투고주, 글을 올린 사람 | 帰省 귀성, 귀향 | ～と共に ~와/과, ~와/과 함께 | しりとり 끝말잇기 | 確か 확실히, 틀림없이 | ～にとって ~에게 있어서, ~에게 | じっと 가만히 있는 모양 | 退屈 지루함, 따분함 | 視聴 시청 | ～に関して ~에 관해서 | ～ようだ ~인 것 같다 | 足し算 덧셈 | 限界 한계 | ぎくしゃく 사물의 진행이나 관계가 순조롭지 않은 모양 | 渋滞 정체 | 無言 무언 | ため息 한숨 | 不機嫌 심기가 좋지 않음, 기분이 언짢음 | 切実 절실 | 密室 밀실 | 通過点 통과점 | 長距離 장거리 | 休憩 휴식, 휴게 | 兼ねる 겸하다 | 設ける 마련하다, 준비하다, 만들다 | 提案 제안 | 特色 특색 | 種 씨, 재료, 원인

해설

5 첫 번째 단락 '고속도로 요금 할인이나 동북지방의 일부 노선이 무료화된 것을 계기로, 여름방학이나 겨울방학 같은 장기 휴가를 이용하여 드라이브 여행을 계획하고 있는 사람도 많을 것이다'라는 대목에 '할인'이나 '무상화'가 언급되어 있다. 따라서 정답은 2번이다.

6 만화 영화나 퀴즈 같은 '놀이', 수학이나 지명을 외우는 '공부' 등을 다수 언급했으므로 아이들이 질리지 않기 위한 대책인 점을 이해해야 풀 수 있다. 따라서 정답은 2번이다.

7 두 번째 단락의 내용이 아이들에게 국한된 이야기가 아닌 점을 이해하면 쉽게 풀 수 있다. 따라서 어른에게도 궁리가 필요하다는 3번이 정답이다.

8 아이와 어른, '가족 전체'가 즐기기 위해서는 어떻게 해야 좋을까 하는 점을 주요 취지로 말하고 있음을 파악한다. 답은 4번이다.

문부과학성의 조사에 따르면, 최근에는 아동·학생 통학에 이용하고 있는 통학버스가 등하교 시 어린이의 안전 대책에 활용되고 있는 경우가 많다고 한다. 이 조사는 통학버스가 어린이의 안전 대책에 어떤 식으로 도움을 주고 있는지를 조사하기 위해 12월부터 1월에 걸쳐 전국의 초·중학교를 대상으로 실시했다.

조사에 따르면 통학버스를 이용하고 있는 어린이·학생은 전국 초·중학생의 1.7퍼센트에 해당하는 약 18만 명이고, 도입한 목적을 각 학교마다 복수 응답으로 설문조사를 실시한 결과, 전용 버스를 운행하고 있는 곳은 2,355개 그룹이었고, 75퍼센트가 '벽지(注) 대응'이라고 대답했지만, 다른 한편으로는 '안전 확보 대책'도 43퍼센트나 되었다. 또한 노선버스를 통학버스로 활용하고 있는 곳은 1,721개 그룹으로 이 가운데 '벽지 대응'은 70퍼센트, 그리고 51퍼센트는 '안전 확보를 위해서'라고 대답했다.

문부과학성은 ①조사 결과에서 어린이의 안전 대책을 위해 통학버스 대상에서 제외되었던 아동·학생들에게도 이용을 인정하게 한 ②자치단체도 많다고 한다. 예를 들어 일본 유수의 긴 출렁다리가 통학로로 되어 있는 나라현 도쓰카와무라에서는 관광객 증가와 저출산에 따른 아동 감소에 따라 보호자로부터 '출렁다리를 건너는 도중에 범죄에 휘말릴 위험성이 높다'는 의견이 있었기 때문에 출렁다리 건너편 기슭에 있는 초등학생과 중학생을 대상으로 통학버스를 운행하고 있다. 그 외에도 아이치현 도요타시처럼 아동·학생의 안전한 등하교를 위해 시내버스를 통학버스로 활용할 수 있도록 운행 시각과 노선을 개정하고, 나아가 버스정류장에서 자택까지 지역 자원봉사자가 지켜주는 체제를 갖추고 있는 지역도 있다.

이처럼 범죄에 대한 대책을 세우고 있는 것은 '벽지 대응'의 대답이 많은 것으로도 알 수 있듯이 도시는 물론이고, 지방에서의 대처가 보다 눈에 띈다. 확실히 지방은 저출산이나 고령화에 따라 '감시'라는 의미에서는 사람의 눈길이 잘 미치지 못하는 경우가 있을지 모른다.

문부과학성은 ③해외의 통학로 안전 대책에 대해서도 조사를 실시해, 미국에서는 2005년부터 '통학로의 안전 프로그램'을 전미에서 실시해 통학로에 자원봉사자를 배치하고 있고, 영국에서는 어린이의 통학 노선을 지정한 다음 자원봉사자가 학생·아동과 매일 함께 통학하는 '워킹 통학버스'를 실시하고 있는 사례를 소개하고 있다.

최근 몇 년간에 걸쳐 일본에서는 통학로에서 어린이가 피해를 입는 사건이나 사고가 잇따르고 있어, 문부과학성은 '통학버스는 안전 확보에 도움이 되므로 노선버스를 포함해 좀 더 활용해 주었으면 좋겠다'고 호소하고 있다. 지역 주민이 연계된 아동·학생의 안전 확보도 지금까지 효과가 있다고 여겨져 왔는데, 앞으로는 버스도 한몫을 할 수 있는 시대가 오게 되는 것일까?

(注) 僻地 : 벽지. 도시에서 멀리 떨어진 땅

9 ①조사 결과에서 알 수 있는 것은 무엇인가?

1 통학버스는 학교 전용 버스가 대부분이다.
2 통학버스를 도입한 학교는 아동·학생 수가 많다.
3 통학버스를 이용하는 아동·학생은 전국적으로 보아 많다.
4 **현재 통학버스는 아동·학생이 안심하고 통학하기 위해 활용되기 시작하고 있다.**

10 ②자치단체의 대처로 맞는 것은 어느 것인가?

1 나라현 도쓰카와무라에서는 출렁다리를 통학로로 쓰고 있지 않다.
2 아이치현 도요타시에서는 아동·학생을 위해서 일반 버스를 활용하고 있다.
3 아이치현 도요타시에서는 아동·학생이 민간 버스 운행에 맞춰 통학하고 있다.
4 **나라현 도쓰카와무라에서는 출렁다리 부근의 건너편 기슭의 아동·학생이 통학버스를 이용하고 있다.**

| 11 | ③해외의 통학로 안전 대책 조사에서 알 수 있는 것은 무엇인가?

1. 영국에서는 통학로는 자유이지만 자원봉사자가 통학에 매일 함께한다.
2. 미국은 자동차 사회이기 때문에 주로 자동차나 버스가 통학하기 위한 수단이 되어 있다.
3. **영국은 통학로가 정해져 있고, 그런 다음에 자원봉사자가 통학에 매일 함께한다.**
4. 미국은 통학로가 정해져 있지만 자원봉사자가 통학에 매일 함께하는 것은 아니다.

| 12 | 본문 내용과 맞는 것은 어느 것인가?

1. 통학버스를 이용했다고 해서 안전하다고만은 할 수 없다.
2. **문부과학성에서는 안전 대책으로 통학버스 이용을 권장하고 있다.**
3. 구미와 비교하면 일본은 안전 대책으로써의 통학버스 이용에 긴 역사가 있다.
4. 아동·학생의 안전 대책으로 통학버스를 이용하는 것은 주로 도시이다.

단어

文部科学省 문부과학성 | ～によると ～에 의하면 | 児童 아동 | 生徒 학생 | 登下校 등하교 | ～から～にかけて ～부터 ～에 걸쳐서 | 導入 도입 | ～ごとに ～마다 | 運行 운행 | 僻地 벽지 | ～に対する ～에 대한 | 自治体 자치단체 | つり橋 출렁다리, 현수교 | 対岸 (강·호수 등의) 건너편 기슭 | 改正 개정 | 見守る 주의해서 보다, 지켜보다 | 整える 정돈하다, 정비하다 | ～もさることながら ～도 물론이거니와 | ます형+にくい ～하기 힘들다, ～하기 어렵다 | 取り組み 대처 | 監視 감시 | 配置 배치 | 定める 결정하다 | ～にわたって ～에 걸쳐서 | 遭う (어떤 일을) 만나다, 당하다 | 呼びかける 호소하다 | 連携 연계 | 一役買う 한몫을 맡다

해설

| 9 | 첫 번째와 두 번째 단락의 '어린이 안전 대책'과 '안전 확보 대책'이라는 키워드에서 '현재 통학버스는 아동·학생이 안심하고 통학하기 위해'라는 문구와 연결 지어야 답을 알 수 있다. 정답은 4번이다.

| 10 | 세 번째 단락의 '출렁다리의 건너편 기슭에 있는 초·중학생을 대상으로 통학버스를 운행하고 있다'에서 답을 유추할 수 있다. 따라서 정답은 4번이다.

| 11 | 다섯 번째 단락의 '영국은 어린이 통학로를 정한 다음, 자원봉사자가 아동·학생과 매일 함께 통학하는 '워킹 통학버스'를 실행하고 있다'에서 답을 찾아야 한다. 정답은 3번.

| 12 | 마지막 단락의 '문부과학성은 '통학버스는 안전 확보에 도움이 되므로 노선버스를 포함해 좀 더 활용해 주었으면 좋겠다'고 호소하고 있다.'라고 한 부분이 문부과학성의 의견임을 이해하여 답을 찾는다. 따라서 문부과학성에서 통학버스를 권장한다고 한 2번이 정답이다.

도쿄에 살고 있으면 놀랄 정도로 많은 외국인을 본다. 롯폰기나 시부야, 아오야마, 아자부, 23구 이내는 아니어도 하치오지나 다치카와라는 곳에서도 그렇다. 나 자신도 외국인 친구가 많은데 도내를 참고로 하면 도대체 어느 정도의 외국인이 일본에 살고 있을까, 혹은 와 있는 걸까라고 생각할 때가 있다. 그러나 최근에는 지방에서도 '국제 교류'를 키워드로 외국과의 관계를 돈독히 하고 있는 도시나 지역이 늘고 있는 것 같다.

규슈에 있는 오이타현의 ①벳푸시는 학생의 약 반수가 유학생인 국제적 대학이 탄생해 국제 교류 선언도 했다. 그리고 아시아나 아프리카 여러 나라의 대사를 초대한 서미트를 개최하는 등 해외를 향한 정보를 적극적으로 발신해 왔다. 유학생 수는 이러한 노력을 배경으로 2000년에 487명에서 2008년에는 3,333명으로 급증했고, 출신국이나 지역은 83군데로 확대되었다. 온천으로 국내외에 유명한 도시인 만큼 호텔이나 여관에서 하는 유학생 아르바이트도 증가했는데, 그 파급효과 때문인지 외국인 관광객도 2000년 12만 5,844명에서 2006년에는 22만 6,013명으로 급증하고 있다고 한다.

벳푸시의 문화국제과 과장은 '외국인 수용 체제는 대학만으로는 한계가 있다. 유학생이 본국에서 대변인 역할을 담당해 주기 위해서라도 제2의 고향이라고 생각되도록 대우해 줘야 한다'고 의견을 표명하고 있다. 자치단체로서는 유학생에게 여러 나라와의 교류 중개자가 되어 관광객이나 고정 거주자 증가 등을 기본으로 한 도시 활성화로 연결하고자 하는 기대가 있을 것이다. 확실히 그 의견처럼 만일 유학생을 늘릴 경우, 그 수용 기관인 대학이나 전문학교만이 아니라 도시에서의 일상생활도 포함한 토털 케어 등 특히 대도시에 비해 지방도시에서는 ②이러한 문제가 보다 중요해지지 않을까 생각한다.

③한 조사에 따르면, 2006년 도도부현별 유학생 수는 도쿄가 약 4만 명으로 압도적으로 많고, 그 다음으로 오사카 약 만 명, 후쿠오카·아이치 약 6천 명 등 대도시가 그 뒤를 잇는다. 오이타는 약 4천 명으로 전국으로 보면 10위지만, 인구 비율로 보면 도쿄에 이어 2위라고 한다. 인구가 많은 대도시에 유학생이 늘 뿐만 아니라 인구가 비교적 적은 도시에도 유학생이 증가하고 있는 이 현상은 최근까지는 볼 수 없었던 일이 아닌가?

인구 감소 때문에 지방 소도시가 피폐(注)해지고 있는 요즘, 벳푸시와 같은 대처가 전국적으로 확대를 보이기 시작한 것은 주목할 필요가 있다. 국제 교류를 키워드로 교육기관 충실과 함께 유학생을 도시 재부흥을 위한 인적 자원으로 받아들이는 이러한 구조는 앞으로 우리들의 주변 생활에도 조금씩 변화를 가져다 주는 것은 아닐까? 지방도시의 시도에 앞으로도 기대를 해 보고 싶다.

(注) 疲弊(ひへい) : 피폐, 심신이 피로하여 약해지는 것

---

13 ①벳푸시의 상황과 맞는 것은 어느 것인가?

1 **유학생 수·외국인 관광객 모두 증가하고 있다.**
2 지방도시이기 때문에 유학생이 할 수 있는 일은 적다.
3 국제교류에 관한 대응은 모두 대학에 의존하고 있다.
4 세계적으로 유명한 온천이 있기 때문에 외국인이 늘었다.

14 ②이러한 문제란 무엇인가?

1 유학생의 일을 늘려야 하는 일
2 유학생 수가 늘어도 거리 활성화로 이어지지 않는 일
3 유학생 수가 너무 늘었을 경우, 줄여야 하는 일
4 **외국인이 유학생으로 벳푸에 왔을 때, 쾌적하게 생활을 보낼 수 있도록 하는 일**

15 ③한 조사에서 보이는 것은 무엇인가?

1. 대도시만 유학생이 증가하고 있다.
2. 지방도시만 유학생이 증가하고 있다.
3. **일본인과 외국인의 비율로 생각하면 오이타현의 외국인 비율은 높다.**
4. 일본인과 외국인의 비율로 생각하면 동경도의 외국인 비율은 낮다.

16 본문의 내용과 맞는 것은 어느 것인가?

1. **지방도시는 유학생을 지역 활성화를 위한 인재로 생각한다.**
2. 아무리 유학생을 늘려도 지방도시 활성화에는 한계가 있다.
3. 앞으로는 대도시에서 유학생이 줄고, 지방도시에는 늘 것이라 예상된다.
4. 지방도시에 유학생을 부르기 위해서는 대학을 많이 설치하는 것이 필요하다.

단어

はたまた 또는, 아니면 | 交流(こうりゅう) 교류 | 宣言(せんげん) 선언 | 大使(たいし) 대사 | 招(まね)く 초대하다 | 開催(かいさい) 개최 | 発信(はっしん) 발신 | 急増(きゅうぞう) 급증 | 出身国(しゅっしんこく) 출신국 | ～だけに ~인 만큼 | 旅館(りょかん) 여관 | 波及効果(はきゅうこうか) 파급효과 | 体制(たいせい) 체제 | スポークスマン 대변인 | 役割(やくわり)を担(にな)う 역할을 담당하다 | もてなす 대우하다, 대접하다 | 架(か)け橋(はし) 가교 | 定住者(ていじゅうしゃ) 고정 거주자 | ～に伴(ともな)って ~에 동반해, ~에 수반해 | 疲(ひ)へい 피폐 | 充実(じゅうじつ) 충실 | 再興(さいこう) 재흥, 다시 일어남 | 仕組(しく)み 구조 | 身近(みぢか) 신변, 자기와 관계가 깊음 | もたらす 초래하다, 가져오다 | ～における ~에 있어서의

해설

13 두 번째 단락의 '유학생 수는 이러한 노력을 배경으로 2000년에 487명에서 2008년에는 3,333명으로 급증했고', '외국인 관광객도 2000년 12만 5,844명에서 2006년에는 22만 6,013명으로 급증'이라고 언급한 점을 참고한다. 따라서 증가했다고 한 1번이 정답이다.

14 세 번째 단락 '이러한 문제 = 바로 앞의 문장'이므로, '확실히 그 의견처럼 만일 유학생을 늘릴 경우, 그 수용 기관인 대학이나 전문학교만이 아니라 도시에서의 일상생활도 포함한 토털 케어 등'을 눈여겨보아야 한다. 따라서 외국인이 유학생으로 왔을 때 쾌적하게 생활할 수 있도록 한다는 4번이 답이다.

15 네 번째 단락의 '오이타는 약 4천 명으로 전국으로 보면 10위지만, 인구비율로 보면 도쿄에 이어 2위라고 한다.'에서 답을 파악해야 한다. 대도시, 또는 지방도시만 유학생이 증가하고 있다는 말은 아니다. 따라서 3번이 정답.

16 네 번째 단락 전체를 파악해야 한다. '지방의 작은 도시가 피폐 → 유학생을 도시 재부흥을 위한 인적 자원 = 활성화를 위한 인재'로 연결 지어야 답을 찾을 수 있다. 따라서 지방도시는 유학생을 지역 활성화를 위한 인재로 여겨야 한다고 한 1번이 정답이다.

30대에 접어들면 주위에서 결혼하는 친구나 지인도 늘어, 역시 20대 때와는 다른 느낌이다. 일반적으로 가정을 이루기 시작하는 이 연령대에게 주거 문제도 화제에 오르는 경우가 많을 것이다. 집을 장만할 때는 구입할 뿐만 아니라 무슨 일이 생겼을 경우에 대비하여 보험을 드는 것이 안심될 것이다. 그리고 보험에는 몇 가지 조심해야 할 점, 즉 기술이 필요한 것 같다.

　　주택을 구입한 경우, 일반적으로 가입하는 것이 ①화재보험이다. 화재보험에는 '건물'을 보상하는 것과 가구나 가전 등 '가재도구'를 보상하는 것이 있는데, 건물만 포함된 보험은 재해를 입어도 예를 들어 대출로 주택을 구입했을 경우, 그 대출 상환으로 충당하고 말아서 생활 재건으로는 전혀 보험금이 돌아가지 않는다고 한다. 이 때문에 건물 보험과 합해 소액이라도 가재보험에 들어 두는 것이 좋을 것이다. 그 외에도 가재보험은 화재 이외의 경우에도 벼락으로 텔레비전이나 PC가 고장이 났다거나 하는 사례에도 도움이 된다.

　　그러나 화재보험도 만능은 아니다. 지진이나 해일, 화산 분화, 또한 그것들이 원인이 되어 발생한 화재나 손상은 보상되지 않는다. 그럼 어떻게 하면 좋을까? 이러한 피해가 있었을 경우, 그 손해를 보상하는 것은 지진보험이다. 지진보험은 단독으로 계약할 수 없고, 화재보험과 세트로 가입해야 하는데, 화재보험에서 부족한 요소를 보충할 수 있다는 점에서 의미가 크다. 규정에 따르면 지진보험의 보험금액은 화재보험 보험금액의 30퍼센트~50퍼센트까지이기 때문에, 예를 들어 5,000만 엔의 화재보험을 든 경우, 지진보험은 2,500만 엔까지만 들 수 있는 것이다. 더욱이 전손으로는 100퍼센트, 절반 파손으로는 50퍼센트, 일부 파손은 5퍼센트만을 보상받을 수 있다. 다시 말해 만일 지진이 일어나 자택에 손해가 있었을 경우, 그 손해가 크든 적든 완전히 보장받을 수는 없다는 것, 그리고 그런 큰 지진이 언제 일어날지 아니면 오지 않을지 등을 고려하면 보험을 들어 두는 것이 좋을지 어떨지 생각해 볼 문제이다. 그러나 무슨 일이 생긴 후에 생각하면 늦기 때문에 지진의 위험을 포함해 어디까지 대비해야 할지는 저마다 다르겠지만, 소중한 터전이라면 ②안심소재로써 들어 두는 것이 좋다고 생각하는 것이 타당한 것 같다.

　　주택 컨설턴트인 아즈마 씨는 '보상의 범위나 내용은 상품에 따라 다양하지만, 예를 들어 입지가 좋으면 수해 보상을 제외한다, 또는 이미 가입한 다른 손해보험과 중복되는 보상을 제외하거나 또는 담배를 피우지 않는 사람을 대상으로 할인을 해 주는 회사를 찾는다. 여러 가지 방법으로 보험료를 낮추는 방법이 있을 것'이라고 말한다.

17 ①화재보험에 관한 설명 중에서 맞는 것은 어느 것인가?

1　어떤 화재가 자택에서 발생하든 보상이 있다.
2　낙뢰는 화재보험에서 가재도구 보상의 적용 예외이다.
3　건물 보상과 가재도구 보상 양쪽을 들어 두면 아무 걱정할 필요가 없다.
4　대출로 구입한 주택이 화재 피해를 당했을 경우, 건물 보상의 보험금은 대출 상환용이 된다.

18 ②안심소재로써 들어두는 것이 좋은 것이란 무엇을 말하는가?

1　지진은 반드시 일어나므로
2　커다란 지진이 일어날지 어떨지를 생각한들 소용없으므로
3　지진보험에 들어 두면, 손해가 생겼을 때 조금은 보탬이 되므로
4　지진보험에 들어 두면 지진에서 어떤 주거 손해가 있더라도 보험금으로 어떻게든 되니까

19 오구라 씨는 3000만 엔의 화재보험(건물·가재도구 보상 포함)과 지진 보험 1000만 엔을 들어 두고, 지진으로 화재가 발생해 주거지 전체의 5분의 2가 망가졌다. 적용되는 보험의 종류와 금액은 얼마인가?

1 모두 보험이 적용되지 않는다.
2 지진 보험으로 50만 엔의 보상이 적용된다.
3 화재 보험 3000엔의 보상이 적용된다.
4 지진 보험으로 1000만 엔의 보상이 적용된다.

20 본문 내용과 맞는 것은 어느 것인가?

1 지진 보험만 계약할 수는 없다.
2 지진 보험에 거는 금액으로는 생명보험의 금액에 따른 제약이 있다.
3 지진 보험이 손해가 생긴 필요 경비 전체를 보상해 준다는 것은 아니다.
4 다양한 손해에 대응하기 위해, 여러 종류의 화재 보험이나 지진 보험에 들어 두는 게 좋다.

단어

周囲 주위 | 印象 인상 | 身を固める 결혼하여 가정을 이루다, 채비를 단단히 하다, 일정한 직업을 갖다 | ～にとって ~에게, ~에게 있어서 | 住居 주거 | 購入 구입 | ～だけでなく ~뿐만 아니라 | 保険 보험 | 火災 화재 | 保障 보장 | 家具 가구 | ローン 대출 | 返済 변제, 돈을 갚음 | 充てる 할당하다, 충당하다, 돌리다 | 再建 재건 | 一切 일절, 절대 | 小額 소액 | 落雷 벼락, 낙뢰 | 万能 만능 | 津波 지진해일, 쓰나미 | 噴火 분화 | 原因 원인 | 損傷 손상 | 単独 단독 | 契約 계약 | 規定 규정 | ～によれば ~에 의하면, ~에 따르면 | 金額 금액 | 半損 (건물, 가재도구 등이) 재해로 일부분이 파손됨 | 損害 손해 | はたまた 혹은, 또는 | 住まい 주거, 주거지 | 妥当 타당 | 範囲 범위 | 立地 입지 | 重複 중복 | 割引 할인

해설

17 두 번째 단락의 '화재보험에는 '건강을 보상하는 것과 가구나 가전 등 '가재도구'를 보상하는 것이 있는데, 건물만 포함된 보험은 재해를 입어도, 예를 들어 대출로 주택을 구입했을 경우, 그 대출 상환으로 충당하고 말아서 생활 재건으로는 전혀 보험금이 돌아가지 않는다고 한다'에서 답을 파악할 수 있다. 따라서 정답은 4번이다.

18 세 번째 단락의 '그러나 무슨 일이 생긴 후에 생각하면 늦기 때문에'라는 부분을 선택지 3번과 연관 지어 생각해야 한다.

19 오구라 씨의 자택은 일부(5분의 2)이기 때문에 5퍼센트를 적용하여 50만 원의 금액을 보상받게 된다. 따라서 정답은 2번이다.

20 지문 안에 생명 보험에 관한 언급이 없다는 점을 알아차리면 답을 풀 수 있다. 따라서 정답은 2번이다.

일본의 주거형태는 한 가족만이 사는 단독주택과 큰 빌딩에 각각의 방이 있는 공동주택으로 나뉜다. 공동주택이란 이른바 맨션이나 아파트를 말하는 것으로, 이것들에는 하나의 공간을 공유하기 위한 규칙이 세세하게 정해져 있다. 여기에서는 하나의 맨션을 예로 그것을 개관해 보자.

기린 패밀리 후나바시라는 맨션에서는 '매너·룰 북'이 작성되어 주민들에게 배포됨과 함께, 서로가 쾌적하게 삶을 영위할 수 있도록 신경을 쓰고 있다고 한다. '매너·룰 북'에는 마을에서 살기 위한 지극히 당연한 일이겠지만, 쓰레기 버리기부터 애완동물 사육상의 규칙에 이르기까지 세세하게 기재되어 있다. 그중에 ①소음에 대한 기재를 보면 특히 세세한 내용이 많다.

(예) 소리에 대한 감각에는 개인차가 있는 것도 사실이지만, 소리를 내고 있는 쪽은 그 정도까지는 아니라고 생각해도 듣는 분에게는 크게 느껴지는 법입니다. 상하좌우의 방뿐만 아니라 비스듬히 있는 위아래 방까지 울리는 경우도 있습니다. 특히, 야간에 나는 소리에는 신경이 쓰이는 경우가 많은 것 같습니다. 세탁기나 청소기 등 가전제품을 사용한 생활소음, 게임이나 스테레오 등 오락에 관한 소리, '쿵쾅쿵쾅'거리는 강하고 퍼지기 쉬운 소리에 주의해 주십시오. 또 문제가 발생하기 쉬운 예로써는 매일 소음이 발생해 조용해지지 않는다. 이른 아침이나 야간을 불문하고 소리가 난다. 폐를 끼치고 있는 것에 대해 신경 쓰는 모습을 볼 수 없다(사과 같은 것이 없다) 등을 들 수 있다고 주의를 환기시키고 있다.

또 쓰레기 배출에 관해서도 문제가 많은 듯, 아래와 같은 기재가 있다.

(예) 일반적으로 그 맨션이 매너를 잘 지키는 쾌적한 맨션인지를 가장 잘 나타내는 것은 쓰레기 처리장 사용 상황이라고 말합니다. ②쓰레기를 버리는 날에 대해서 쓰레기는 그날 안에 수집되지 않으면 비위생적인 상태가 되어 같은 맨션에 사는 거주자들끼리 문제가 생길 수도 있습니다. 1층 로비에 게시되어 있는 '월간 예정표'를 확인하시고 시에서 발행한 쓰레기 수집 캘린더와의 대조도 부탁합니다. 시기에 따라서는 일치하지 않는 경우도 있습니다. 특히 공휴일에 자주 틀리는 분들이 계신 것 같습니다. 공휴일에는 쓰레기 수거를 하지 않습니다. 또 ③분리수거를 해서 쓰레기를 버려 주십시오. 분리수거를 하지 않고 쓰레기를 버리면 시의 수거업체가 회수해 주지 않아 쓰레기 처리장에 쓰레기가 남게 됩니다. 쓰레기 처리장에 쓰레기가 방치되어 있는 상태는 바람직하지 않기 때문에, 만약 착각했을 경우에는 일단 가지고 돌아갔다가 다시 분리해서 정해진 날에 쓰레기를 버리십시오. 분리는 타는 쓰레기, 타지 않는 쓰레기, 자원 쓰레기로 나누어 주시기 바랍니다. 쓰레기 봉투는 각각 있습니다. 라고 쓰여져 있다. 위의 예는 모두 당연하다면 당연하다고 볼 수 있는 것들이지만, 한 사람의 어른으로서 항상 주의를 해야만 하는 것들이다.

21 ①소음에 관한 설명 중 맞는 것은 어느 것인가?

1 밤에 빨래를 하고 싶어도 참아야 한다.
2 어린이가 방을 뛰어 다니는 것은 어쩔 수 없는 일이다.
3 소리에 관해서는 아래층만 신경 쓰고 있으면 된다.
4 가끔 큰 소리가 나는 만큼은 특히 신경 쓰지 않아도 괜찮다.

22 ②쓰레기를 버리는 날에 대한 설명 중에 알맞은 것은 어느 것인가?

1 쓰레기는 언제 내놓아도 별로 문제는 없다.
2 공휴일에도 기간에 따라서는 쓰레기를 수거한다.
3 시에서 발행한 쓰레기 수거 달력을 확인하는 것만으로 충분하다.
4 아파트에서 발행하는 월간 예정표를 확인하는 것만으로 충분하다.

23 ③분리수거에 대한 설명 중에서 맞는 것은 어느 것인가?

1 **분리수거를 틀려서 수거되지 않은 쓰레기는 집으로 가져간다.**
2 쓰레기봉투는 세 종류 있는데, 달마다 바뀌므로 주의가 필요하다.
3 쓰레기봉투는 값이 비싸서 사기 어려우므로 미리 사 두는 것이 좋다.
4 분리수거를 틀려서 수거되지 않은 쓰레기는 그 자리에서 분리수거를 다시 해서 다음 수거를 기다린다.

24 본문 내용과 맞는 것은 어느 것인가?

1 쓰레기 버리는 곳의 문제는 같은 아파트에 사는 사람들끼리만의 문제이다.
2 '매너·룰 북'에 기재되어 있는 일은 공동주택만 주의할 일이다.
3 **'매너·룰 북'에 기재되어 있는 일은 공동주택만 주의할 일은 아니다.**
4 '매너·룰 북'에 기재되어 있는 일은 아파트가 많아진 현대 특유의 일이다.

단어

一軒家 단독주택 | ビル 빌딩 | 共同住宅 공동주택 | いわゆる 소위, 말하자면 | マンション 아파트 | アパート 원룸 등의 소형 아파트 | スペース 스페이스, 공간 | 共有 공유 | ルール 룰, 규칙 | 細かい 세세하다 | 例 예 | 概観 개관 | 作成 작성 | 配布 배포 | ～と共に ~와/과 함께 | 快適 쾌적 | 暮らしを営む 삶을 영위하다 | ～よう ~하도록 | 心掛ける 명심하다 | ～ようだ ~인 것 같다 | ごく 극히, 지극히 | ゴミ出し 쓰레기 배출 | ペット飼育 애완동물 사육 | 至る 이르다 | 記載 기재 | 感じ方 감각 | 個人差 개인차 | 上下左右 상하좌우 | 斜め 비스듬함 | 響く 울리다 | 夜間 야간 | 気になる 신경 쓰이다, 걱정되다 | 洗濯機 세탁기 | 掃除機 청소기 | トラブル 트러블 | 音が鳴る 소리가 나다 | 気遣う 신경 쓰다 | 様子 모습 | 謝罪 사죄 | 挙げる 들다 | 注意喚起 주의환기 | 快適 쾌적 | ごみ置き場 쓰레기 처리장 | 収集 수집 | 不衛生 비위생 | ～かねない ~할 지도 모른다, ~않는다고 할 수 없다 | 確認 확인 | 照合 조합 | 分別 분별 | 回収 회수 | 放置 방치 | 資源 자원 | ごみ袋 쓰레기봉투 | それぞれ 각각 | 当然 당연 | 常に 늘, 항상 | 事柄 일, 사항, 사정

해설

21 두 번째 단락의 (예) 소리에 관한 사항을 꼼꼼하게 보아야 한다. 모든 소음에 주의해야 한다고 했으므로 정답은 1번이다.

22 쓰레기에 관한 사항에 주목하여 '1층 로비에 게시되어 있는 '월간 예정표'를 확인하시고 시에서 발행한 쓰레기 수집 캘린더와의 대조도 부탁합니다'라는 내용을 파악한다. 쓰레기는 정해진 날에 내놓아야 하므로 1번은 답이 되지 않고, 공휴일에는 수거하지 않으므로 2번도 답이 아니며, 시에서 발행한 수거 달력만으로는 충분하지 않다. 따라서 답은 4번이다.

23 세 번째 단락 후반에 '쓰레기 처리장에 쓰레기가 방치되어 있는 상태는 바람직하지 않기 때문에, 만약 착각했을 경우에는 일단 가지고 돌아갔다가 다시 분리해서 정해진 날에 쓰레기를 버려 주십시오'라고 되어 있으므로 1번이 정답이다.

24 마지막 행의 '위의 예는 모두 당연하다면 당연하다고 볼 수 있는 것들이지만, 한 사람의 어른으로서 항상 주의를 해야만 하는 것들이다'에 힌트가 있다. 따라서 정답은 3번이다.

問題11 종합 이해

실전 연습 ▶ p.90

1	2	2	2	3	4	4	3	5	4	6	4	7	2	8	4
9	1	10	1	11	1	12	3								

문제11 다음의 A와 B를 읽고 이어지는 질문에 대한 답으로 가장 알맞은 것을 1·2·3·4 중에서 하나 고르시오.

A:
　2011년 동북지방을 강타한 동일본대지진은 일본인뿐만 아니라 일본에 체재 및 거주하는 외국인들에게도 큰 영향을 주었다고 볼 수 있다. 이처럼 유례를 찾기 힘든 큰 재해가 발생했을 때를 대비하여 앞으로 어떤 준비가 가능할까? 우선은 일본에 사는 모든 사람들을 위해서 피난 순서나 피난 경로를 명확하게 하는 것이 필요하다고 생각한다. 특히 큰 재해는 그 이후의 2차 재해가 염려되기 때문에 모두가 빨리 대피 할 수 있는 안내판 설치나 뭔가 사정이 있어 움직일 수 없는 사람들을 위한 긴급 연락 장소 설치가 필요하다.
　이번 지진 때문에 자국으로 귀국해 버린 유학생이나 비즈니스맨도 많아 그 사실에만 주목하는 경향이 있는데, 지금도 일본에 살고 있는 많은 외국인들도 잊어서는 안 된다. 정부나 행정 수준에서 일본 국내에 사는 모든 사람들에 대한 대응이 요구된다고 말할 수 있을 것이다.

B:
　동일본 대지진이 발생한 후 앞으로 뭔가 일어났을 때를 대비해 여러 가지가 시도되고 있다. 도쿄 도내에서는 일본에 살고 있는 외국인을 위한 커뮤니티가 연계해 각 나라 사람들이 한데 모여 만약 어떤 재해가 발생했을 때를 대비한 대책 회의가 열렸다고 한다. 재해가 발생해 막상 피난을 가려고 하는 상황이 되었을 때 외국인들에게 골치인 점은 공공방송에서 흘러나오는 피난 정보나 상황에 대한 일본어 방송이 어렵다거나 나아가 모든 거리에 있는 간판도 일본어로만 표기되어 있고, 한자가 많아 어렵다는 문제가 있다. 이와 같은 문제가 이번 재해로 새삼스레 확인되었기 때문에 다언어 표기나 이해하기 쉬운 일본어 표현에 대해서도 논의가 있었던 것 같다.
　일본에 사는 한 시민으로서 이와 같은 협의나 논의가 이루어지는 것은 중요하다. 이러한 일반 시민들의 활동은 곧 지역이나 사회를 움직이는 원동력이 되고, 나아가서는 국가 수준의 조직을 움직이는 큰 힘이 될 것이다.

1 A와 B 어느 문장에나 언급되어 있는 내용은 어느 것인가?

1. 세계 속의 사람들이 일본의 대지진에 충격을 받았다.
2. **재해가 일어났을 때를 위해 준비해야 한다.**
3. 외국에 살고 있는 사람들은 일본의 대지진에 충격을 받지 않았다.
4. 일본에 살고 있는 외국인은 이번 재해로 자기 나라로 돌아가고 말했다.

2 재해에 관해 A의 글쓴이와 B의 글쓴이는 각각 어떤 입장을 취하고 있는가?

1. A의 글쓴이는 시민 한 사람, 한 사람의 활동이 중요하다고 하고 있다.
2. **B의 글쓴이는 시민 한 사람, 한 사람의 활동이 중요하다고 하고 있다.**
3. A, B 글쓴이 모두 정부 주도의 대처가 앞으로 중요해진다고 하고 있다.
4. A, B 글쓴이 모두 시민 한 사람, 한 사람의 대처가 앞으로 중요해진다고 하고 있다.

3 본문 내용과 맞는 것은 어느 것인가?
1 A의 글쓴이는 주로 일본인에 대해 말하고 있다.
2 B의 글쓴이는 주로 일본에 사는 외국인에 대해 말하고 있다.
3 A의 글쓴이는 주로 일본어 사는 외국인에 대해 말하고 있다.
4 A, B의 글쓴이 모두 일본어 사는 사람들 전체에 대해 말하고 있다.

단어

襲う 덮치다, 습격하다 | 震災 재해 | ～のみならず ~만이 아니라, ~뿐만 아니라 | 滞在 체재 | 影響 영향 | える 주다 | ～といっていいだろう ~라고 해도 좋을 것이다 | 未曾有 미증유, 역사상 처음임 | 起こる 일어나다 | まず 우선 | 避難 피난 | 手順 순서 | 経路 경로 | 明確 명확 | 懸念 걱정, 염려 | 早急 빨리, 시급히 | 設置 설치 | 事情 사정 | 緊急連絡 긴급 연락 | 傾向 경향 | 行政 행정 | 取り組み 대처 | コミュニティー 커뮤니티 | 連携 연계 | 一堂 한자리, 일당 | 仮に 만약, 임시로 | いざ 자, 권유할 때 또는 시작할 때 쓰는 말 | 厄介 귀찮음, 성가심 | 流れる 흐르다 | 更に 더욱, 거듭 | 街中 거리 | 話し合い 의논, 상담 | 草の根 일반 대중, 일반 시민 | ひいては 나아가서는 | 組織 조직

해설

1 A의 두 번째 줄 '이처럼 유례를 찾기 힘든 큰 재해가 발생했을 때를 대비하여 앞으로 어떤 준비가 필요할까?', B의 첫 번째 줄 '동일본 대지진이 발생한 후 앞으로 어떤 재해가 발생했을 때를 대비해 여러 가지가 시도되고 있다'는 내용 면에서 공통점이 있다. 모두 '준비'에 대해 말한다는 점이다. 따라서 정답은 2번이다.

2 B의 '일본에 사는 한 시민의 논의가 바로 지역이나 사회, 국가를 움직이는 원동력이 된다'라는 점을 놓치지 않고 파악해야 한다. A는 정부나 행정 수준의 중요성을 주장하고 있다. 따라서 정답은 2번이다.

3 A와 B 둘 다 일본인 및 일본에 사는 외국인에 관한 글이며, 재해가 일어났을 때의 문제점과 준비에 대해 말하고 있는 점을 놓치지 않아야 한다. 일본에 사는 모든 사람에 대해서 말하고 있으므로 4번이 정답이다.

A:
작년에 일본은 TPP(환태평양 경제동반자 협정)문제로 들썩인 한 해였다. 전체적으로 TPP 참가에 관해 정부가 판단할 시간이 너무 짧기 때문에 논의를 다루기 위한 시간이 필요하다는 의견이 있다. 구체적인 의견으로는 TPP는 미국 주도로 주체성이 없다. 농업 부문에서 설령 농가의 대규모화를 진행했다 하더라도 미국이나 오스트레일리아와의 경쟁에서는 이길 수 없다. 관세를 철폐하면 디플레이션이 심각해져 식량 자급률이 저하된다는 등의 의견이 있다. 정부는 이와 같은 문제를 해결하기 위해 지방 농가를 방문해 이해를 구하려고 하는 등으로 분주하지만, 정치적인 어필에 지나지 않아 협의 시간을 충분히 확보하는 것이 선결되어야 하지 않겠느냐는 냉소적인 감상도 있다.

B:
　작년은 전 일본이 TPP문제로 시끄러운 한 해였다. 일본은 앞으로의 인구 감소를 고려했을 때 내수 확대를 기대할 수 없는 상황이다. 이 때문에 경제 전체에서 수출이 차지하는 비율을 더욱 높일 필요가 있고, 또한 관세가 철폐되면 소비자들에게는 이익이 크기 때문에 서비스나 물가에 대한 영향을 커버할 수도 있을 것이다. 또 경제 성장이 두드러지는 한국이나 중국 등의 동아시아가 세계와의 경제 제휴를 돈독히 하고 있는 현실에서, 이대로라면 일본은 아시아 시장에서 뒤처지게 될 뿐이다. TPP에서는 농업 부문이 다루어지는 일도 많은데, 채소나 과일은 원래 관세율이 낮아 영향은 적고 또 미국 농가의 가격 하락 분은 정부가 재정 부담을 하면 된다. 농업 분야는 가격이 내려가면 수출도 쉬워지고 시장에서 경쟁력도 강화된다. 그리고 무엇보다도 시장 확보가 중요하기 때문에 이와 같은 과제에 대한 적극적인 대응이 필요할 것이다. 물론 TPP는 논의되고 있는 내용과 현실적인 측면이 합치하지 않는 경우도 자주 보이므로, 우선은 차분한(注) 협의가 필요한 것이 아닐까?

(注) 腰を据える : 침착하게 일하다.

4 A 와 B의 사설 내용과 맞는 것은 어느 것인가?

1　A, B 모두 사실만을 쓰고 있다.
2　A, B 모두 의견만을 쓰고 있다.
3　A, B 모두 사실과 의견을 서술하고 있다.
4　A는 사실만을 쓰고, B는 사실과 그에 대한 의견도 말하고 있다.

5 A 와 B의 생각으로 가장 가까운 것은 어느 것인가?

1　A, B 모두 TPP에 적극적인 자세를 취하고 있다.
2　A, B 모두 TPP에 소극적인 자세를 취하고 있다.
3　A는 TPP에 적극적인 자세, B는 TPP에 신중한 자세를 취하고 있다.
4　A는 TPP에 신중한 자세, B는 TPP를 추진해야 한다는 자세를 취하고 있다.

6 A와 B의 사설에서 공통으로 언급하고 있는 점은 무엇인가?

1　TPP 참가 시비에서 중심적인 문제가 되는 것은 농산업 분야이다.
2　논의와 상의도 중요하지만 우선은 TPP에 대한 참가를 서둘러야 한다.
3　앞으로의 시대는 일본 국내에서의 산업 발전과 충실함을 기대할 수 없다.
4　TPP에 참가하면 국내에서는 경제 전체의 재산과 서비스 가격이 하락한다.

단어

揺れる 흔들리다 | 議論 논의, 의논 | 熟す 다루다, 구사하다, 소화시키다 | 主導 주도 | 主体性 주체성 | 農業 농업 | 農家 농가 | 大規模 대규모 | 競争 경쟁 | 関税 관세 | 撤廃 철폐 | デフレーション 디플레이션 | 深刻化 심각화 | 食糧 식량 | 自給率 자급률 | 奔走 분주 | アピール 어필 | 冷ややか 차가운 모양, 냉정한 모양 | 騒がしい 소란하다, 시끄럽다 | 減少 감소 | 内需 내수 | 拡大 확대 | ～における ~의, ~의 경우의 | 輸出 수출 | 占める 차지하다, 점하다 | 消費者 소비자 | 物価 물가 | 著しい 두드러지다, 현저하다 | 連携 연계 | 深める 깊게 하다 | 取り上げる 다루다 | 財政 재정 | 負担 부담 | 競争力 경쟁력 | 強化 강화 | 前向き 긍정적임, 적극적임 | 合致 합치 | しばしば 자주, 종종 | 見受ける 보다, 보고 판단하다

해설

4 A에는 TPP에 대한 의견이 쓰여 있고, 그중에서 사실은, '정부는 이와 같은 문제를 해결하기 위해 지방 농가를 방문해 이해를 구하려고 하는 등으로 분주하다'라는 점이다. B에도 TPP에 대한 의견이 쓰여 있지만, '일본은 앞으로의 인구 감소를 고려했을 때 내수 확대를 기대할 수 없는 상황이다.'라는 부분은 사실에 대한 기술이다. 따라서 정답은 3번이다.

5 A의 '구체적인 의견으로는 TPP는 미국 주도로 주체성이 없다. 농업 부문에서 설령 농가의 대규모화를 진행했다 하더라도 미국이나 오스트레일리아와의 경쟁에서는 이길 수 없다. 관세를 철폐하면 디플레이션이 심각해져 식량 자급률이 저하된다는 등의 의견이 있다(=신중).'라는 대목과, B의 '이 때문에 경제 전체에서 수출이 차지하는 비율을 더욱 높일 필요가 있고, 나아가 관세가 철폐되면 소비자들에게는 이익이 크기 때문에 서비스나 물가에 대한 영향을 커버할 수도 있을 것이다(=추진).'라는 대목에 주목해야 한다. 따라서 정답은 4번이다.

6 B의 'TPP에서는 농업 부문이 자주 다루어지는데, 야채나 과일은 원래 관세율이 낮아 영향은 적고 또 미국 농가의 가격 하락 분은 정부가 재정 부담을 하면 된다.', '농업 분야는 가격이 내려가면 수출도 쉬워지고 시장에서 경쟁력도 강화된다.'라고 하였으므로 이것이 일본 국내의 경제 전체의 재산과 서비스에 대한 영향으로 연결됨을 알 수 있다. 따라서 정답은 4번이다.

A:
　어느 조사에 따르면 세계적으로 영어를 아이에게 가르치고 싶어하는 부모가 계속 늘고 있다고 한다. 영어는 지금 세계를 석권하고 있으며, 세계화는 현대 사회에서 빼놓을 수 없는 것이 되었다. 특히 국제적인 업무나 해외여행을 자주 하는 사람들에게는 더욱 중요하며, 국제회의 등의 외교의 장에서도 공통어가 되는 등 영어는 이미 국제어로서의 지위를 구축했다고 할 수 있을 것이다. 현재 많은 사람들이 설령 영어 네이티브스피커가 아니더라도 영어를 의사소통의 수단으로 삼고 있는 경우가 많다. 만약 당신이 외국어를 배우려고 한다면, 우선은 영어를 습득해 두는 것이 그 활약의 장을 넓히는 의미에서 의의가 있는 일이라고 말할 수 있을지도 모른다. 그러나 이것은 동시에 영어가 외국어의 전부라는 의미가 아니라는 것도 의식할 필요가 있을 것이다.

B:
　국제화가 진행된 요즘 세상에 영어만큼 중요시되고, 영향력이 있는 언어는 없을 것이다. 아시아를 둘러봐도 학교 교육에서 제1외국어는 영어이고, 연구 등 학문적인 분야에서도 영어 논문이 가장 많이 읽히며 그리고 평가가 높다고 간주된다. 아니 오히려 많은 사람들의 주목을 받기 때문에 좋은 평가를 받기 쉽다고 해야 할지도 모른다. 아무튼 영어는 그 지위를 확립했고 유용한 언어임은 이론의 여지가 없을 것이다. 그러나 다른 방식으로 보면, '영어는 이점이 없다'고 생각할 수도 있지 않을까? 언어는 기본적으로는 의사소통을 위해 존재하는데, 업무로써의 무기가 되는 측면도 있다. 영어가 무기가 되지 않을 경우, 어떻게 하면 좋을까? 그 해결책으로써는 제2외국어의 존재를 의식하는 것이 중요해질 것이다. 세상에는 많은 언어가 존재한다. 한국어와 중국어, 인도네시아어와 같은 아시아의 여러 언어와 유럽의 여러 언어 등, 열거하자면 끝이 없다. 예를 들어, 외국에서 일을 하고자 할 경우, 영어에만 의존하지 말고 그 나라의 언어나 사정에 맞춰서 그 초점을 맞추는 것도 앞으로는 필요해질 것이다. 영어의 대두와 함께 그 재검토가 요구되고 있으며, 지구에 있는 수많은 언어에 대해서도 다시 한 번 생각해 볼 시기가 온 것인지도 모르겠다.

7 왜 '영어는 이점이 없다'라고 생각할 수 있는가?
1　다른 언어가 세력을 늘리고 있어서
2　영어는 세계 속의 사람들이 어느 정도 쓸 수 있으니까
3　앞으로 아시아 언어의 인기가 생기니까
4　영어는 의사소통에만 도움이 되니까

8 A, B 두 문장에서 공통된 내용은 다음 중 어느 것인가?

1. 앞으로도 영어의 지위는 변함 없을 것이다.
2. 영어는 어떠한 때에도 자신의 세일즈 포인트가 될 수 있다.
3. 영어를 습득하면 의사소통도 일도 문제가 없다.
4. **영어가 도움이 되는 것은 말할 것도 없지만 그것만으로는 충분하지 않다.**

9 A, B 두 문장에 대해 바른 것은 어느 것인가?

1. **B 는 영어 유용성과 함께 다른 언어의 가치도 말하고 있다.**
2. A 는 국제화에 수반되는 영어의 활용에 대해 부정적이다.
3. A・B 모두 국제화에 수반되는 영어의 활용에 대해 부정적이다.
4. B 는 국제화에 수반하여 영어의 활용이 전부라는 견해를 보이고 있다.

단어

～によれば ~에 따르면 | 学ぶ(まな) 배우다, 익히다 | ～つつある ~하고 있다 | 席巻(せっけん) 석권 | 欠(か)かせない 빼 놓을 수 없다, 없어서는 안 되다 | ～にとっては ~에게는 | 外交(がいこう) 외교 | 地位(ちい) 지위 | 築(きず)く 구축하다, 이루다 | 手段(しゅだん) 수단 | 活躍(かつやく) 활약 | 広(ひろ)げる 넓히다 | 意義(いぎ) 의의 | 同義(どうぎ) 동의, 같은 뜻 | 見渡(みわた)す 바라보다, 전망하다, 건너다보다 | むしろ 오히려 | 目(め)に止(と)まる 주목을 받다 | 評価(ひょうか) 평가 | いずれにしても 어쨌든, 아무튼 | 確立(かくりつ) 확립 | 異論(いろん) 이론 | 見方(みかた) 보는 방법, 견해, 생각, 견지 | アドバンテージ 어드밴티지, 이점, 유리 | 武器(ぶき) 무기 | 側面(そくめん) 측면 | 解決策(かいけつさく) 해결책 | 数(かぞ)え上(あ)げる 세다, 열거하다 | きりがない 끝이 없다 | 頼(たよ)る 기대다, 의지하다, 의존하다 | 台頭(たいとう) 대두 | 迫(せま)る 다가오다, 다가가다, 좁히다

해설

7 '많은 경우는 학교 교육에서 제1외국어는 영어 교육/많은 사람들의 주목을 받는다=모두가 사용한다'와 같이 유추하면, 영어가 이점이 없는 이유는 세계 사람들이 많이 쓰기 때문이고 정답은 2번이 된다.

8 A 역시도 '영어가 외국어의 전부는 아니다'라고 말하고 있다는 점에 유의한다. 따라서 영어가 도움은 되지만 그것만으로는 충분하지 않다고 한 4번이 정답이다.

9 B의 중간부터 '그 해결책으로써는 제2외국어의 존재를 의식하는 것이 중요해질 것이다'라고 시작하여 다른 외국어를 할 수 있는 데 대한 장점을 피력했다. 따라서 영어의 유용성과 함께 다른 언어의 장점도 말한 1번이 정답.

문제11 다음 상담자와 회답자A, B의 글을 읽고 이어지는 질문에 대한 답으로 가장 알맞은 것을 1·2·3·4 중에서 하나 고르시오.

상담자:
　제 친족에 대한 상담입니다. 우리 시어머니(注)는 홈파티를 아주 좋아해서 항상 무슨 파티를 하고 있습니다. 그리고 이번에 시어머니 댁에서 파티를 하면 다음에는 우리 집에서 하는 것을 반복하고 있고 그것이 암묵적인 양해처럼 되어 있습니다. 저는 결혼한 지 5년째인데요. 여전히 파티 빈도는 많고 줄어들 기미도 없습니다.
　구체적으로는 설날이나 3월 히나마쓰리, 7월 칠석 같은 세시풍속 때는 물론이고, 친족의 생일이나 여름 축제, 헬러윈에 이르기까지 세어 보니 1년에 스무 번 이상입니다. 친족끼리 사이가 좋은 것은 좋지만 두 명의 어린 자식이 있어서 바쁘고 피곤할 때도 많고, 또 부부가 맞벌이라 금전적으로도 힘든 부분도 있습니다.
　파티가 있으면 남편도 아이들도 즐기고 있고, 저도 그것을 보는 것은 기쁘지만, 솔직히 저는 즐길 수가 없습니다. 이런 자기 자신도 싫어지고, 무엇이 옳은지 모르겠습니다. 이런 생각이나 자세가 있으면 즐길 수 있다, 같은 충고를 부탁합니다.

(注) 姑(しゅうとめ) : 남편의 어머니

회답자A:
　친구라면 몰라도 친족이라면 본심을 말하기는 힘이 드리라 생각합니다. 그러나 아무리 상대가 시어머니라 해도 역시 거절할 용기가 필요하지 않을까요? 다만 그런 분들은 선의로 생각해서 하는 경우가 많으므로, 당신의 제안에 크게 상처받거나 화를 낼지도 모르겠네요. 때문에 수를 줄이고 싶은 요망이나 주문이 아닌, 다음 달은 예정이 있다고 선수를 쳐서 거절하는 등, 참을성 있게 이유를 대고 계속해서 거절하는 것이 최고라고 생각합니다.

회답자B:
　이 정도로 많은 파티가 연간 개최된다는 것은 정말 힘들 것 같습니다. 그러나 횟수를 줄이거나 내용을 변경하는 일은 어렵겠어요. 주최가 시어머니이므로 남편이 중재를 해 주었으면 좋겠는데, 자칫하면 남편도 파티를 당연한 것으로 생각했다는 기막힌 소리를 할지도 모릅니다. 그렇다면 물리적으로나 자동적으로 개최가 되지 않는 사정을 만들어 보는 게 어떨까요? 몸이 아픈 시늉을 하든가, 파트타임 일을 시작해서 생활이 바쁜 척을 하든가 등등이 효과가 있을 것 같습니다.

10　상담자가 가장 희망하는 것은 무엇인가?

1　시어머니가 개최하는 홈파티의 수가 주는 것
2　시어머니가 개최하는 홈파티를 자기 자신도 즐기는 것
3　시어머니가 개최하는 홈파티에 따른 금전적인 부담을 줄이는 것
4　시어머니가 개최하는 홈파티에서 더욱 친족끼리 사이 좋아지는 것

11　기막힌 소리란 구체적으로 어떤 것인가?

1　시어머니와 남편이 마찬가지 생각을 가지고 있었던 것
2　시어머니와 남편이 다른 생각을 가지고 있었던 것
3　남편이 상담한 내용을 시어머니에게 이야기해 버리는 것
4　남편에게 상담을 해도 이야기도 들어 주지 않는 것

12 회답자 A, B의 공통된 생각은 다음 중 어느 것인가?

1. 우선은 남편과 상담해야 한다.
2. 참고 한동안은 상태를 봐야 한다.
3. **시어머니가 파티를 개최할 수 없는 상황을 연출해야 한다.**
4. 시어머니에게 기분을 솔직하게 전하면 시어머니는 화를 내고 말지도 모른다.

단어

親族(しんぞく) 친족 | 姑(しゅうとめ) 시어머니 | ～かしら ~인가, ~ㄴ가 | 繰り返す(くかえす) 반복하다 | 暗黙(あんもく) 암묵 | 了解(りょうかい) 양해 | 相変わらず(あいかわらず) 여전히 | 頻度(ひんど) 빈도 | 気配(けはい) 기미 | 雛祭り(ひなまつり) 히나마쓰리, 3월 3일에 여자아이를 위해 인형을 장식하는 행사 | 七夕(たなばた) 칠석 | 年中行事(ねんじゅうぎょうじ) 연중행사, 우리의 세시풍속에 해당 | もとより 물론, 말할 것도 없이 | 至る(いたる) 이르다 | 共働き(ともばたらき) 맞벌이 | 金銭的(きんせんてき) 금전적 | 厳しい(きびしい) 힘들다, 엄격하다 | 姿勢(しせい) 자세 | まだしも ~면 또 모르되, 그래도, 그런대로 괜찮지만 | 本音(ほんね) 본심 | 善意(ぜんい) 선의 | 傷付く(きずつく) 상처받다 | 要望(ようぼう) 요망, 요구 | 先回り(さきまわり) (말이나 행동을) 남보다 앞질러 함 | 辛抱強い(しんぼうづよい) 참을성 있다, 끈기 있다 | 下手をしたら(へたをしたら) 자칫하면 | 散々(さんざん) 심함, 지독함, 혼쭐남 | 体を壊す(からだをこわす) 몸이 아프다, 건강을 해치다 | ふりをする 척하다, 시늉하다 | 装う(よそおう) 가장하다, ~인 체하다

해설

10 상담자가 말한 '시어머니의 파티 빈도가 많다' '바쁘고 피곤하다' '맞벌이고 금전적으로도 힘들다'라는 말에서 '파티 수를 줄이고 싶다'를 유추해야 한다. 정답은 1번이다.

11 바로 앞의 '자칫하면 남편도 파티를 당연한 것으로 생각했다는'이라는 말은, 남편 역시 '시어머니의 행동이나 생각을 당연한 것으로 생각했다'는 뜻이 된다. 따라서 1번이 정답이다.

12 회답자A의 '때문에 수를 줄이고 싶은 요망이나 주문이 아닌, 다음 달에 예정이 있다고 선수를 쳐서 거절하는 등, 참을성 있게 이유를 대고 계속해서 거절하는 것이 최고'와 회답자B의 '그렇다면 물리적으로나 자동적으로 개최가 되지 않는 사정을 만들어 보는 게 어떨까요? 몸이 아픈 시늉을 하든가, 파트타임 일을 시작해서 생활이 바쁜 척을 하든가'라는 말에서 알 수 있듯이 둘 다 파티를 열 수 없는 상황을 연출해야 한다고 말하고 있다. 따라서 3번이 정답이다.

問題12 주장 이해(장문)

실전 연습 ▶ p.98

1	2	2	2	3	3	4	3	5	3	6	1	7	2	8	1
9	1	10	3	11	1	12	2	13	4	14	2	15	2	16	2

문제12 다음 문장을 읽고 이어지는 질문에 대한 답으로 가장 알맞은 것을 1·2·3·4 중에서 하나 고르시오.

　일본에서 ①저출산 사회라는 말이 침투한 것은 오래되었다. 저출산 사회는 경제 전체에 미치는 영향은 말할 것도 없고, 젊은이들에게 다대한 부담과 국가 존속에 크게 관련된 문제이기도 하다. 여러 가지 대처가 시작되고 있지만 여전히 심각한 문제이고 발본적인 해결에 이르지 못한 것이 현재 상황이다. 물론 이것은 일본만의 문제가 아니라 외국으로 눈을 돌리면 아시아에서도 한국이나 중국, 또 북유럽의 노르웨이나 스웨덴 등도 같은 문제를 안고 있고, 그 심각함의 정도는 제쳐두더라도 세계적인 현상이라고 해도 좋을 것이다. 이번에는 몇 개의 예를 들면서 앞으로 일본에서 어떤 대책이나 해결책이 필요한가에 대해서 생각해 보고 싶다.

　우선 일상생활에서는 회사나 상업 시설이 모여 있는 곳에 탁아소를 늘리고 자녀양육 지원센터를 충분히 설치해 수를 늘리는 것이 바람직하다. 최근 여성의 사회 진출이 현저해져 일과 결혼, 자녀양육의 균형을 생각하는 여성이 늘었다고 한다. 일반적으로 여성은 결혼하면 일을 그만두고 자녀양육에 전념한다는 고정관념이 있기 때문에 그것이 장애가 되고, 일을 인생의 목표로 삼고 있는 경우에는 ②이것들에 대해 저항감을 느끼고 있는 경우도 많지 않을까? 그러나 자신의 직장이나 그 근처에 탁아소가 있으면 그곳에 아이를 맡길 수 있기 때문에 일도 계속할 수 있어 일을 그만두지 않아도 된다. 여성이 아이를 낳지 않게 된 이유로써는 자기만의 시간이 줄어드는 것, 자녀양육으로 고민이 늘어나는 것, 미래에 대한 불안이 생기는 것 등을 들 수 있을 것 같다. 남성과 여성의 상호 이해는 말할 필요도 없고 자녀양육 지원센터의 충실함은 같은 고민이나 불안감을 안고 있는 사람들끼리 모이는 좋은 장소가 되어 부모나 아이, 나아가서는 가족 단위로 교류할 수 있는 휴식의 장으로써 역할을 다할 수 있을 것이다.

　또 이러한 시설의 충실함에는 정부나 행정 수준에서의 지원도 빠뜨릴 수 없다. 현재 일본의 국회의원이나 지방의원은 남성이 대부분을 차지하고 있고, 여성의원이 입후보를 해도 낙선하는 사례가 많다. 그러나 저출산화를 생각하면 남성과 여성 쌍방으로부터 견해가 필요할 테고, 특히 이 문제에서는 빠뜨릴 수 없는 요소가 아닐까? 예를 들어 북유럽 노르웨이에서 고안된 쿼터제도처럼 정치 결정의 장에서 남녀 비율에 치우침이 없도록 하는 구조를 만드는 등, 남녀 공동 참가를 추진하는 자세가 전제되고 나서야 비로소 실현될 것이다. 이처럼 저출산화를 생각할 때는 일상 수준에서의 문제와 ③정부나 행정 수준에서의 결정이 균형을 맞춰 가는 것이 필요하다고 생각한다.

[1] 글쓴이는 ①저출산 사회를 어떻게 생각하고 있는가?

1　저출산 사회는 일본 특유의 사례라고 할 수 있다.
2　저출산 사회는 일본 특유의 사례라고는 할 수 없다.
3　일본의 저출산 사회는 제외국과 비교하여 심각하다.
4　일본의 저출산 문제는 그 타개책이 발견되었다.

| 2 | ②이것들이란 무엇인가?

1 여성은 결혼이 전부라는 생각
2 여성은 결혼하면 더욱 힘들어진다는 생각
3 여성이 가정을 도맡아서 받아들여야 한다는 생각
4 여성은 일과 결혼, 양육을 양립해야 한다는 생각

| 3 | 글쓴이는 ③정부나 행정 수준에서의 결정을 어떻게 생각하는가?

1 남성은 여성의 의견을 더 들어야 한다.
2 여성은 보다 적극적으로 논의에 참가하여야 한다.
3 여성도 남성과 마찬가지로 논의할 수 있는 기반을 만들어야 한다.
4 여성의원이 늘도록 모두가 의식을 바꿔 가야 한다.

| 4 | 글쓴이가 가장 말하고 싶은 것은 무엇인가?

1 저출산 문제의 해결은 제외국을 참고로 하면 된다.
2 저출산 문제에 관한 근본적인 문제는 남성에게 있다.
3 일방적인 의견이 되지 않는 것이야말로 문제 해결의 실마리가 있다.
4 저출산 문제는 남성 우위 사회인 것을 특징으로 하고 있다.

단어

若者 젊은이, 젊은 사람 | 多大 다대 | 存続 존속 | 関わる 관련되다 | 取り組み 대처 | 依然 의연, 여전 | 抜本 발본 | 北欧 북유럽 | 抱える 안다, 책임지다, 떠안다 | 度合い 정도 | 事象 현상 | 対策 대책 | 施設 시설 | 託児所 탁아소 | 充実 충실 | 設置 설치 | 顕著 현저 | 専念 전념 | ステレオタイプ 판에 박힌 방식, 고정 관념 | 抵抗 저항 | 預ける 맡기다 | 済む 끝나다, 해결되다 | 産む 낳다 | 悩み 고민 | 生じる 생기다 | 挙げる 들다 | 同士 끼리 | 格好 모습, 모양 | ひいては 나아가서는 | 憩いの場 휴식처 | 行政 행정 | 支援 지원 | 欠く ~이/가 부족하다, 빠뜨리다, 소홀히 하다 | 占める 차지하다, 점하다 | 立候補 입후보 | 落選 낙선 | 事例 사례 | 偏り 치우침, 편향됨 | 仕組み 구조 | 整える 갖추다, 정비하다 | 前提 전제

해설

| 1 | 첫 번째 단락의 '물론 이것은 일본만의 문제가 아니라 외국으로 눈을 돌리면 아시아에서도 한국이나 중국, 또 북유럽의 노르웨이나 스웨덴 등도 같은 문제를 안고 있고, 그 심각함의 정도는 제쳐두더라도 세계적인 일이라고 해도 좋을 것이다.'라는 문장을 봤을 때, 저출산 문제는 일본 특유의 문제가 아니라고 한 2번이 정답이다.

| 2 | 바로 앞의 '일반적으로 여성은 결혼하면 일을 그만두고 자녀양육에 전념한다는 고정관념이 있기 때문에 그것이 장애가 되고'에 힌트가 있다. 그러므로 '결혼하면 힘들어진다는 생각'을 말한 2번이 정답이다.

| 3 | 앞뒤의 문장인 '남성과 여성 쌍방으로부터의 견해' '남녀의 비율에 치우침이 없도록 하는 구조' '남녀 공동 참가' '균형'이라는 키워드에서 답을 도출한다. 따라서 여성도 논의할 수 있는 기반이 필요하다는 3번이 정답이다.

| 4 | 이 모든 키워드로 볼 때 '일방적인 의견이 되지 않는' 것으로 이어지므로 3번이 정답이 된다.

컴퓨터나 인터넷의 보급으로 세계에서 일어나는 여러 가지 일을 알게 되고, 또한 전세계 사람들과 의사소통을 할 수 있게 되었다. 그리고 그것은 비즈니스나 교육에도 영향을 미쳐, 지금은 컴퓨터나 인터넷 없이는 생활할 수 없게 되었을 정도이다. 현재는 컴퓨터뿐만 아니라 스마트폰이나 MP3플레이어 등 휴대 가능한 소형 전자기기를 들고 다니는 사람들을 자주 본다. 교육 현장에서도 이러한 영향은 커서, 예를 들어 일본어 교육·학습의 장에서도 이것들이 학습 도구로써 역할을 담당하게 되어 이러닝·엠러닝이라고 불리며 활약하게 되었다.

이러닝이라는 것은 컴퓨터나 인터넷을 사용한 배움의 총칭이고, 엠러닝은 휴대 가능한 소형 전자기기를 이용하여 장소에 구애받지 않고 할 수 있는 학습이다. 한 조사에 따르면, 현재 고등교육기관을 중심으로 이것들이 폭넓게 이용되고 있고 또, 일본어를 배우는 학습자는 현재 종이 매체 교재뿐만 아니라 컴퓨터나 휴대 가능한 소형 전자기기 등을 구사하여 각각 궁리를 거듭하여 학습하고 있다고 한다.

또한 조사에서는 일본어 학습자는 교과서 같은 종이 매체 교재만이 아니라 일본 문화나 일본어 학습, 일본 애니메이션이나 드라마, 영화나 만화를 즐기기 위해 컴퓨터를 이용한 이러닝, 소형 전자 기기를 이용한 엠러닝을 활용하는 경향이 높다는 것이 분명해졌다. 또한 일본어 학습자가 잠재적으로 이러닝·엠러닝을 이용할 수 있다는 것을 개관할 수 있고 그것에 관련된 학습 내용의 ①다양성도 확인할 수 있었다며 교육기관이 적극적으로 이러닝·엠러닝 도입의 의의를 말하면서도 그 교육 효과에 대해서는 명확한 연구가 되지 않은 것도 지적하고 있다.

예전에 일본어를 배우는 동기로 들던 것은 일본의 경제적인 부분 즉, 일본어를 습득하고 일본 기업이나 외국에 있는 일본계 기업에서 일하거나 또는 같은 목적으로 일본어를 배운 학습자가 교원이 된다는 실용 면이 두드러졌던 것으로 생각된다. 그러나 이 조사에서는 그 학습 내용에 있어서 일본 애니메이션이나 드라마, 영화나 만화를 즐기기 위한 점이 강조되었고, 거기에서부터 고찰하면 현대의 외국인에게 일본어는 장래적으로 직접 일에 연결시키기 위해서라기보다는 이른바 일본의 문화 컨텐츠를 즐긴다는 교양 부분이 돋보이기 시작했다고 말할 수 있는 것은 아닐까?

한 나라를 생각했을 경우 언어는 그 기본적인 요소이고, 그것이 외국에 받아들여지는 것은 중요하다고 생각된다. 그리고 그것은 흥미나 관심을 보이는 사람들의 동향과도 떼어낼 수 없을 것이다. 어떤 언어에든 그 시대의 경향이나 요구가 있다. 이 때문에 일본어 교육도 그 ②필요성에 대해 조사나 연구가 이루어지는 것은 의미가 있을지도 모르겠다.

5 여기서 말하는 ①다양성이란 무엇인가?

1 이러닝·엠러닝은 다양한 학습자가 하고 있는 것
2 학습자는 다양한 수단을 이용하여 학습을 하고 있는 것
3 학습자는 면학 목적만으로 일본어를 학습하는 것은 아니라는 것
4 엠러닝에도 스마트폰이나 MP3플레이어 등 다양한 기종이 있는 것

6 글쓴이가 생각하는 ②필요성이란 무엇인가?

1 일본어를 배우는 학습자의 목적을 파악하는 것
2 일본어를 배우는 학습자의 장래를 걱정하는 것
3 일본어를 배우는 학습자가 어떠한 형태로 공부하고 싶은가 하는 것
4 일본어를 배우는 학습자에게 이러닝·엠러닝이 어렵지 않은지 어떤지 조사하는 것

7 본문 내용과 맞는 것은 어느 것인가?

1 일본어 학습자는 계속 늘고 있다.
2 이러닝·엠러닝이 교과서보다도 유효한지 어떤지는 모른다.
3 인터넷과 컴퓨터의 보급은 교육에 좋지 않은 영향을 주었다.
4 현대 일본어 학습자는 주로 일을 얻기 위해 일본어를 배우고 있다고 할 수 있다.

8 글쓴이가 가장 말하고 싶은 것은 무엇인가?

1 해외에서 일본어를 배우는 학습자에게도 눈을 돌려야 한다.
2 이러닝·엠러닝을 서둘러 교육 현장에 도입해 나가는 것이 좋다.
3 애니메이션이나 드라마, 영화나 만화를 일본어 교육에 도입해야 한다.
4 컴퓨터와 인터넷의 보급은 좋든 싫든 일본어 교육에 영향이 있다.

단어

普及 보급 | ~のみならず ~뿐 아니라 | 携帯 휴대 | 小型 소형 | 電子機器 전자기기 | 持ち歩く 소지하다, 가지고 다니다 | 目にする 목격하다, 보다 | 現場 현장 | ツール 툴, 도구 | 役割 역할 | 担う 지다, 짊어지다 | 総称 총칭 | 固定 고정 | ~によれば ~에 따르면, ~에 의하면 | 幅広い 폭넓다 | 紙 종이 | 媒体 매체 | 駆使 구사 | 調査 조사 | 限る 한하다, 한정하다 | 傾向 경향 | 明らか 분명하다 | 潜在的 잠재적 | 概観 개관 | 積極 적극 | 導入 도입 | 意義 의의 | 述べる 말하다, 진술하다 | ~つつ ~하면서 | 明確 명확 | 研究 연구 | 指摘 지적 | 動機 동기 | すなわち 즉, 다시 말해 | 習得 습득 | 働く 일하다 | 同様 마찬가지임, 같음 | 教員 교원 | 実用 실용 | 目立つ 두드러지다, 눈에 띄다 | 強調 강조 | ~にとって ~에게 | 結び付ける 연결시키다, 결부시키다 | いわば 말하자면 | 教養 교양 | 要素 요소 | 受け入れる 받아들이다 | 動向 동향 | 切り離す 떼다 | ~かもしれない ~ㄹ지도 모른다

해설

5 세 번째 단락의 '또한 조사에서는 일본어 학습자는 교과서 같은 종이 매체 교재만이 아니라 일본 문화나 일본어 학습, 일본 애니메이션이나 드라마, 영화나 만화를 즐기기 위해 컴퓨터를 이용한 이러닝, 소형 전자기기를 이용한 엠러닝을 활용하는 경향이 높다는 것이 분명해졌다.'를 보면 일본어 내용(목적)의 다양성을 도출할 수 있다. 따라서 정답은 3번이다.

6 그 앞에 있는 문구 '흥미나 관심을 보이는 사람들의 동향'이 키워드이고, 이 표현에서 학습 목적을 연결 지으면 정답이 나온다. 따라서 일본어를 배우는 사람의 목적을 파악하는 것이라고 한 1번이 정답이다.

7 세 번째 단락 마지막의 '그 교육 효과에 대해서는 명확한 연구가 되지 않은 것도 지적하고 있다.'라는 문장을 읽고, '지금까지의 교과서 학습보다 좋은지 아닌지는 모른다'로 연결하면 답을 알 수 있다. 따라서 2번이 정답이다.

8 마지막 단락에서 '언어(일본어)는 그 기본적인 요소로 그것이 외국에 받아들여지는 것은 중요하다고 생각된다.'고 했으므로 '해외에서 일본어를 배우는 학습자에게도 눈을 돌려야 한다.'고 한 1번이 정답이다.

일본에는 사계절이 있고, 각 계절마다 연중행사(세시풍속)가 열린다. 정월이나 단오 절구, 꽃놀이나 여름 휴가뿐 아니라 밸런타인데이나 크리스마스 등 이벤트도 활발하다. 그중에서도 일본 사계절의 특징으로 들 수 있는 것에는 일본 음식이 있다. 일본의 음식 문화는 예로부터 대륙에서 전해진 음식 문화를 기본으로 하여, 일본 기후나 풍토에 맞도록 만들어진 것으로 '눈에는 신록 산에 사는 두견새 처음 잡히는 가다랑어'라는 구절이 나타내는 것처럼 본래는 사계절과 밀접한 관계가 있다. 특히 계절에 한정하여 얻을 수 있는 식재료를 제철 재료로 조리하는 기술이 발달해 계절에 맞는 요리를 즐길 수 있다.

생선이나 채소, 과일도 각기 먹기에 가장 좋은 계절이 있고, 일본인은 각각의 계절에 맞는 음식을 먹는 것이 최고의 호사라고 생각해 ①이것을 중요하게 여겨 왔다고 할 수 있다. 선인들의 음식에 대한 자세와 지혜는 맛뿐만 아니라 외관의 아름다움도 더해졌는데 초밥, 튀김, 떡국 등이 그 전형이라고 말할 수 있을지도 모른다. 이것들은 각각 의미를 갖는 플레이팅이 있고, 또한 요리를 돋보이게 하는 식기에도 신경을 쓰는 등 장인에 의해 만들어진 기술의 집대성, 이른바 음식 그 자체가 전통미라고도 할 수 있을 것이다. 세계에서도 받아들여지고 정착한 일본 음식이 ②이러한 기반 아래에서 성립했다는 것을 우리는 잊어서는 안 될 것이다.

한편, 일본 국내 상황은 어떠한가? 햄버거나 파스타 등 서양 음식 문화가 퍼진 것은 물론이고, 언제 어디서나 먹을 수 있는 패스트푸드점이 일식·양식에 관계없이 곳곳에 넘쳐나고 있다. 또한 식재료라는 의미에서는 조금이라도 생산 효율을 높여 안정된 수입을 얻으려는 농가의 바람과 언제든지 원하는 것을 사고 싶어하는 소비자의 욕구로 인해 채소나 과일에 지역이나 계절의 벽도 사라지고 있다. 편리한 시대가 되었다고 생각하지만, 그와 함께 ③잃어 가고 있는 것도 적지 않은 것 같다.

우리는 오늘도 편의점에 가고, 추운 겨울 날에도 '가끔은 수박이 먹고 싶다'는 생각이 들면 슈퍼마켓에 들러 구입한다. 해외에서의 호평과는 반대로 일본 국내에서 일본 음식이 홀대받는 것은 다소 모순된 느낌도 부인할 수 없다. 앞으로 일본 음식은 어떻게 변해 갈까? 동향을 주시해 봐야겠다는 생각이 든다.

9 ①이것이란 무엇인가?

1 제철
2 계절
3 사치
4 눈에는 신록 산에 사는 두견새 처음 잡히는 가다랑어

10 ②이러한 기반이란 어떤 것인가?

1 일본 음식이 독특한 것
2 외국에서는 일본 음식의 인기가 높은 것
3 계절 식재료에 맞는 조리법과 도구로 완성시키는 것
4 계절 식재료를 사용하여 최대한 그 맛을 끌어내는 것

11 ③잃어 가고 있는 것이란 무엇인가?

1 계절감
2 일식 가게
3 일본 음식의 장인 기술
4 편리하지 않은 시대에 있었던 그리운 불편함

12 글쓴이가 가장 하고 싶은 말은 무엇인가?

1 편리함은 일본 음식의 전통을 파괴했다.
2 **일본의 음식 문화를 춘하추동으로 재발견하고 싶다.**
3 일본 음식은 확실히 맛있으므로 외국에서 인기가 있는 것이 당연하다.
4 일본의 세시풍속이나 음식 문화에 외국의 것이 들어와서는 안 된다.

단어

四季 사계, 4계절 | 季節 계절 | 年中行事 연중행사, 우리의 세시풍속에 해당 | 正月 설, 정월 | 端午の節句 단오 | 盛りだくさん 수북함, 많음 | 古来 고래 | 大陸 대륙 | 伝わる 전해지다 | ～をもとに ~을/를 기본으로 하여 | 気候 기후 | 風土 풍토 | 青葉 푸른 잎, 신록 | ほととぎす 두견새 | かつお 가다랑어 | 限定 한정 | 採る 나다, 채취하다 | 旬 제철 | 調理する 조리하다 | 技術 기술 | 贅沢 사치 | 先人 선인, 선조, 조상 | 姿勢 자세 | 知恵 지혜 | 見た目 외견, 외관 | 美しさ 아름다움 | 加わる 가해지다, 더해지다, 늘다 | 雑煮 일본 식 떡국 | 典型 전형 | それぞれ 각각 | 成す 이루다 | 盛り付け 음식을 보기 좋게 담음 | 引き立てる 돋보이게 하다, 북돋우다 | 食器 식기 | 凝らす 집중시키다 | 集大成 집대성 | 定着 정착 | 基盤 기반 | 成り立つ 이루어지다, 성립하다 | 溢れる 넘치다 | 効率 효율 | 農家 농가 | ものの ~(이)지만 | 立ち寄る 들르다 | 購入 구입 | 好評 호평 | 疎か 소홀함 | 否む 거절하다, 부정하다 | 見守る 지켜보다

해설

9 바로 앞에서 '생선이나 채소, 과일도 먹기에 가장 좋은 계절이 있고, 일본인은 각각의 계절에 맞는 음식을 먹는 것이 최고의 호사라고 생각해'라고 했으므로 바로 '제철에 나는 것'을 떠올릴 수 있다. 정답은 1번이다.

10 첫 단락의 '특히 계절에 한정하여 얻을 수 있는 식재료를 제철 재료로 조리하는 기술이 발달해 계절에 맞는 요리를 즐길 수 있다.'와 두 번째 단락의 '이것들은 각각 의미를 갖는 플레이팅이 있고, 또한 요리를 돋보이게 하는 식기에도 신경을 쓰는 등 장인에 의해 만들어진 기술의 집대성, 이른바 음식 그 자체가 전통미'라는 말을 모두 이해하여야 답을 찾을 수 있다. 이는 계절 재료와 도구의 완성을 말하므로 3번이 답이다.

11 바로 앞에서 '계절의 벽도 사라지고 있다'라고 했으므로 답은 '계절감'인 1번이다.

12 마지막 단락에서 '해외에서의 호평과는 반대로 일본 국내에서 일본 음식이 홀대받는 것은 다소 모순된 느낌도 부인할 수 없다.'라고 했으므로, 일본 국내에서는 외국에서보다 홀대하여 유감이라는 뜻으로 해석하면 2번이 답이 된다.

일본의 가족 영화에는 각각 가족의 '가족 내의 호칭과 경어', '가족과 이웃의 의사소통', '일본 가족의 일상생활'이 표현된 것이 있다. 이것들은 옛날 영화나 현대 영화에도 많이 ①사회적인 공감도 얻기 쉽다. 또한 이것들의 키워드는 밀접한 관계가 있기 때문에 분할해서 고찰할 수가 없다. 그렇기 때문에 각 영화에서 각각 3개의 포인트에 대해서 소개하자면, 예를 들어 '오하요'라는 영화에서는 현대에도 공통되는 가족의 일상생활, 호칭에 관한 변화가 관찰되고 '올웨이즈 3번가의 석양'이라는 영화에서는 제3자와의 대화도 포함한 호칭, 경어에 관한 특징이 많이 표현되어 있다. 이것들이 사회적인 흥미나 관심의 대상이 되는 것은 단순히 가족 영화에 대한 호감도가 높은 것뿐만 아니라 거기에 나타나는 표현이나 의사소통이라는 언어도 중요한 요소가 될 것이다.

　여기서 다룬 포인트가 되는 '(1)호칭', '(2)경어 사용' 및 '(3)일본 가족의 일상생활'은 각각 엄밀한 의미에서는 여러 가지 논쟁이나 문제가 되어 지금도 활발히 연구되고 있는 분야이다. '(1)호칭'에서는 아내가 자신의 남편을 제3자에게 소개할 때에 ②슈징(주인)'이라는 말을 사용하는가 아닌가 등, 언어와 주체성의 문제가 제기된다고 생각한다. '슈징'이나 '단나'라는 호칭은 영어로는 '마스터'에 해당하고 남성과 여성의 차별화를 꾀하는 말이다. '(2)③경어 사용'에서는 인간관계의 상하를 나타낼 뿐만 아니라 인간관계의 친밀함을 조정하는 기능으로써 경어 운용이라는 화용론적인 관점이 최근 주목을 받고 있다. 구체적으로는 가령 상대가 연상일지라도 친구 관계라면 속된 말로 반말로 하는데, 즉 연령에 관계없이 언제까지나 경어로 말하게 되면 친구 사이가 되고 싶은 사람과 친구는 될 수 없다는 사례가 있다. 또한 '(3)일본 가족의 일상생활'에서는 현재 일본의 가족은 조부모와 함께 사는 '확대가족'에서 부모와 아이만 사는 '핵가족'으로 이행되어 가족 생활이나 그 생활 방식에 변화가 생겼음이 짐작된다. 그리고 여기서도 경어 운용은 주목되는데, 가족 내에서도 옛날만큼 경어가 사용되지 않는다는 것을 현대 가족 영화를 통해 알 수 있다.

　여기에서는 이러한 관점, 논의가 내포되어 있음을 자각하면서 어디까지나 영화 속에 표현되어 있는 하나의 사실로써 포인트를 다루는 것에 그치고 있다. 그러나 이러한 사실이 있다는 것을 아는 것과 모르는 것은 사회 생활을 영위하는 데 따라서 그 의식에 미치는 영향이 다르지 않을까? 가령 '슈징'에 관한 어떤 논쟁을 알고 있다면 무분별하게 '슈징'이라는 말을 사용할 것이 아니라, 사용을 피해 다른 말로 대체해 본다거나 자리에 따라 그 사용을 피하거나 하는 의식도 싹트는 것은 아닐까? 이처럼 영화라는 한 분야를 주제로 요점을 다룸으로써 새로운 깨달음이나 그다음을 생각할 계기가 되었으면 좋겠다고 생각한다.

13 ①사회적인 공감도 얻기 쉽다라는 것은 어떤 것인가?

1　일본의 가족 영화는 특수하므로
2　일본의 가족 영화를 모두 좋아하므로
3　일본어에는 특수한 표현이 많으므로
4　일본어 표현에 대한 주목도 있으므로

14 ②슈징(주인)'이라는 말에 대해 본문과 맞는 것은 어느 것인가?

1　남성과 여성의 입장이 마찬가지이다.
2　남성과 여성의 입장이 같지 않다.
3　여성에게 손해인 말이다.
4　옛날부터 사용해 온 말이다.

15 ③경어 사용에 대해 본문과 맞는 것은 어느 것인가?

1. 경어는 필요 없어져 가고 있다.
2. **경어 사용법이 바뀌어 가고 있다.**
3. 가족 내에서도 아버지나 어머니에게는 경어를 사용해야 한다.
4. 어떤 관계에서든 윗사람에게는 경어를 사용하는 것이 좋다.

16 이 문장에서 글쓴이가 가장 하고 싶은 말은 무엇인가?

1. 일본어라는 전통을 잃어 가고 있는 것은 대단히 유감스러운 일이다.
2. **언어 하나에도 그 참된 의미를 알고 또 의식하는 것이 중요하다.**
3. 일본의 가족 영화는 커뮤니케이션이나 경어를 배울 알맞은 교재이다.
4. 현대 사회는 가족 스타일에 변화가 생기고 호칭이나 경어, 의사소통의 운용이나 방법이 변화해 왔다.

단어

呼称 호칭 | 敬語 경어 | 近所 근처 | キーワード 키워드 | 密接 밀접 | 分割 분할 | バリエーション 베리에이션, 변화 | 観察 관찰 | 的 과녁, 목표, 대상 | 取り上げる 다루다 | ポイント 포인트 | 呼び名 호칭 | 及び 및 | 盛んに 왕성히 | 妻 처, 아내 | 夫 남편 | 主人 주인, 남편 | アイデンティティー 아이덴티티, 정체성, 주체성 | 提起 제기 | 旦那 남편 | 差別化 차별화 | はかる 헤아리다, 가늠하다 | 上下 상하 | ~だけではなく ~뿐 아니라 | 親しさ 친밀함, 친근함 | 調整する 조정하다 | 機能 기능 | 運用 운용 | 俗 흔함, 일반적임 | タメ口 반말 | 事例 사례 | 核家族 핵가족 | 進む 나아가다, 진행하다 | 推察 미루어 살핌, 미루어 짐작함 | 観点 관점 | 内包 내포 | 自覚 자각 | あくまでも 어디까지나 | 取り上げる 문제 삼다, 다루다 | 留める 고정시키다, 그치다 | 営む 영위하다 | 及ぶ 미치다 | 影響 영향 | 仮に 만약, 만일 | やみくも 함부로, 마구, 되는대로 | 避ける 피하다, 꺼리다 | 言い換える 바꿔 말하다 | 芽生える 싹트다 | 気づく 알아차리다, 눈치 차리다

해설

13 뒤에 이어지는 첫 번째 단락의 마지막 부분인 '이것들이 사회적인 흥미나 관심의 대상이 되는 것은 단순히 가족 영화에 대한 호감도가 높은 것뿐만 아니라 거기에 나타난 표현이나 의사소통이라는 언어도 중요한 요소가 될 것이다.'에서 힌트를 찾는다. 또한 문제의 '공감'이라는 키워드와 '흥미와 관심'이라는 용어를 관련 지어야 한다. 따라서 '일본어 표현에 대한 주목'을 말한 4번이 정답이다.

14 바로 이어지는 문장에 "'슈징'이나 '단나'라는 호칭은 영어로는 '마스터'에 해당하고 남성과 여성의 차별화를 꾀하는 말이다"라고 영어와의 비교를 포함한 설명이 나와 있다. 여성과 남성의 입장이 같지 않다고 한 2번이 정답이다.

15 뒤에 나오는 문장에 '구체적으로는 가령 상대가 연상일지라도 친구 관계라면 속된 말로 반말로 하는데, 즉 연령에 관계없이 언제까지나 경어로 말하게 되면 친구 사이가 되고 싶은 사람과 친구는 될 수 없다는 사례가 있다.'라고 설명하고 있다. 이는 바꿔 말하면 경어 사용법이 바뀌어 가고 있다는 말이므로 정답은 2번이다.

16 세 번째 단락의 내용에서 관점을 추측해야 한다. 언어에 대한 깨달음과 참된 의미를 알고 의식하는 것이 중요하다는 말로 귀결되므로 정답은 2번이 된다.

問題13 정보 검색

실전 연습 ▶ p.110

1	2	3	4	5	6	7	8
1	2	1	3	3	3	1	3

문제13 오른쪽 페이지는 레스토랑 메뉴에 적힌 감사 페어 안내이다. 다음 질문에 대한 답으로 가장 알맞은 것을 1·2·3·4 중에서 하나 고르시오.

1 우치야마 씨는 드링크바 이용 내역이 있는 1월 12일(목) 4,621엔, 1월 28일(토) 2,400엔, 그리고 내역이 없는 1월 10일(화) 2,500엔의 레스토랑 가든의 영수증을 가지고 있다. 몇 단위로 응모할 수 있는가?

1 **한 단위로 응모할 수 있다.**
2 2단위로 응모할 수 있다.
3 3단위로 응모할 수 있다.
4 4단위로 응모할 수 있다.

2 응모할 때 주의해야 할 것은 무엇인가?

1 괌 여행인지 우대권인지 고를 것
2 **이용한 레스토랑 가든의 지점명을 적을 것**
3 가든 그룹의 점포라면 모든 영수증이 유효한 것
4 괌 여행의 경우에는 여정에 드는 비용이 모두 투어에 포함되어 있는 것

가든 그룹 겨울 감사 페어! 드링크 바를 주문하고 괌 여행에 당첨되자!

드링크 바를 주문하면 괌 여행에 당첨된다. 더블유 찬스로 가든 그룹 식사권에 당첨된다! 드링크 바를 포함 합계 5,000엔 이상(세금 포함)인 영수증으로 응모하자. (※영수증은 합산도 가능합니다.)

(1) 괌 여행 초대 : 20쌍 40명
(2) 더블유 찬스! 가든 그룹 식사권 : 2,000엔어치 (500엔×4장) 300명

〈응모 방법〉
• 대상 메뉴 : 드링크 바
• 응모 마감 : 2023년 2월 10일(금)
• 실시 기간 : 2023년 1월10일(화)~1월 31일(화)

기간 중, 레스토랑 가든 각 점포에서 이용한 드링크 바를 포함한 합계 5,000엔(세금 포함) 이상의 영수증을 한 단위로 하여 응모엽서에 붙여 우편으로 보내 주십시오. 응모엽서는 각 점포 계산대에 있습니다. 1장에 5,000엔(세금 포함)이 안 될 경우, 여러 장의 영수증(캠페인 기간 내)을 합산한 응모도 가능합니다. 그때는 대상 메뉴가 인쇄되어 있는 영수증이 한 장이라도 있으면 응모 조건을 충족시킬 수 있습니다. 또 관제엽서 응모도 받고 있습니다('가든 택배 서비스' '일식정 가든' '카페테리아 가든'의 영수증은 제외합니다.)

※ 응모하실 때는 고객님의 우편번호, 주소, 이름, 전화번호, 나이, 성별, 이용 점포명을 적으신 후, 우편으로 응모해 주세요. 또 필요 요금 분의 우표를 반드시 붙여 주십시오. 한 분당 여러 통을 응모할 수는 있지만, 응모엽서 1통당 하나의 응모로 간주하겠습니다.

〈투어 내용〉
괌 여행 두 분 1쌍 3박 4일(출발일은 2023년 봄 지정일부터 고르실 수 있습니다). 출발 및 도착 예정 공항은 나리타 공항으로, 현지에서의 식사는 별도입니다.

주식회사 가든 그룹 2023년 겨울 감사 페어 담당
무료 전화 0120-555-666
연중무휴 24시간 접수(2월 5일(일)은 회사 사정으로 제외)

단어

当てる 맞히다 | 頼む 부탁하다, 시키다 | 当たる 맞다, 당첨되다 | 含む 포함하다 | 税込 세금 포함 | レシート 영수증 | 応募 응모 | 対象 대상 | 実施 실시 | 締切 마감 | 一口 한 단위, 한몫 | 貼る 붙이다, 접착하다 | 郵送 우송 | 店舗 점포 | レジ 계산대 | 満ちる 차다 | 複数 복수 | キャンペーン 캠페인 | 合算 합산 | 印字 글씨나 부호를 찍음, 문자 또는 부호 | 満たす 채우다 | 官製はがき 관제엽서 | 受け付け 접수, 접수함, 접수처 | 宅配 택배 | 除く 빼다, 제외하다 | ~際 ~때 | 郵便番号 우편번호 | 明記 명기 | ~の上 ~한 다음 | 現地 현지 | 係 계, 담당

해설

1 이벤트 실시 기간이 2023년 1월 10일(화)~1월 31일(화)이므로 기간에 문제가 없고, 합산 7,021엔어치의 영수증 2장을 갖고 있으므로 한 단위 응모를 할 수 있다. 정답은 1번이다.

2 하단의 ※표시 부분에 '점포명을 적으신 후'라고 적혀 있으므로 답은 2번이다.

문제13 오른쪽 페이지는 과자 봉투에 기재된 정보이다. 아래의 질문에 대한 답으로 가장 알맞은 것을 1·2·3·4 중에서 하나 고르시오.

3 '보존 방법에 대해 바르게 말한 것은 다음 중 어느 것인가?
1 **해가 잘 드는 곳에는 두지 않는다.**
2 부엌 등 수돗가에 보관하는 것이 적당하다.
3 미개봉인 상태이면 어디에 보관하더라도 문제 없다.
4 개봉했어도 기밀성이 높은 것에 보관하면 괜찮다.

4 먹은 센베이의 맛에 이상이 있을 경우의 대응으로 바른 것은 어떤 것인가?
1 0120-11-2345에 전화를 해서 사정을 말하면 센베이 대금과 우편 요금이 돌아온다.
2 산 날과 가게 이름을 적어, 산 센베이와 봉투를 고객 상담실에 보내면 센베이 대금과 우편 요금이 돌아온다.
3 **산 날과 가게 이름을 적어, 산 센베이와 봉투를 고객 상담실에 보내면 새 상품 센베이와 우편 요금이 돌아온다.**
4 치바제과 주식회사 (우)273-0004 치바현 후나바시시 미나미혼초 1-1로 산 날과 가게 이름을 써서 편지를 보내면 새 상품 센베이와 우편 요금이 돌아온다.

백설 센베이

예로부터 사랑받아 온 백설 센베이가 새롭게 다시 태어나 더욱 풍부한 풍미로 맛있어졌습니다! 홋카이도 생크림과 진한 우유를 듬뿍 사용한 센베이! 감칠맛 있는 달콤함과 센베이의 짭조름한 맛을 꼭 즐겨 보십시오!

- 원재료명 : 쌀·설탕·식물 유지·전분·식염·탈지분유·각종 당류·연유
- 내용량 : 48개
- 유통기한 : 2020년 11월 25일
- 보존 방법 : 직사광선, 고온 다습을 피해 주십시오.
- 제조자 : 주식회사 치바산업 (우)273-0004 치바현 후나바시시 미나미혼초 1-2
- 판매자 : 치바제과 주식회사 (우)273-0004 치바현 후나바시시 미나미혼초 1-1
- 고객 상담실 : (우)273-0004 치바현 후나바시시 미나미혼초 1-3

- 사용하고 있는 원료 쌀은 ㈜치바산업 전용 공장에서 담당 직원에 의한 엄격한 품질관리 하에 생산된 국산 쌀만 취급하고 있습니다.
- 취급상의 주의로써, 개봉 후에는 눅눅해지기 쉽기 때문에 밀봉 용기 등에 보관하시고 가능한 서둘러 드십시오.
- 유통기한은 미개봉 상태에서 표시된 방법으로 보존했을 때 품질이 유지되는 상태를 말합니다.
- 개봉 시 드물게 센베이를 구웠을 때의 냄새가 남아 있는 경우가 있습니다만, 품질에는 이상이 없으므로 안심하고 드십시오.
- 만일 품질에 문제가 있으면 구입하신 연월일과 점포명을 기입하신 후, 해당 센베이와 겉봉을 치바제과 고객 상담실 앞으로 보내 주십시오. 다른 센베이와 우송료를 보내드리겠습니다. 문의는 아래에 적혀 있는 수신자 부담 전화 또는 인터넷 상담을 받습니다만, 품질 불만에 관한 연락은 상기의 문의 방법으로 부탁 드립니다.

문의 전화는 0120-11-2345
(수신자 부담 전화 : 접수 시간은 공휴일을 제외한 월~금요일 9:00~18:00)
치바제과 홈페이지는 http://www.chibaseika.co.kr
※ 지역에 따라 쓰레기 분리 방법이 다릅니다. 버리실 때는 살고 계시는 시읍면의 구분에 따르시기 바랍니다.

단어

親しむ 친숙하다 | 生まれ変わる 다시 태어나다 | 更に 더욱 | 風味 풍미 | 豊か 풍부함, 넉넉함 | 生クリーム 생크림 | 濃厚 농후 | たっぷり 듬뿍 | コク 감칠맛 | 塩味 소금 맛 | 是非 꼭 | 原材料 원재료 | 米 쌀 | 砂糖 설탕 | 植物油脂 식물성 유지 | でん粉 전분 | 食塩 식염 | 脱脂粉乳 탈지분유 | 糖 당 | 練乳 연유 | 賞味期限 맛있게 먹을 수 있는 기한 | 直射日光 직사광선 | 高温多湿 고온다습 | 避ける 피하다 | 専任 전임, 전담 | 厳しい 엄격하다 | 扱う 다루다 | 取り扱い 취급 | 湿気る 습기가 차다 | 密封容器 밀봉 용기, 밀폐 용기 | 召し上がる 드시다 | 保つ 유지되다, 견디다 | まれに 드물게 | 残る 남다 | 変わり 이상, 별고 | 万が一 만일 | 外袋 겉봉투 | 代品 대용품 | 問い合わせ 문의 | 承る 삼가 받다 | 不都合 상태가 좋지 못함

해설

3 네모 안의 '직사광선(=해가 들어오는 양지 바른 곳)을 피하라'는 문장에 주목한다. 따라서 정답은 1번이다.

4 글의 후반부에 '만일 품질에 문제가 있으면 구입하신 연월일과 점포명을 기입하신 후, 해당 센베이와 겉봉을 치바제과 고객 상담실 앞으로 보내 주십시오. 다른 센베이와 우송료를 보내드리겠습니다.'라고 되어 있다. 代品은 새 상품을 말하므로 정답은 3번이다.

문제13 오른쪽 페이지는 어느 교육 회사의 회원용 광고이다. 아래의 질문에 대한 답으로 가장 알맞은 것을 1·2·3·4 중에서 하나 고르시오.

5 이마무라 씨는 신춘 특대호가 도착하자 바로 쓰카하라 씨를 소개하고, 쓰카하라 씨는 바로 강좌를 신청했다. 쓰카하라 씨에게는 어떤 특전이 있을까?

1 쓰카하라 씨에게는 특전은 없다.
2 쓰카하라 씨는 'ABC 오리지널 영어회화집'을 받을 수 있다.
3 쓰카하라는 회원 가격으로 수강할 수 있는 특전을 얻을 수 있다.
4 쓰카하라 씨는 기프트카드 2,000엔어치의 특전을 얻을 수 있다.

6 하세가와 씨는 간다 씨와 아사가와 씨 두 사람을 소개하고, 간다 씨는 2020년 2월 29일에 회원이 되어 당일강좌 신청을 했다. 아사가와 씨는 그 반 년 후에 회원이 되고 그 한 달 뒤에 강좌 신청을 했다. 하세가와 씨는 어떤 특전을 받을 수 있는가?

1. ABC 오리지널 영어회화집 Vol.1
2. ABC 오리지널 영어회화집 Vol.1~Vol.2
3. **ABC 오리지널 영어회화집 Vol.1~Vol.2, GanonMP3플레이어**
4. ABC 오리지널 영어회화집 Vol.1, UUU 기프트 카드 5,000엔어치

통신영어학습 ABC에서 회원님께 알려드리는 소식

2020년 1월 : 신춘 특대호

오직 지금만 친구도 회원 가격으로 신청할 수 있다! 친구 소개 시스템을 활용해 당신의 친구를 통신영어학습 ABC에 소개하세요! 회원 여러분이나 친구 모두에게 득이 되는 특전이 있습니다!

(1) 친구를 소개해 주신 회원님께는 빠짐없이 ABC 오리지널 영어 회화집을 선물

소개 방법은 매우 간단합니다. 회원용으로 배포되고 있는 잡지 〈Club ABC〉의 이달 호에 동봉되어 있는 전용 소개 엽서를 우체통에 넣거나 또는 컴퓨터로 회원 전용 웹사이트 ABC Life에 접속, 그곳에서 메일을 보내기만 하면 됩니다. 소개하신 회원님께는 빠짐없이 〈ABC 오리지널 영어 회화집〉을 드립니다.

※ ABC 오리지널 영어 회화집은 Vol.1~Vol.3의 시리즈작이기 때문에 한 분을 소개해 주시면 1권을, 두 분 이상 소개하신 경우에는 2권째부터 순서대로 드립니다.

(2) 소개해 주신 친구가 ABC의 강좌를 수강하시면 한층 더 호화 상품을 받으실 수 있습니다. 아래 4개의 상품 중에서 마음에 드시는 상품을 하나 드립니다.

※ 한 분인 경우는 네 개 중의 하나, 두 분인 경우는 2지망까지 선택해 주십시오. 세 분 이후부터도 마찬가지입니다. 다만 친구가 2020년 3월 31일까지 수강하신 경우에 한합니다.

- UUU기프트 카드 5,000엔어치 : 백화점이나 레스토랑 등 전국 50만 이상의 점포에서 이용할 수 있습니다.
- Ganon전자사전 : 포켓 사이즈의 최신형 전자사전, 영일・일영 대응입니다.
- Ganon MP3플레이어 : 〈ABC 오리지널 귀로 듣고 기억하는 영단어〉를 수록
- Ganon고성능 이어폰 : 소음이 많은 장소에서도 잘 들리는 노이즈 컷 기능 부착

(3) ABC Life에서 강좌를 신청하시면 친구에게도 찬스 추가! 추첨으로 매월 다섯 분에게 UUU 기프트 카드 2,000엔어치가 당첨됩니다.

친구에게 이렇게나 유익합니다! 당신도 친구를 소개하여, 나와 친구 모두 행운을 잡지 않으시겠습니까? 새로운 회원님을 통신영어학습 ABC는 진심으로 기다립니다. 올해야말로 결실 있는 영어로 Let's try!

단어

今なら 지금이라면 | 得する 득보다, 이익을 얻다 | 特典 특전 | 付き 붙어 있음, 부속됨 | もれる 새다, 빠지다, 누락되다 | いたって 극히, 매우, 대단히 | 配布 배포 | 雑誌 잡지 | 同封 동봉 | 投函 투함 | 差し上げる 드리다 | 講座 강좌 | 受講 수강 | 更に 더욱 | 豪華 호화 | 但し 단 | 限る 한하다, 한정하다 | 電子辞書 전자사전 | 最新型 최신형 | 騒音 소음 | 抽選 추첨 | 心より 진심으로 | 申し上げる 말씀 드리다 | 実 결실, 열매, 성과

> [!NOTE] 해설

5 처음에 나오는 '오직 지금만 친구도 회원 가격으로 신청할 수 있다!'에 주목한다. 선택지 2번과 4번은 친구를 소개한 이마무라 씨가 얻을 수 있는 혜택이다. 따라서 회원 가격 수강의 특전을 얻을 수 있다고 한 3번이 정답이다.

6 중간 단락의 '※ABC 오리지널 영어 회화집은 Vol.1~Vol.3의 시리즈작이기 때문에 한 분을 소개해 주시면 1권을, 두 분 이상 소개하신 경우에는 2권째부터 순서대로 드립니다.'라고 되어 있다. 결론적으로 두 명을 소개했으므로 Vol.1, Vol.2와 함께 네모 안에 제시된 네 가지 중 하나를 받을 수 있다는 점에 착안해야 한다. 따라서 답은 3번이다.

문제13 오른쪽 페이지는 장학금에 관한 안내이다. 아래의 질문에 대한 답으로 가장 알맞은 것을 1·2·3·4 중에서 하나 고르시오.

7 한국 출신 임 씨는 현재 일본의 대학원에서 공부하는 이공학 연구과의 석사 과정 1학년인 29살이다. 임 씨가 응모할 수 있는 장학금은 몇 개 있는가?

1 **1개**
2 2개
3 3개
4 4개

8 프랑스인 파리 씨(34세)는 대학원 박사 과정에서 문학을 전공하고 있는 1학년이다. 과거에 장학금을 받은 경험은 없다. 파리 씨가 장학금에 합격했을 경우, 가장 많은 액수의 장학금을 받을 수 있는 것은 어느 것인가?

1 PPC장학기금
2 SAKURA장학회
3 **요시오카 기념재단 국제 장학금**
4 롱 장학금 프로그램

도쿄 수도대학에 아래와 같은 요항으로 각 기관에서 장학금 안내가 도착해 있습니다. 내용을 참고한 다음, 각자 신청해 주십시오. 응모 요령은 학생센터에 있습니다. 잘 모르는 부분은 학생센터 창구에 문의해 주십시오. 전화나 이메일 문의에는 응하기 어렵습니다.

- 요시오카 기념재단 국제 장학금(월 금액 10만 엔, 지급 기간 2년간)
  요시오카 기념재단에서는 인문과학이나 사회과학 영역에 있어서 국제적인 상호이해 촉진이나 국제적 시야에서 여러 문제를 해결할 수 있는 연구에 대해 연구 조성을 실시합니다. 응모 자격은 대학원 박사과정 재학생 및 박사과정 수료 후 5년 이내의 자로서, 또한 과거에 본 재단에서 연구 조성을 받은 적이 없는 사람이어야 합니다. 응모자의 거주나 국적은 불문이지만, 45세 미만인 자를 대상으로 합니다.

- PPC장학 기금(월 금액 8만 엔, 지급 기간 2~4년간)
  주식회사 PPC에서는 앞으로 제품 제작을 선도해 갈 학생을 지원하기 위해 장학금을 제공합니다. 사회적 요구나 독창적인 시점으로 연구를 전개할 학생으로, 학부 1학년에서 4학년의 공학·이학 전공자가 대상입니다. 일본의 대학에 재학 중인 학생을 대상으로 하며, 연령·국적은 불문입니다.

- SAKURA장학회(월 금액 12만 엔, 지급 기간 2년간)
  SAKURA장학회에서는 아시아 출신 유학생을 지원하기 위해 장학금을 설립했습니다. 일본 대학원에서 석사·박사 과정에 재학 중인 유학생을 대상으로 장학금 모집을 실시합니다. 모든 전공 분야에서 신청이 가능합니다만, 35세 미만 학생을 대상으로 합니다.

- 롱 장학금 프로그램(월 금액 22만 엔, 지급 기간 1년간)
  저희 프로그램에서는 학술 발전에 기여하는 것을 목적으로 급부제 장학금을 설립, 여기 모집을 실시합니다. 대학원 석사 과정 재학생으로 문과 계통 연구를 하는 자, 국적이나 연령은 불문이지만 일본 대학원에 소속해 연구를 전개할 수 있는 것이 조건입니다.

단어

要項(ようこう) 요항 | 届(とど)く 닿다, 미치다, 도착하다 | 対応(たいおう) 대응 | 窓口(まどぐち) 창구 | 問(と)い合(あ)わせる 문의하다 | ～かねる ~하기 어렵다 | 支給(しきゅう) 지급 | 領域(りょういき) 영역 | 相互理解(そうごりかい) 상호이해 | 促進(そくしん) 촉진 | 視野(しや) 시야 | 助成(じょせい) 조성 | かつ 또한, 그 위에 | 居住地(きょじゅうち) 거주지 | 国籍(こくせき) 국적 | ものづくり 물건을 만드는 것 | 給付(きゅうふ) 급부, 지급 | 独創的(どくそうてき) 독창적 | 視点(してん) 시점 | 展開(てんかい)する 전개하다 | 工学(こうがく) 공학 | 理学(りがく) 이학 | 支援(しえん)する 지원하다 | 未満(みまん) 미만 | 学術(がくじゅつ) 학술 | 発展(はってん) 발전 | 文系(ぶんけい) 문과 계통, 문과의 학과 | 寄与(きよ)する 기여하다 | 所属(しょぞく) 소속 | 条件(じょうけん) 조건

해설

[7] 석사 과정 재학 중이며 전공은 이공학, 나이는 29세라는 것에 초점을 맞추어 풀어야 한다. 네 개의 장학금 중 SAKURA장학금은 '일본 대학원에서 석사·박사 과정을 밟고 있는 유학생을 대상으로 한다. 모든 전공 분야에서 신청이 가능하지만, 35세 미만의 학생을 대상으로 한다.'라는 점에서 유일하게 들어맞는다. 답은 1번이다.

[8] PPC장학 기금은 학부를 대상으로 하므로 제외, SAKURA장학회는 석사 과정이므로 제외, 롱 장학금 프로그램 역시 석사 과정을 대상으로 삼고 있으므로 제외한다. 대학원 박사 과정이라는 점에서 요시오카 기념재단 국제 장학금이 맞는 조건이다. 따라서 답은 3번이다.

PART 3 실전 공략 정답 및 해석

실전 공략 모의고사 01 ~ 03 정답

모의고사 01 ▶ p.120

문제8	1	1	2	1	3	1	4	4						
문제9	5	2	6	2	7	3	8	3	9	4	10	2	11	4	12	4	13	1
문제10	14	2	15	3	16	1	17	1						
문제11	18	2	19	3	20	3								
문제12	21	1	22	4	23	1	24	1						
문제13	25	4	26	4										

모의고사 02 ▶ p.140

문제8	1	4	2	2	3	3	4	2						
문제9	5	2	6	2	7	2	8	4	9	1	10	1	11	4	12	4	13	3
문제10	14	4	15	1	16	4	17	4						
문제11	18	1	19	4	20	3								
문제12	21	1	22	2	23	1	24	3						
문제13	25	1	26	4										

모의고사 03 ▶ p.160

문제8	1	4	2	1	3	2	4	4						
문제9	5	4	6	3	7	2	8	1	9	1	10	4	11	3	12	4	13	2
문제10	14	2	15	1	16	1	17	1						
문제11	18	3	19	4	20	3								
문제12	21	3	22	2	23	4	24	2						
문제13	25	1	26	1										

모의고사 01

문제8 다음 (1)부터 (4)까지의 글을 읽고, 이어지는 질문에 대한 답으로 가장 알맞은 것을 1·2·3·4 중에서 하나 고르시오.

(1)

'행복한 월요일 제도'에 따라 성인의 날, 바다의 날, 경로의 날, 체육의 날이 매년 바뀌게 된 지 오래다. 이와 같은 공휴일에는 아무래도 공허한 느낌이 든다. 이 제도는 귀중한 연휴를 즐길 수 있는 역할과 함께 경제 효과도 생길지 모르지만, 나에게 있어서는 여가를 보냈다고 해도 그다지 기쁘다고는 할 수 없다. 공휴일이란 본래부터 '특정한 날'을 축하하는 것이다. 그날은 중요한 이유가 있기 때문에 제정한 것인데, 행복한 월요일 제도는 그 의미를 잃어버리고 만다. 과연 그렇게까지 하면서 휴일을 이어서 즐겨야 할 것인가는 재고가 필요하지 않을까?

[1] 글쓴이의 주장과 맞는 것은 어느 것인가?

1 공휴일이 제정된 의미를 소중히 여겨야 한다.
2 행복한 월요일 제도도 나름대로의 의의가 있다.
3 행복한 월요일 제도는 지금 바로 폐지하는 편이 낫다.
4 공휴일의 확대나 변경은 나라의 입장에서는 어쩔 수 없는 조치이다.

단어

ハッピーマンデー制度(せいど) 행복한 월요일 제도 | 成人(せいじん) 성인 | 敬老(けいろう) 경로 | 体育(たいいく) 체육 | 久(ひさ)しい 오래다, 오래되다 | 祝日(しゅくじつ) 경축일, 공휴일 | 空虚(くうきょ) 공허 | 貴重(きちょう) 귀중 | 連休(れんきゅう) 연휴 | ~とともに ~와 함께 | 生(しょう)ずる 생기다 | 余暇(よか) 여가 | ~たとしても ~라고 해도 | 祝(いわ)う 축하하다 | ~たわけだ ~인 것이다 | 果(は)たして 과연 | つなぐ 잇다, 연결하다 | ~べきだ ~해야 하다, ~하는 것이 적절하다 | 見直(みなお)し 재고

해설

본문 앞부분에 나오는 '이 제도는 귀중한 연휴를 즐길 수 있는 역할과 함께 경제 효과도 생길지 모른다'는 내용을 보고 2번을 정답으로 생각해서는 안 된다. 이 문제는 글쓴이의 주장을 묻는 문제이며 내용과 맞는 선택지를 고르는 것이 아니므로 주의한다.
글쓴이는 '공휴일은 중요한 이유가 있기 때문에 제정한 것인데, 행복한 월요일 제도는 그 의미를 잃어버리고 만다. 과연 그렇게까지 하면서 휴일을 이어서 즐겨야 할 것인가는 재고가 필요하지 않을까'라고 말하고 있으므로 정답은 1번이다.

(2)

'원 쿠션(注)'이라는 것은 대화 중에 부드럽게 화제를 끌어들여 이야기를 능숙하게 진행시키는 데 도움이 되는 의사소통 스타일을 가리키는 말이다. 원 쿠션은 엄밀히 말하면 '돌려 말하기'로 이어지는 표현의 일종으로, 일상 대화에서도 빠뜨릴 수 없는 것이다.
그런데 일본인은 왜 약간의 여유를 두고 의사소통을 진행시키는 것일까? 그것은 의뢰, 사죄, 불만 등을 말할 때 아주 효과적이기 때문일 것이다. 게다가, '비즈니스 쿠션'이라는 말까지 젊은이들 사이에서 자주 사용된다고 한다. 이와 같은 말까지 생길 정도니까 일본인에게 원 쿠션이 얼마나 중요한지 실감할 수 있다.

(注) ワンクッション : 일이 직접적으로 관계되거나 작용하는 것을 피하기 위해 중간에 만들어 두는 한 단계

2 일본인이 일상회화에서 원 쿠션을 두고 대화를 진행하는 이유는 무엇일까?

1 **상대에게 뭔가를 부탁할 때 안성맞춤인 방법이기 때문에**
2 말을 잘 못하는 사람이라도 간단히 배울 수 있고, 즉시 쓸 수 있는 방법이기 때문에
3 무엇이든 사양하는 일본인의 성격이 언어에 반영되어 있기 때문에
4 적절히 사용하면 이야기가 고조되고, 자신의 이야기에 주목해 주기 때문에

단어

ワンクッション 긴장이나 충격을 완화시키는 한 단계 | ～とは ~라는 것은 | 引(ひ)き入(い)れる 끌어들이다 | 進(すす)める 진행하다 | 役立(やくだ)つ 도움이 되다 | コミュニケーション 커뮤니케이션, 의사소통 | 指(さ)す 가리키다 | 厳密(げんみつ) 엄밀 | 遠回(とおまわ)し 에둘러 말하는 모양 | 常会話(じょうかいわ) 일상 회화, 일상 대화 | 欠(か)かす 빠뜨리다 | 繋(つな)がる 연결되다 | 依頼(いらい) 의뢰 | 謝罪(しゃざい) 사죄 | 不満(ふまん) 불만 | 新造語(しんぞうご) 신조어 | 流行(はや)る 유행하다 | 実感(じっかん) 실감

해설

일본인이 일상 대화에서 약간의 여유를 두고 의사소통을 진행하는 이유는 의뢰, 사죄, 불만 등을 말할 때 아주 효과적이기 때문이라고 말하고 있다. 따라서 '상대에게 뭔가를 부탁할 때 안성맞춤인 방법이기 때문에'라고 한 1번이 정답이다.

(3)

보통 타인에 대한 비판은 비판을 받는 본인이 눈앞에 있을 경우에는 하지 않는다. 다시 말해 험담과 같은 종류인 것이다. 타인을 비판하는 것으로 주위의 공감을 얻으려는 소견이 좁은 논의는 잡음과 같은 것으로, 그 잡음이 불쾌하다면 듣지 않고 긍정적인 화제로 바꾸는 것이 가장 빠른 방법일 것이다. 타인의 비판을 입에 담는 사람은 불쾌하지만, 그것에 귀를 기울이지 않는 측의 언동은 주위 사람들에게 좋은 인상을 줄 것이다. 잡음에 일단 귀를 막고 긍정적인 생각에 집중한다면 비판에 관한 화제 따위는 문제가 되지 않을 것이다.

3 비판에 대한 글쓴이의 생각과 맞는 것은 어느 것인가?

1 **귀를 기울이지 말고 긍정적인 말로 바꾸는 것이 좋다.**
2 직장의 분위기를 생각해서 일단 그 자리를 떠나는 것이 좋다.
3 참고가 되는 경우도 있으므로, 제대로 끝까지 듣는다.
4 안 좋은 일이라고 스스로 자각할 수 있도록 비판하는 사람에게 거듭 충고한다.

단어

批判(ひはん) 비판 | 要(よう)するに 요컨대, 결국 | 陰口(かげぐち) 험담 | 類(たぐ)い 같은 종류의 것, 유례 | 共感(きょうかん) 공감 | 得(え)る 얻다, 획득하다 | 了見(りょうけん) 생각, 소견 | 議論(ぎろん) 논의, 토론 | 雑音(ざつおん) 잡음 | 不愉快(ふゆかい) 불쾌 | 耳(みみ)を貸(か)す (상대편의 이야기를) 들어주다 | 前向(まえむ)き 긍정적임 | 手(て)っ取(と)り早(ばや)い 재빠르다, 손쉽다 | 口(くち)にする 말하다, 입 밖에 내다 | 言動(げんどう) 언동 | 一旦(いったん) 일단 | 耳(みみ)を塞(ふさ)ぐ 귀를 막다, 들으려 하지 않다

해설

글쓴이는 타인에 대한 비판은 험담과 같은 종류라고 말하면서 타인을 비판하는 것으로 주위의 공감을 얻으려는 소견이 좁은 논의는 잡음과 같으므로 그 잡음이 불쾌하다면 듣지 말고 긍정적인 화제로 바꾸는 것이 가장 빠른 방법이라고 설명한다. 따라서 비판에 대한 글쓴이의 생각은 잡음에는 귀를 기울이지 말고 긍정적인 말로 바꾸는 것이 좋다라고 한 1번이 정답이 된다.

(4)

国会에서 각료가 답변을 할 때 말하지 않았으면 하는 말이 있다. 예를 들어 '개별 안건에 대한 답변을 삼가 주십시오'라는 말이다. 그러나 모든 행정·정치 문제는 개별 문제의 집합으로 되어 있다. 삼가는 것이 정당하다면 더 이상은 질문을 할 수 없게 되고 만다. 정부 일원이나 정치가로서 자신의 생각을 말하면 되지 않을까? 애매한 답변과 함께 요즘은 '확실히……'라는 말도 자주 듣지만, 많이 사용할수록 말의 가치가 희박해진다. 이따금 사용할 때야말로 그 의미가 제대로 전달된다고 생각한다.

4 글쓴이가 가장 하고 싶은 말은 무엇인가?

1 국회 등 공적인 장소에서는 올바른 일본어를 사용했으면 한다.
2 정치인의 말투는 직무상 부득이한 측면이 있다.
3 정치인은 공식적인 장소에서는 표현이 많아지는 것도 당연하다.
4 정치인이면 애매한 표현을 피하고 더 적극적으로 자신의 의견을 말했으면 한다.

단어

国会(こっかい) 국회 | 閣僚(かくりょう) 각료 | 答弁(とうべん) 답변 | 個別(こべつ) 개별 | 控(ひか)える 삼가다 | 行政(ぎょうせい) 행정 | 政治(せいじ) 정치 | 正当(せいとう) 정당 | 政府(せいふ) 정부 | 一員(いちいん) 일원 | 述(の)べる 말하다, 진술하다 | 曖昧(あいまい) 애매 | ～と共(とも)に ~와 함께 | 頻繁(ひんぱん)に 빈번하게 | 多用(たよう) 다용 | 価値(かち) 가치 | 薄(うす)れる 희미해지다, 약해지다 | 冴(さ)える 맑아지다, 선명해지다

해설

모든 행정·정치 문제는 개별 문제의 집합으로 되어 있음에도, 개별 안건에 대한 답변을 삼가 달라는 말을 하는 것에 대해 글쓴이는 정부 일원이나 정치가로서 자신의 생각을 말해야 한다는 생각이다. 또한, 애매한 답변과 '확실히'라는 말은 많이 사용할수록 말의 가치가 약해진다고 말하고 있으므로, 정치인이면 애매한 표현을 피하고 더 적극적으로 자신의 의견을 말했으면 한다고 한 4번이 글쓴이의 주장이라고 볼 수 있다.

문제9 다음의 (1)부터 (3)의 글을 읽고, 이어지는 질문에 대한 답으로 가장 알맞은 것을 1·2·3·4 중에서 하나 고르시오.

(1)

머리를 갈색으로 물들였더니 회사로부터 검게 다시 염색하라는 말을 들었다. 따를 의무가 있을까? 일본 사법 지원 센터(법테라스)가 올봄 취직한 남녀 500명에게 법적 트러블에 관한 퀴즈를 냈다. 이번 조사는 근무자의 법적 입장 등에 대한 오해가 많기 때문에 실시된 것으로, 법테라스는 스스로 판단하기 힘든 법적 문제는 한시라도 빨리 상담해 주었으면 좋겠다고 호소하고 있다.

이제 막 사회인이 된 사람들은 직장에서의 입장이 약할 뿐더러 동료와 친해지기 전에 트러블에 휘말리는 경우도 적지 않다. 법테라스는 이러한 사람들이 직면하기 쉬운 트러블을 알리고자 과거의 상담 사례를 양자택일 10문제로 만들었다.

가장 정답률이 낮았던 것은 서두에 나온 질문으로, 85퍼센트가 '따르지 않으면 안 된다'는 오답을 선택했다. '재판원이 되었는데 재판 중간 쉬는 시간에 회사에 급한 전화를 할 수 있을까'의 정답률이 그다음으로 낮았고, 52퍼센트가 '할 수 없다'를 선택해서 틀렸다.

퀴즈와 함께 실시한 의식 조사에서 본래는 위법으로 간주되는 서비스 잔업을 재촉당했을 때의 대응에 대해 73퍼센트가 '용서할 수 없지만 참는다'고 답해 '용서할 수 없기 때문에 항의한다'는 19퍼센트를 크게 웃돌았다.

법테라스 담당자는 '문제를 혼자서 안고 있으면 사태가 나빠지는 경우가 있다. 정보 수집만으로도 괜찮으니까 부담 없이 상담해 주었으면 좋겠다'고 말하고 있다.

5 일본 사법 지원 센터가 근무자를 대상으로 이번 조사를 한 목적은 무엇인가?

1 직장의 근무 환경을 철저히 조사하고 싶으니까
2 자신의 법적 입장에 대한 오해가 있기 때문에
3 개정된 법률에 대해 설명하고 싶기 때문에
4 일에 대한 사원들의 의욕을 조사하고 싶기 때문에

6 머리를 갈색으로 물들였더니 회사로부터 검게 다시 염색하라는 말을 들었다. 따를 의무가 있을까의 조사 결과로서 올바른 것은 어느 것인가?

1 대부분의 근무자가 올바른 답을 선택했다.
2 대부분의 근무자가 틀린 답을 선택했다.
3 무응답이 많아 정확한 통계 수치를 얻지 못했다.
4 어느 쪽을 선택해야 할지 망설이는 사람이 많았다.

7 본문의 내용과 맞는 것은 어느 것인가?

1 이번 조사는 근무자에게 낸 퀴즈만을 분석 대상으로 했다.
2 퀴즈는 근무자의 일에 대한 인식 변화를 촉구하기 위해서 실시되었다.
3 근무자에게 낸 퀴즈는 과거의 상담 사례를 참고로 하여 만들어졌다.
4 조사 결과, 자신의 법적 입장을 잘 아는 사람이 많다는 것이 판명되었다.

단어

茶色 갈색 | 染める 물들이다 | ます형+直す 다시 ~하다 | ~ように ~하도록 | 従う 따르다, 수행하다 | 義務 의무 | 司法 사법 | 支援 지원 | 今春 금년 봄 | 就職 취직 | ~に関する ~에 관한 | 立場 입장 | ~について ~에 대해서 | 誤解 오해 |

実施 실시 | 呼び掛ける 호소하다 | 同僚 동료 | ～前に ~하기 전에 | 巻き込まれる 말려들다 | 直面 직면 | 二者択一 양자택일 | 仕立てる 꾸미다, 준비하다 | 冒頭 첫머리, 서두 | ～てはならない 너무 ~하다 | 誤る 실수하다, 틀리다 | 違法 위법 | サービス残業 시간 외 근무 | 迫る 다가오다

해설

5 이번 조사의 목적은 앞부분에 조사를 실시한 이유를 정확히 언급하고 있다. 근무자의 법적 입장 등에 대한 오해가 많기 때문에 실시된 것이라고 하였으므로 '자신의 법적 입장에 대한 오해가 있기 때문에'라고 한 2번이 정답이다.

6 '머리를 갈색으로 물들이니 회사로부터 검게 다시 염색하라는 말을 들었다. 따를 의무가 있을까'는 서두에 나온 질문이다. 이 질문은 가장 정답률이 낮았던 것으로 85퍼센트가 '따르지 않으면 안 된다'는 오답을 선택했다고 했기 때문에 정답은 대부분의 근무자가 틀린 답을 선택했다고 한 2번이 된다.

7 이번 조사는 근무자의 법적 입장 등에 대한 오해가 많기 때문에 실시된 것이므로 4번은 오답, 법테라스는 이제 막 사회인이 된 사람들이 직면하기 쉬운 트러블을 알리고자 과거의 상담 사례를 양자택일 10문제로 만들었다고 하였으므로 3번이 정답이다. 이러한 문제는 내용과 맞는 선택지를 찾았다면 다른 선택지를 고민할 필요가 없다. 전혀 언급하지 않은 내용을 보기에 싣는 경우도 많다.

(2)

현재 국내에서 기르는 애완동물은 개나 고양이만 해도 약 1,800만 마리로, 이는 일본 총 세대수의 약 36퍼센트가 애완동물과 함께 살고 있다는 것이 된다. 지금은 소득수준이 높아지면서 생활에 여유가 생겨 핵가족화 진행에 따른 외로움을 완화시키기 위해 애완동물을 기르는 가정이 증가하고 있다. 정신적 스트레스나 우울증에 시달리고(注) 있는 현대인에게 애완동물은 기르는 것이 아니라 함께 사는 가족과 같은 존재가 되었다. 따라서 ①애완동물을 극진히 돌보는 것은 당연한 일이 된 것이다. 그런데 최근 애완동물의 고령화가 진행되면서 각종 성인병이나 암, 백내장 등의 병에 걸리는 애완동물이 증가하는 경향을 볼 수 있다. ②이러한 병의 치료비는 고액으로, 주인에게는 상당한 경제적 부담이 된다. 또한 애완동물에 들어가는 의료비에 대한 기준이나 규정이 정해지지 않은 것도 문제이다. 게다가 성인병이나 암 등은 재발률이 높아 몇 번이나 같은 치료를 받아야만 하는 경우도 있다. 이러한 부담을 줄이기 위해서 필요한 것이 애완동물 보험이다. 애완동물 보험은 혹시 일어날지도 모르는 일에 대해 미리 대비할 수 있다는 점과 가족 같은 존재인 애완동물의 건강을 지켜준다는 점에서 애완동물 주인들로부터 각광을 받고 있다고 한다.

(注) 苛む：야단치거나 탓하거나 하다

8 현재는 어떤 이유로 애완동물을 키우는 사람이 늘고 있는가?

1 생활이 어려워졌기 때문에 기르는 사람이 증가하고 있다.
2 키우는 데 생각보다 시간이 걸리지 않아서 기르는 사람이 늘고 있다.
3 핵가족화의 진행에 의한 외로움을 완화시키기 위해서 기르는 사람이 늘고 있다.
4 일상생활과 같은 번거로운 인간관계를 맺지 않아도 되기 때문에 키우는 사람이 늘고 있다.

9 ①애완동물을 극진히 돌보는 것은 당연한 일인 것이다의 이유로서 올바른 것은 어느 것인가?

1 구입하는 데 많은 돈을 썼기 때문에
2 키우는 데 몇 번이고 실패하여 싫증이 난 사람이 많기 때문에
3 정신적 스트레스나 우울증 치료에 도움이 된다고 하기 때문에
4 애완동물을 같이 사는 가족과 같은 존재로 인식하고 있기 때문에

10 ②이러한 병의 문제점으로 지적할 수 없는 것은 어느 것인가?
1 의료비에 대한 기준이나 규정이 정해져 있지 않다.
2 가족에게 옮길 위험이 있기 때문에 격리할 필요가 있다.
3 고액의 치료비 때문에 주인에게 상당한 경제적 부담이 된다.
4 재발률이 높고 몇 번이나 같은 치료를 받지 않으면 안 된다.

단어

飼う (동물을) 기르다 | ペット 애완동물 | 暮す 살다, 지내다 | 所得水準 소득수준 | ～につれ ~함에 따라 | 余裕 여유 | 核家族化 핵가족화 | ～による ~에 의한, ~에 따른 | 和らげる 누그러뜨리다, 완화하다 | ～ために ~ 때문에 | ます형+つつある 계속 ~하다 | 精神 정신 | うつ病 우울증 | ～にとって ~에 있어서 | 苛む 들볶다, 꾸짖다 | 共生 공생, 함께 생활함 | 同様 마찬가지임 | 手厚い 극진하다, 정중하다 | 世話 보살핌, 도와줌 | 当たり前 당연함 | 各種 각종 | ガン 암 | 白内障 백내장 | 病 병 | 費やす 소비하다 | 治療費 치료비 | 高額 고액 | 飼主 주인 | 規定 규정 | 定める 결정하다 | 保険 보험 | もしかすると 어쩌면

해설

8 글쓴이는 애완동물을 키우는 사람이 늘고 있는 이유를, 지금은 소득수준이 높아지면서 생활에 여유가 생겨 핵가족화 진행에 따른 외로움을 완화시키기 위해 애완동물을 기르는 가정이 증가하고 있다고 설명한다. 따라서 핵가족화의 진행에 의한 외로움을 완화시키기 위해서 기르는 사람이 늘고 있다고 한 3번이 정답이다.

9 현대인에게 애완동물은 기르는 것이 아니라 함께 생활하는 가족과 같은 존재가 되었다고 말하고 있으므로 애완동물을 극진히 돌보는 것은 당연한 일인 것이다. 따라서 4번의 '애완동물을 같이 사는 가족과 같은 존재로 인식하고 있기 때문에'가 정답이다.

10 밑줄의 '이러한 병'은 애완동물의 고령화가 진행되면서 걸리는 각종 성인병이나 암, 백내장 등을 말한다. 이러한 병의 문제점은 고액의 치료비로 인한 경제적 부담, 재발률이 높아 몇 번이나 같은 치료를 받아야만 하는 것, 의료비에 대한 기준이나 규정이 정해지지 않은 것도 문제라고 말하고 있다. 선택지 1번, 3번, 4번은 이러한 병들의 문제점을 잘 설명하고 있지만 '가족에게 옮길 위험이 있기 때문에 격리할 필요가 있다'라는 내용은 없으므로 정답은 2번이 다.

(3)

하코네(箱根)는 수도권으로부터 교통편도 좋고, 해외에서도 관광 가이드북에 실려 있는 경우가 많아 일본인에게도 외국인에게도 유명하고 인기가 있는 관광 명소이다. 여러분은 '하코네'에서 어떤 이미지를 떠올리는가? 주된 키워드로는 역시 온천이나 삼림욕일지도 모른다.

하코네는 실은 다채로운 폭포의 보고이기도 하다. 하코네 지역의 중심역인 하코네 유모토 역에서 산책하는 기분으로 갈 수 있는 곳은 '옥렴의 폭포' '비연의 폭포'이다. 누구든지 가볍게 걸어서 갈 수 있고, 각각의 폭포의 우아한 모습을 즐길 수 있다. 이러한 폭포의 원류가 되는 용수는 그 옛날부터 ①하코네를 넘어가는 여행자들에게 마음의 여유를 주는 '연명의 물'로서 익숙해져왔다. 물론 이외에도 험하고 좁은 길은 있지만 건각에 추천하고 싶은 '비룡의 폭포' 등 예를 들면 끝이 없을 만큼 많은 폭포가 하코네에는 존재한다.

폭포까지 가는 길에는 걷기 힘든 곳이나 급경사인 장소도 있으므로 평소에 자주 신어 걷기 편한 신발로 목적지까지 가기를 추천하는데, 그러한 과정을 거쳐 폭포에 겨우 도착했을 때의 ②감동은 한층 더할 것이라고 생각한다.

이처럼 다채로운 폭포 순례를 즐길 수 있는 하코네에서 폭포의 굉음과 시원한 공기를 마시며 가끔은 일상을 잊을 수 있는 한때를 보내는 것은 어떨까?

11 ①하코네를 넘어가는 여행자들에게 마음의 여유를 주는 '연명의 물'로서 익숙해져 왔다라는 내용에서 하코네의 산은 어떻게 인식되고 있다고 생각할 수 있을까?

1 옛날부터 하코네에는 물이 적다.
2 하코네 산의 물은 매우 맛있다.
3 하코네의 산길은 가볍게 걸을 수 있다.
4 **하코네의 산길을 걷는 것은 매우 어렵고 힘들다.**

12 ②감동은 한층 더할 것이란, 어떤 것일까?

1 폭포가 너무 멋있어서 감동하기
2 폭포까지 길이 걷기 편하여 기분이 좋은 일
3 폭포에 도착할 때까지의 길은 갈 때는 힘들지만 올 때는 편한 것
4 **폭포까지의 거리에서 다소 고생은 하지만 그 보람이 있는 것**

13 본문의 내용과 맞지 않은 것은 어느 것인가?

1 **하코네에는 도보로 갈 수 있는 폭포가 적다.**
2 어느 폭포에 갈 때에도 익숙한 차림으로 가는 게 좋다.
3 하코네에 있는 폭포는 도보로 갈 수 있는 것도 많다.
4 온천이나 삼림욕뿐만 아니라 하코네에 있는 폭포도 추천하고 싶다.

단어

首都圏(しゅとけん) 수도권 | アクセス 접근, 교통수단 | 観光(かんこう) 관광 | 掲載(けいさい) 게재 | 名所(めいしょ) 명소 | 思い浮(おも う)かぶ 생각나다 | 温泉(おんせん) 온천 | 森林(しんりん) 삼림, 숲 | 多彩(たさい) 다채 | 滝(たき) 폭포 | 宝庫(ほうこ) 보고 | 地域(ちいき) 지역 | 徒歩(とほ) 도보 | 優雅(ゆうが) 우아 | 源流(げんりゅう) 원류 | 湧(わ)き水(みず) 용수, 솟아나는 물 | 旅人(たびびと) 여행자 | 潤(うるお)い 눅눅함, 마음의 여유 | 勿論(もちろん) 물론 | 険(けわ)しい 험하다 | 健脚(けんきゃく) 건각, 튼튼한 다리 | 薦(すす)める 추천하다 | 足場(あしば) 발판, 토대, 교통편 | 個所(かしょ) 개소, 곳 | 急(きゅう)こう配(ばい) 급경사 | ます형+やすい ~하기 쉽다, ~하기 편하다 | 推奨(すいしょう) 좋은 것이라며 남에게 권함 | 辿(たど)り着(つ)く 고생 끝에 겨우 당도하다 | ひとしお 한층 더, 특별히 | 涼(すず)やか 상쾌함, 시원함

해설

11 사람들에게 '연명의 물'로 익숙해져 왔다는 말만으로도 하코네의 산을 짐작할 수 있지만 정답을 더 확실하게 하는 것은 '물론 이외에도 험하고 좁은 길은 있지만'이라고 한 밑줄 다음 문장에서도 힌트를 찾을 수 있다. 따라서 하코네의 산길을 걷는 것은 매우 어렵고 힘들다고 표현한 4번이 정답이다.

12 '감동은 한층 더할 것'이란, 폭포까지 가는 길에는 걷기 힘든 곳이나 급경사인 장소도 있으므로 걷기 편한 신발로 목적지까지 가야 하지만 그러한 과정을 거쳐 폭포에 겨우 도착했을 때의 감동을 설명한 것이다. 따라서 폭포로 가기까지 다소 고생은 하지만 그 보람이 있는 것이라고 설명한 4번이 정답이 된다.

13 본문에서는 하코네 지역의 중심역인 하코네 유모토 역에서 산책하는 기분으로 갈 수 있는 '옥렴의 폭포' '비연의 폭포'는 누구든지 가볍게 걸어서 갈 수 있다고 말한다.
또한, 험하고 좁은 길을 가야 만나는 폭포도 있지만 편한 신발을 신고 가는 정도이기 때문에 도보로 갈 수 있는 곳이란 것을 알 수 있다. 그런데 선택지 1번은 하코네에는 도보로 갈 수 있는 폭포가 적다고 설명하고 있으므로 본문의 내용과 맞지 않다. 따라서 정답은 1번이다.

문제10 다음 글을 읽고 질문에 대한 답으로 가장 알맞은 것을 1·2·3·4 중에서 하나 고르시오.

　일본에서도 저출산화는 진행되어서 정부가 필사의 노력을 하고 있다. 아동수동 등의 경제적인 원조, 남성에게 육아휴직을 받기 쉽게 만들기 위한 기업을 향한 노력, 충실한 보육 시설과 무상화 등, 생각할 수 있는 한에서 정책에 씨름하고 있지만 ①이러한 흐름은 멈출 기미가 없다.
　여기서는 현재와 과거에서 무엇이 다른가를 '젊은이'에게 초점을 맞춰서 생각하고자 한다. 최근 15년 정도, 가령 성인식으로 스무 살인 젊은이들의 태도와 매너가 나쁘다고 자주 뉴스가 된다. 우리 시대에는 스무 살이라고 하면 어른이라는 자각이 있었고, 이러한 뉴스는 생각할 수 없었다. 즉, 지금의 젊은이들은 스무 살이 되어도 정신적으로는 성인이 되지 못한 것이리라.
　이러한 관점으로 생각하게 되는 것은 왜일까? 저출산화가 진행된 것은 정부가 하고 있는 정책이나 일반적으로 생각할 수 있는 경제적, 시간적, 혹은 신체적인 부담과는 무관할지도 모른다. 왜냐하면 예전부터 말해 왔던 결혼·출산 적령기라고 부르는 지금의 젊은이들의 의견을 들어 보면, '자유로운 시간이 없어진다' '자기 이외의 누군가를 책임까지 지는 것은 괴롭다'라는 소리가 들려오기 때문이다. 한 조사에 따르면, ②아이를 원하지 않는 경향은 일하는 남녀에 국한되지 않고, 가령 전업주부(남자 포함)라 해도 마찬가지라고 한다. 그렇다고 한다면, 성인이 된 그들이 일하는 것과 아이의 유무는 별로 관계가 없고, 다른 원인이 있다고 생각하는 것이 타당할 것이다. 다시 말해, 앞서 말한 정부의 저출산화 대책은 ③과연 어떠할까?
　현대 사회에서 어른이 되는 시기가 옛날에 비해 아주 늦어진 것은 아닐까? 사회인으로서 부모에게서 자립하고, 결혼이나 출산 등 자신의 가정을 이루어 다음 세대를 길러 갈 마음가짐이나 자각이 생기는 것이 30대 후반인 사람도 늘고 있지는 않은가? 시대에 따라서 적령기는 변하는 것이 당연하고, 그 사람이 그럴 마음이 된 때가 적령기라고도 할 수 있을 것이다. 정부뿐 아니라 우리 한 사람 한 사람이 그러한 의식을 가지고, 응원하는 체제가 갖추어지면 더욱 좋은 방법이 보일지도 모른다.

14 여기서 말하는 ①이러한 흐름이란 무엇인가?
1 정부가 필사적으로 노력하고 있는 것
2 저출산화가 진행되고 있는 것
3 저출산화가 해결하는 것
4 정부가 정책을 바꾸려고 하는 것

15 ②아이를 원하지 않는 경향에 대해 바른 것은 어느 것인가?
1 일하는 남녀에게 공통적으로 이 경향이 강하다.
2 남성보다 여성에게 이 경향이 강하다.
3 일하는 남녀도 전업주부도 이 경향은 같다.
4 남녀 관계없이 전업주부에게 이 경향이 강하다.

16 ③과연 어떠할까?란 어떤 의미인가?
1 과녁이 빗나가 있는 것이 아닐까?
2 여성을 우선하는 것이 아닐까?
3 경제적인 지원이 부족한 것은 아닐까?
4 적극성이 부족한 것이 아닐까?

17 지금의 20대, 30대 사람들에 대해 본문과 부합하는 것은 어느 것인가?
  1 어른이 되는 자각이 옛날보다 늦다.
  2 30대가 되어도 일하고 싶어하지 않는다.
  3 20대는 어른이라고 느끼고 있다.
  4 30대가 되면 결혼하겠다고 정하고 있다.

단어

政府 정부 | 必死 필사 | 努力 노력 | 児童 아동 | 手当 수당 | 援助 원조 | 育児 육아 | 休暇 휴가 | ます형+かける ~하기 시작하다 | 充実 충실 | 無償化 무상화 | 政策 정책 | 取り組む 몰두하다, 대처하다 | 気配 낌새, 기색 | 若者 젊은 사람, 젊은이 | 焦点 초점 | ~をあてる ~을/를 맞추다 | 自覚 자각 | 観点 관점 | 負担 부담 | 従来 종래, 기존 | 適齢期 적령기 | 背負う 짊어지다 | 苦痛 고통 | 妥当 타당 | 先ほど 앞서 | 果たして 과연 | 自立 자립 | 出産 출산 | 築く 이루다, 구축하다 | 世代 세대 | 育つ 기르다 | 心構え 마음가짐, 각오 | 体制 체제

해설

14 바로 앞의 문장이 본문의 주제인데 그것은 '저출산 사회'에 관한 것이다. 정답은 2번이다.
15 바로 뒤에 '일하는 남녀에 국한되지 않고, 가령 전업주부(남자 포함)라 해도 마찬가지라고 한다.'라는 문장에서 원하지 않는 경향인 것은 마찬가지라는 결론을 얻을 수 있다. 따라서 정답은 3번이다.
16 그 앞 문장의 '성인이 된 그들이 일하는 것과 아이의 유무는 별로 관계가 없고, 다른 원인이 있다고 생각하는 것이 타당할 것이다.'라는 부분에서 정부 정책(경제적, 시간적, 혹은 신체적인 지원)과 관계 없다는 점을 연결 짓는다. 따라서 정답은 1번이 된다.
17 4번째 단락 전체를 보면, 어른이 되는 자각이 옛날보다 늦다는 것을 알 수 있다. 정답은 1번이다.

문제11 다음 A와 B 두 문장을 읽고 이어지는 질문에 대한 답으로 가장 알맞은 것을 1·2·3·4 중에서 하나 고르시오.

A:
　　일본인의 청결주의는 해외에서도 유명하다. 여기서 말하는 청결이란 패션이나 멋 부림이 아니라 위생관념에 관해서이다. 이 일본인의 청결주의는 이제 시작된 것은 아니고 에도시대부터 메이지시대에는 이미 외국인에 의해 기록되어 있고, 일본을 찾은 외국인은 근대적인 거리 풍경 속에서 쓰레기 없는 도로, 아침 청소, 매일 목욕 등 다양한 장면에서 놀라움이 있었던 모양이다. 일본은 산이나 바다에 둘러싸여 있고 고온다습하기 때문에 많은 궁리가 생겼던 것인데, 최근에는 깨끗하게 하는 것뿐 아니라 제균이나 항균, 멸균 등 여러 가지 대책도 하기 시작했다.
　　이것들은 모두 궁리와 기술의 발달이라고 말해 버리면 그뿐이지만 너무 지나치게 깨끗하기를 좋아하는 사회는 거꾸로 비위생적인 것에 어느 하나 닿지 않아 저항력을 만들 수 없고, 혹은 약하기 만들어 버리는 것이 아닐까? 아이가 커도 배탈이 잘 나고, 외국에서 밥을 먹고 몸이 아픈 예가 늘고 있는 것은 이러한 탓이리라. 비위생적인 것을 피하기만 할 것이 아니라 어떻게 마주해 나가야 하는지를 생각할 시기가 왔을지도 모른다.

B:
　신형 인플루엔자 등의 영향도 있고, 제균이나 항균, 살균과 멸균이라는 말이 거리에 넘쳐 난다. 손세척비누와 마스크뿐만 아니라 그릇이나 의류를 씻는 세제, 식기나 문방구, 일용품은 이들 상품 천지이다. 집에서 밖으로 나가 거리를 걸어 보아도 전철이나 버스에서 이용하는 에스컬레이터의 손잡이, 카페에는 공기청정기, 이것저것 모두 이런 효과가 있다고 여겨지는 것들뿐이다.
　최근에는 접어서 휴대할 수 있고 외국에도 가지고 갈 수 있는 '휴대용 핸디 제균 라이트'라는 것까지 판매되고 있다. 이것은 말 그대로 작고 들고 다닐 수 있는 빛인데 균을 줄이거나 제거할 수 있는 것으로, 스마트폰이나 태블릿, 키보드나 마우스, 문구, 문 손잡이 등, 씻을 수 없는 물건을 어디에서든 깔끔하게 제균할 수 있다고 한다.
　이런 기기를 판매하는 제조사에 따르면 놀랍게도 스마트폰은 화장실 변기보다 더럽다는 조사결과라고 하는데, 이 기술의 응용으로 가정이나 사무실에도 사용할 전등도 개발한다고 한다.

18 A와 B의 문장에 대해 바른 것은 어느 것인가?
　1 A도 B도 사실과 그에 대한 의견을 말하고 있다.
　2 A는 의견을 말하고 있고, B는 사실만을 말하고 있다.
　3 A도 B도 사실만을 말하고 있다.
　4 A는 사실을 말하고 있고, B는 사실과 의견을 말하고 있다.

19 지나치게 깔끔한 사회의 문제점은 무엇인가?
　1 균에 관한 기술이 진보하지 않게 되는 것
　2 균에 관한 관심이 없어져 버리는 것
　3 균에 대한 저항력이 없어져 버리는 것
　4 균에 신경 쓰지 않게 되어 버리는 것

20 A와 B 둘 다 언급한 내용은 어느 것인가?
　1 항균이나 제균은 당연한 일인 점
　2 옛날부터 일본인은 청결을 좋아했던 점
　3 새로운 기술이 계속해서 개발되고 있는 점
　4 일본인의 청결주의에는 질병이 관계되어 있는 점

단어

きれい好き 깨끗한 것을 좋아함 | 衛生 위생 | 観念 관념 | 記す 적다, 쓰다, 기록하다 | 訪れる 방문하다, 찾다 | 町並 거리 풍경, 집과 상가가 늘어선 모습 | 風呂 목욕 | 驚き 놀람 | 高温多湿 고온다습 | 除菌 제균 | 抗菌 항균 | 滅菌 멸균 | 不衛生 비위생 | 触れる 닿다, 접촉하다 | 抵抗力 저항력 | 弱める 약하게 하다 | 腹をこわす 배탈이 나다 | 体調を崩す 몸이 아프다, 몸 상태가 나빠지다 | 向き合う 마주하다 | 新型インフルエンザ 신형 인플루엔자 | 皿 접시 | 衣類 의류 | 文房具 문방구 | 手すり 손잡이 | 空気清浄機 공기청정기 | どれもこれも 이것저것 모두, 뭐든지 다 | 折りたたむ 접다, 개다 | 携帯 휴대 | 文字通り 문자대로 | 持ち運ぶ 가지고 다니다 | 減らす 줄이다 | 除去 제거 | しっかり 단단히, 확실히 | ～によれば ~에 따르면 | メーカー 메이커, 제조사 | 開発 개발 | ～とのことである ~라는 것이다

해설

18 A는 첫 번째 단락에서 사실을, 두 번째 단락에서 그에 대한 의견을 말하고 있다. 두 번째 단락의 ～ではないか, ～だろう, ～かもしれない와 같은 표현을 눈여겨 봐야 한다. 정답은 2번이다.

19 A의 두 번째 단락 첫 줄부터 둘째 줄까지를 보면 너무 깨끗해서 저항력이 없어진다고 말하고 있다. 따라서 3번이 정답이다.

20 A의 첫 번째 단락 마지막 부분 '최근에는 깨끗하게 하는 것뿐 아니라 제균이나 항균, 멸균 등 여러 가지 대책도 하기 시작했다.'와 B의 두 번째 단락 '최근에는 ～'을 눈여겨 보고 두 문장을 연결해야 한다. 이는 모두 새로운 기술이 계속해서 개발된다는 이야기이므로 정답은 3번이다.

문제12 다음 글을 읽고 이어지는 질문에 대한 답으로 가장 알맞은 것을 1·2·3·4 중에서 하나 고르시오.

개성이란 무엇인가? 삶의 방식이란 무엇인가가 논의되는 일이 많아진 지 오래다. 현대 사회에서는 젊은 사람을 중심으로 일하고 싶지 않은, 일하려고 하지 않는 사람이 늘었다고 한다. 그뿐만이 아니라 일단 취직해도 '업무 내용에 흥미를 갖기가 어렵다' '자기 시간을 더 갖고 싶다' '빡빡한 대우를 받는 건 못 참겠다' '더 자유롭고 싶다' 등으로 주장하고 블랙기업도 아닌데 신입사원의 반수가 그만두고 마는 회사도 있는 듯하다. 이러한 '인내를 모르는' '인내를 못 하는' '관심 있는 일에만 적극적인' 젊은이가 증가한 배경에는 아이가 흥미를 느끼는 것을 늘려 개성을 존중한다는 '유토리 교육(융통성 교육)'을 비롯한 현대 사회의 '개성' 치우침에 있는 듯하다.

'니트'나 '은둔형 외톨이', 취직에 적극적이지 않은 사람들을 지원하는 단체의 한 관계자는 "의외일지 모르지만 이런 곳에 다니는 사람들은 성실하고 공부도 잘하는 우등생 스타일도 많습니다."라고 말한다. ①한 젊은이는 변호사를 목표로 대학에서 법률학 공부를 이어가고 있었는데, 현실은 만만치 않아서 잘되지 않았다. 대학 졸업 후에도 좀처럼 희망대로 되지 않고, 게다가 '자기는 남과 다르다, 특별하다'라는 생각이 있어서, ②평범한 일을 할 마음이 없었던 모양이다. 그 후 몇 년 동안 본가에서 은둔형 외톨이 생활을 거쳐 올해 이 단체의 사무소를 찾아와 비슷한 처지의 사람들과 공동 생활을 시작, 다양한 이야기를 하면서 함께 취업 체험을 지속하는 동안 '보통의 일, 평범한 일의 반복이나 축적의 중요성'에 눈뜨기 시작했다고 한다.

루마니아 말에 '평범함이야말로 황금'이라는 말이 있는데, 당연한 일상이야말로 진짜 행복이다, 라는 의미가 있다. 다른 사람과는 다른 어떤 것, 혹은 개성 존중은 중요하다. 그러나 개성적이지 않으면 안 되고 개성이 없으면 의미가 없다는 인식이 사회 일반에 퍼지고 강조되기가 지나친 것이 아닐까? 이것을 젊은 사람들이 받아들이고, ③몰아붙이고 있는 것이 아닐까? 평범한 일이 자신에게는 맞지 않는다, 흥미가 없다고 생각하더라도 시작하고 계속해 보고, 어떤 것에 실패해도 다시 한 번 도전하는 향상심을 갖고, 그렇게 하면서 차츰 일도 재미를 알아 가는, 그러한 것을 사실은 잊고 있는 것이 아닐까 생각한다.

한 대학 학장의 '개성은 중요하지만 사회와 조화로운 개성이야말로 진짜이다.'라고 한 연초의 인사를 들은 적이 있다. 개성에만 집중하고 주목하는 것이 아닌 자신 속에 사회성을 갖고 사회에 책임을 가지고 참가해 가는 것이 요구되는 것이리라. 원래 개성은 그렇게 쉽게 발휘되는 것이 아니고, 사회는 자기 생각대로는 되지 않는다. 그것을 전제로 하면서, 조금이라도 자기다운 삶을 살 수 있도록 노력해 나가야 한다.

21 ①한 젊은이에 대해 바른 것은 어느 것인가?

1 **대학 졸업 후에도 한동안 법률학 공부는 계속했다.**
2 대학 졸업 후에는 회사에 들어갔다.
3 변호사가 되었지만 상상과 달랐다.
4 변호사 곁에서 법률 공부를 계속했다.

| 22 | ②평범한 일을 할 마음이 없었던 것이 변한 것은 언제인가? |

1 은둔형 외톨이 생활을 하고 있을 때
2 지원 단체의 사무소를 찾아왔을 때
3 변호사 공부를 하면서 노력할 때
4 비슷한 처지의 사람들과 공동 생활을 하고 있을 때

| 23 | ③몰아붙이고 있는 것이 아닐까?의 내용은 무엇인가? |

1 개성적이지 않으면 안 되는 것
2 사회에 나와 일하지 않으면 안 되는 것
3 사회성을 가지고 다른 사람과 관계를 갖는 것
4 참는 일이 중요한 것

| 24 | 글쓴이가 가장 하고 싶은 말은 무엇인가? |

1 개성 존중과 동시에 사회에서 살아 나갈 방법을 아는 것도 중요하다.
2 사회성을 몸에 익히기 위해서는 개성은 필요 없다.
3 개성을 충분히 발휘할 수 있는 사회 구조야말로 추구된다.
4 개성보다 평범한 일의 중요함을 젊은 사람들이 배워야 한다.

단어

個性 개성 | 生き方 삶의 방식 | 議論 의논 | 久しい 오래다 | 若者 젊은 사람, 젊은이 | いったん 일단 | 就職 취직 | 厳しい 엄하다, 엄격하다 | 耐える 견디다, 인내하다 | 我慢 참음 | 前向き 긍정적임, 적극적임 | 背景 배경 | 尊重 존중 | ゆとり 융통성 | 偏り 치우침 | こもる 깃들다, 틀어박히다 | 優等生 우등생 | 目指す 목표로 하다, 노리다 | 甘い 무르다, 만만하다 | 仕事につく 일에 착수하다 | 経る 거치다 | 実家 본가 | 仲間 동료, 친구 | 就業 취업 | 積み重ねる 쌓다, 축적하다 | 月並み 평범함, 월례 | 黄金 황금 | 広まる 퍼지다, 확산하다 | 強調 강조 | 思い込む 확신하다, 굳게 믿다 | 追い詰める 몰아붙이다 | チャレンジ 챌린지, 도전 | 向上心 향상심 | 調和 조화 | 本物 진짜 | 集中 집중 | 責任 책임 | 求める 구하다, 찾다 | そもそも 도대체, 본디, 애초, 원래 | 発揮 발휘 | 前提 전제 | ～べきだ ~해야 한다

해설

21	그 후의 '현실은 녹록하지 않았다'라는 것은 변호사가 되지 못다라는 뜻. '대학 졸업 후에도 좀처럼 뜻대로 되지 않았고'라는 것은 공부는 계속했지만 역시 잘되지 않았다'라는 뜻이나 다름없다. 법률학 공부는 계속했으므로 1번이 정답이다.
22	두 번째 단락 끝 부분, '비슷한 처지의 사람들과의 공동 생활을 시작. 다양한 이야기를 하면서 함께 취업 체험을 지속하는 동안 '보통의 일, 평범한 일의 반복이나 축적의 중요성'에 눈뜨기 시작했다고 한다.'라는 심경 변화가 적혀 있다. 따라서 정답은 4번이다.
23	바로 앞의 '그러나 개성적이지 않으면 안 되고 개성이 없으면 의미가 없다는 인식이 사회 일반에 퍼지고 강조되기가 지나친 것이 아닐까? 이것을 젊은 사람들이 받아들이고' 라는 대목에 그 설명이 있다. 답은 1번이다.
24	마지막 단락에 글쓴이의 주장이 요약되어 있다. 이를 이해하면 정답은 1번임을 알 수 있다.

문제13 오른쪽 페이지는 시에서 하는 무료 건강 진단, 건강 상담의 안내이다. 아래 질문에 대한 답으로 가장 알맞은 것을 1·2·3·4 중에서 하나 고르시오.

[25] 시내 기업에 다니고 있는 A씨는 매일 담배를 피운다. 이 때문에 폐암에 걸리지 않을지 걱정하고 있으며 담배를 끊을 방법을 배우고 싶어 한다. 어떻게 하면 좋을까?

1 대상자이므로 신청할 수 없다.
2 3월 10일 10시에 센터 접수에 가서 신청한다.
3 2월 25일에 0561-53-1115에 전화해서 신청한다.
4 **3월 10일 13시에 센터 접수에 가서 신청한다.**

[26] 55세인 B씨는 최근 들어 계단을 오르내릴 때 무릎이 아픈데 그 원인은 몸무게가 너무 늘어서라고 느끼고 있다. 어떻게 하면 좋을까?

1 2월 10일에 0561-53-1111에 전화해서 신청한다.
2 2월 25일까지 최근의 건강진단 결과를 준비하여 전화를 건다.
3 3월 5일에 최근의 건강진단 결과를 가지고 센터로 간다.
4 **2월 25일에 0561-53-1118에 전화해서 신청한다.**

내과 진단
- 일시: 3월 5일 9시~접수
- 내용: 문진·청진·혈압 등
- 신청: 2월 10일부터 전화로 개시 0561-53-1111

치과 진단
- 일시: 3월 15일 9시~접수
- 내용: 치과 검진, 칫솔질 지도
- 신청: 2월 20일부터 전화로 개시 0561-53-1112

폐암 진단
- 일시: 3월 10일 10시~접수
- 내용: 흉부 엑스선 검사
  가래 검사(문진에서 필요하다고 판단된 분은 가십시오)
- 대상: 40세 이상. 최대 40인까지(선착순입니다)
- 신청: 2월 25일부터 전화로 개시 0561-53-1115

성인병 예방에 관한 건강 상담
- 일시: 3월 5일 13시 30분~접수
- 내용: 식생활·수면·운동 등의 개별 건강 상담. 골밀도 측정. 신청하실 분은 최근 건강 진단 결과를 가지고 오십시오(반 년 전까지의 것이 바람직합니다)
- 대상: 40세 이상. 최대 20인까지(선착순입니다)
- 신청: 2월 25일부터 전화로 개시 0561-53-1118

금연 상담
- 일시: 3월 10일 13시~접수
- 내용: 흡연 습관 문진. 담배 지식과 금연 방법에 관한 워크숍과 개별 상담. 소변 검사와 호흡 검사.
- 대상: 시내 거주, 혹은 시내 근무인 금연 희망자 20명(선착순입니다)
- 신청: 당일 시 건강 복지 센터 접수로 오십시오.

단어

勤める 일하다, 근무하다 | 肺 폐 | がん 암 | 申し込む 신청하다 | 問診 문진 | 聴診 청진 | 血圧 혈압 | 歯科 치과 | 指導 지도 | 胸部 흉부 | 痰 가래 | 先着 선착 | 睡眠 수면 | 個別 개별 | 密度 밀도 | 望ましい 바람직하다 | 尿 뇨 | もしくは 혹은, 그렇지 않으면 | 福祉 복지

해설

[25] A씨는 '시내 근무' 대상이고 방법을 공부하려고 하므로 폐암 검진이 아니라 금연 상담이다. 정답은 4번이다.

[26] B씨는 '체중이 너무 늘어서' 걱정이며 살을 빼고자 하므로 성인병에 관한 건강 진단이 필요하다. 따라서 정답은 4번이다.

모의고사 02

문제8 다음 (1)부터 (4)까지의 글을 읽고, 이어지는 질문에 대한 답으로 가장 알맞은 것을 1·2·3·4 중에서 하나 고르시오.

(1)

> 우리 손자들은 어렸을 때부터 자신이 말한 것에는 책임을 가지고 몰두하기 때문에 주위로부터 인정받아 왔다. 취직하거나 또는 대학에 들어간 지금도 "논 일 거들게요."라고 하기에 "멀리서 안 와도 돼."라고 해도 작업을 도와주러 온다. 손자들에게는 한없이 고맙고, 살아 가는 힘이 되고 있다. 정치가들 모두가 성인군자나 모범적인 인간이 되어라, 라고까지는 말하지 않겠으나 그렇다고 해도 지금의 정치가들에게는 상식이 결여된 행동이 많이 눈에 띈다. 중요한 것은 무슨 일이든 상식 범위에서 자기 책임을 다하는 것이 아닐까.

1 글쓴이가 가장 하고 싶은 말은 무엇인가?

1 정치가는 말보다 행동을 우선해야 한다.
2 사랑하는 손자들이 훌륭한 정치가가 됐으면 한다.
3 어린 시절부터의 부모의 관심은 교육에 필수적인 조건이다.
4 정치인들이 누구나 납득할 수 있는 행동을 하기 바란다.

단어

孫 손자 | 責任 책임 | 取り組む 몰두하다, 대처하다 | 周囲 주위 | 認める 인정하다 | 就職 취직 | あるいは 혹은 | 田んぼ 논 | 作業 작업 | 生き甲斐 삶의 보람 | 原動力 원동력 | 政治家 정치가 | 聖人君子 성인군자 | 模範 모범 | 常識 상식 | 欠く 빠지다, 결여되다, ~이/가 부족하다 | 少なからず 적잖이, 많이 | 見受ける 눈에 띄다, 볼 수 있다 | 自己責任 자기 책임 | 臨む 임하다

해설

글쓴이는 자신이 말한 것은 책임을 지고 몰두하기 때문에 주위로부터 인정받고 있는 자신의 손자를 언급하면서, 결국 지금의 정치가들이 상식이 결여된 행동을 하는 것에 대한 비판을 하고자 하는 것임을 알 수 있다. 마지막 문장에서 정치가들에게 중요한 것은 무슨 일이든 상식 범위에서 자기 책임을 다하는 것이 아닐까라고 했으므로 글쓴이가 가장 말하고자 하는 것은 정치인들에게는 누구나 납득할 수 있는 행동을 하기 바란다고 한 4번이 정답이다.

(2)

> 미성년자에게 흡연시켜서는 안 된다는 것은 담배의 해를 지금처럼 알 수 없던 시기부터 상식이었다. 현재는 담배의 유해성이나 의존성이 각 연구로부터 증명되고 있다. 더욱이, 흡연자 본인보다도 간접 흡연이 보다 더 해가 큰 것도 알고 있다. 그러나 미성년자에게 간접 흡연을 강요하는 곳이 많다. 특별히 심한 것이 선술집 등 미성년자를 아르바이트로 고용하고 있는 점포이다. 다른 사람에게 흡연의 해를 끼치는 것은 결코 용납될 수 없다. 특히 미성년자에 대한 방지 대책은 법 규제로써 급무가 아닐까?

2 **본문의 내용과 맞지 않은 것은 어느 것인가?**

1 담배는 흡연자 본인보다 간접 흡연이 더 해가 심하다.
2 **미성년자의 간접 흡연은 주로 동료끼리 있을 때 일어난다.**
3 담배의 유해성이나 의존성에 관한 연구는 활발히 이루어져 왔다.
4 정부는 한시라도 빨리 미성년자에 대한 간접 흡연의 해를 막는 법률을 만들어야 한다.

단어

未成年者(みせいねんしゃ) 미성년자 | 喫煙(きつえん) 흡연 | ～てはいけない ~해서는 안 된다 | 有害性(ゆうがいせい) 유해성 | 依存性(いそんせい) 의존성 | 証明(しょうめい) 증명 | 更(さら)に 더욱이 | 本人(ほんにん) 본인 | 受動喫煙(じゅどうきつえん) 간접 흡연 | 強(し)いる 강요하다 | 多々(たた) 많이 | 居酒屋(いざかや) 선술집 | 雇用(こよう) 고용 | 店舗(てんぽ) 점포 | 決(けっ)して 결코 | 許(ゆる)す 허락하다, 용서하다 | ～ものではない ~인 것은 아니다 | 殊(こと)に 특히 | 防止(ぼうし) 방지 | 法規制(ほうきせい) 법 규제 | 急務(きゅうむ) 급무

해설

본문에서는 담배의 유해성이나 의존성이 각 연구로부터 증명되고 있고, 흡연자 본인보다도 간접 흡연이 보다 더 해가 큰 것도 알고 있다고 했으므로 선택지 1번과 3번은 내용과 맞는 보기이다. 또한, 마지막 문장의 미성년자에 대한 방지 대책은 법 규제로서 급무가 아닐까라는 말은 '정부는 한시라도 빨리 미성년자에 대한 간접 흡연의 해를 막는 법률을 만들어야 한다.'는 선택지 4번의 내용과 일치한다. 그러나 선택지 2번의 '미성년자의 간접 흡연은 주로 동료끼리 있을 때 일어난다.'는 내용은 없기 때문에 2번이 정답이다.

(3)

　　대학생의 취업활동은 초 빙하기로, 많은 학생들이 취직을 위해서 유급한다고 한다. 실은 이것이 인생에 있어 큰 함정(注1)인 것이다. 그것보다는 직종에 구애받지 않고 어딘가에서 일하며 혹독한 사회 현실을 체험하는 것이 보다 유리하다고 생각한다. 대학에 남아 있어도 인생에 보탬이 되는 경우는 적고, 하는 일 없이(注2) 시간을 보내 버리는 경우가 허다한 것은 아닐까? 국내외의 혹독한 경제 사정을 보면 자신의 인생을 그렇게 간단히 결정할 수 있는 상황이 아닌 것은 분명하다. 그러나 그렇기 때문에 더욱 현실을 체험하는 것이 매우 중요한 의미를 가진다. 아르바이트든 파트타임이든 어딘가에서 일하며 인생 경험을 쌓는 것이 지금의 젊은이들에게는 필수라고 생각한다.

(注1) 落(お)とし穴(あな) : 사람을 빠뜨리기 위한 책략
(注2) 無為(むい)に : 자연에 맡기고 인위를 더하지 않음

3 **글쓴이는 취업을 위한 유급에 대해 어떻게 생각하는가?**

1 국내외의 여러 사정을 생각하면 어쩔 수 없다고 생각한다.
2 제대로 된 직장에 들어가기 위해서는 적절한 방법이라고 생각한다.
3 **그보다 간단한 일이라도 경험을 쌓는 것이 중요하다고 생각한다.**
4 시간 낭비에 지나지 않기 때문에 절대 하지 말아야 한다고 생각한다.

단어

氷河期 빙하기 | 留年 유급 | 落とし穴 함정, 계략 | 職種 직종 | こだわる 구애되다 | 体験 체험 | 有利 유리 | 足し 보충, 보탬 | ～をみれば ~을/를 보면 | 無為に 자연 그대로 | 経済 경제 | 事情 사정 | 極めて 극히, 아주 | ～であれ ~라든지, ~이든 | 積む 쌓다 | 若者 젊은이 | 必須 필수

해설

글쓴이는 학생들이 취직을 위해서 유급하는 것이 인생의 함정이라고 말하고 있다. 직종에 구애되지 않고 어딘가에서 일하며 혹독한 사회 현실을 체험하는 것이 보다 유리하기 때문에 아르바이트든 파트타임이든 어딘가에서 일하며 인생 경험을 쌓는 것이 지금의 젊은이들에게는 필수라고 생각한다고 말하고 있다. 따라서 글쓴이의 유급에 대한 생각으로는 '그보다 간단한 일이라도 경험을 쌓는 것이 중요하다'고 한 선택지 3번이 정답이다. 선택지 4번 속의 '절대'와 같은 말에 주의하자.

(4)

　'소문에 의한 피해(注)'라는 말이 애매한 이유는 엄밀한 정의 없이 1990년대 말부터 매스컴 용어로서 사용되기 시작했기 때문이라고 한다. 그러나 요즘 사람들은 사건이나 재해 등의 보도를 계기로 소비나 관광 등을 근거도 없이 위험하게 생각해 버리는 것에 의한 피해라고 인식하고 있는 것 같다. '소문에 의한 피해'의 본질은 절대적인 안전을 원하는 안전 사회, 대체물을 쉽게 손에 넣을 수 있는 고도 유통 사회, 그리고 정보 과다 사회를 배경으로 하고 있다고 생각된다. 그렇다면 피하는 것은 근본적으로 곤란하다는 전제 하에서 대책을 세울 수밖에 없을 것이다. 중요한 것은 그 메커니즘을 이해하는 것이다. 따라서 소비자나 미디어뿐만 아니라 행정이나 유통 등 관련 업자들의 책임은 실로 무겁다고 할 수 있다.

　(注) 風評被害 : 근거 없는 소문 때문에 받는 피해

4 '소문에 의한 피해'에 대한 설명 중에서, 올바르지 않은 것은 어느 것인가?

　1　현재까지 뚜렷한 정의가 이루어지지 않았다.
　2　올바른 정보 교환만 된다면 막을 수도 있다.
　3　소문에 피해의 배경에는, 지금의 유행과도 밀접한 관계가 있다.
　4　소비자나 언론뿐만 아니라, 관련 업자의 책임도 무시할 수 없다.

단어

風評 풍평, 풍문 | 曖昧 애매 | 厳密 엄밀 | 定義 정의 | 災害 재해 | 報道 보도 | 消費 소비 | 根拠 근거 | 危険 위험 | 被害 피해 | 認識 인식 | ～ようだ ~인 것 같다 | 本質 본질 | 求める 구하다, 바라다 | 代物 대체물 | 容易 용이 | 入手 입수 | 流通 유통 | 情報 정보 | 背景 배경 | 避ける 피하다 | 根本的 근본적 | 困難 곤란 | 前提 전제 | 対策を立てる 대책을 세우다 | ～しかない ~할 수밖에 없다 | ～だけでなく ~뿐만 아니라 | 行政 행정 | 業者 업자

해설

'소문에 의한 피해'의 본질은 절대적인 안전을 원하는 안전 사회, 대체물을 쉽게 손에 넣을 수 있는 고도 유통 사회, 그리고 정보 과다 사회를 배경으로 하고 있기 때문에 피하는 것은 근본적으로 곤란하다는 전제 하에서 대책을 세울 수밖에 없다고 말하고 있으므로 '올바른 정보 교환만 된다면 막을 수도 있다'고 한 2번이 정답이 된다.

문제 9 다음의 (1)부터 (3)의 글을 읽고, 이어지는 질문에 대한 답으로 가장 알맞은 것을 1·2·3·4 중에서 하나 고르시오.

(1)

근무하는 기업으로부터 발령을 받거나 가정의 사정 등으로 어쩔 수 없이 단신부임을 하는 경우가 적지 않다. 후생 노동청의 발표에 따르면, 단신부임자 수는 매년 증가하는 경향이라고 한다. 그러나 가족에게 있어 한 집안의 기둥(注1)으로서 항상 가까이에 있길 바라는 아버지가, 단심부임으로 안 계시게 되는 것은 많든 적든 이중 생활로 인한 경제적 또는 심리적 부담을 강요받는 등 당사자나 가족의 심신에 어느 정도 악영향을 초래할 수 있다는 점에서 부정적 이미지가 있다. 그런 까닭에 고용자 측에서는 가족 동반 전근이 가능하도록 사택이나 관사를 마련하거나 주택수당 지급을 고려하기도 하지만, 그럼에도 불구하고 많은 사람들은 본인 희망으로 단신부임을 단행하고 있다. 이것은 자녀 교육을 시작으로 가족의 상황을 고려한 적극적인 선택에 의한 것으로 여겨진다. 요즘 시대는 떨어져 있어도 휴대전화나 컴퓨터로 주고받는 연락이 항상 가능하지만, 가족끼리 함께 살 수 없다는 것은 당연히 염려스러운(注2) 일이다.

그런데 부부나 부모자식도 헤어져 봐야 비로소 서로의 모습이 잘 보이는 것은 아닐까? 평소에 감정적으로 서로 반발하는 일이 많았던 가족 사이가 심리적, 물리적인 거리를 두고 냉정히 서로의 소식을 전함으로써 더욱 깊은 이해를 하게 되는 것은 아닐까? 단신부임하는 남편에게 있어서 독거 생활은 가족을 헤아리는 마음을 새로이 다시 인식하는 좋은 기회도 될 수 있다고 생각한다.

(注1) 大黒柱 : 가정이나 나라의 중심이 되어 그것을 지탱하는 사람
(注2) 気遣わしい : 일이 돌아가는 모습을 걱정하는 모습

5 많은 사람이 본인의 희망으로 단신부임을 단행하고 있다는 이유는 무엇일까?
1 평소에 무심코 감정적이 되어 서로 반발하는 경우가 많기 때문에
2 가족의 상황을 고려한 적극적인 선택에 의한 경우가 많기 때문에
3 도시의 혼잡으로부터 떨어져 살고 싶다고 생각하는 사람이 많기 때문에
4 가족이 함께 살면 이해를 깊게 할 계기가 적기 때문에

6 단신부임에 대한 설명 중 옳지 않은 것은 어느 것인가?
1 단신부임자의 수는 해마다 증가하고 있다.
2 지금까지 경험하지 못한 해방감을 맛볼 수 있다.
3 본인이나 가족의 심신에 어떤 악영향을 줄 수 있는 경우도 있을 수 있다.
4 고용자 측도 가족을 동반한 전근이 가능하도록 궁리하고 있다.

7 글쓴이는 단신부임에 대해 어떻게 생각하고 있는가?
1 가족을 생각해서 절대 가서는 안 된다고 생각한다.
2 가족에 대한 배려를 다시 한 번 생각할 수 있는 좋은 기회가 될 것이라고 생각한다.
3 싸움의 원인이 되는 경우가 많기 때문에, 가능한 한 삼가는 것이 좋다고 생각한다.
4 업무상 어쩔 수 없는 경우가 있으므로, 더 적극적으로 갔으면 한다고 생각한다.

단어

勤務先 근무처 | 命じる 명령하다 | 事情 사정 | 単身赴任 단신부임 | ～を余儀なくされる 어쩔 수 없이 ~하게 되다 | ～によると ~에 의하면 | ～にとって ~에 있어서 | 一家 일가 | 大黒柱 (집안, 단체, 국가 등의) 기둥이 되는 인물 | 身近 신

변, 자기와 관계가 깊음 | 留守(るす) 부재, 빈집을 지킴 | 多(おお)かれ少(すく)なかれ 많든 적든 | 負担(ふたん) 부담 | 強(し)いる 강요하다 | 当人(とうにん) 당사자 | 心身(しんしん) 심신 | もたらす 가져오다, 초래하다 | それ故(ゆえ) 그러므로, 그런 까닭에 | 雇用者(こようしゃ) 고용자 | 社宅(しゃたく) 사택 | 官舎(かんしゃ) 관사 | 整(ととの)える 정비하다, 조정하다 | 手当(てあて) 수당, 급여 | 支給(しきゅう) 지급 | ～にもかかわらず ~임에도 불구하고 | 踏(ふ)み切(き)る 단행하다 | やりとり 주고받음 | 気遣(きづか)わしい 염려스럽다, 걱정스럽다 | ～ことだ ~일이다 | ～て初(はじ)めて ~하고야 비로소 | 反発(はんぱつ) 반발 | 冷静(れいせい) 냉정 | 便(たよ)り 소식 | 思(おも)いやり 배려 | 改(あらた)めて 다시, 새삼스럽게 | 見直(みなお)す 재인식하다, 달리 보다

해설

5 밑줄 다음 문장에 '이것은 자녀 교육을 시작으로 가족의 상황을 고려한 적극적인 선택에 의한 것으로 여겨진다.'라고 설명하고 있으므로 선택지 2번의 정답을 쉽게 찾을 수 있다.

6 단신부임자 수는 매년 증가하는 경향이고, 당사자나 가족의 심신에 어느 정도 악영향을 초래할 수 있다는 점에서 부정적 이미지가 있기 때문에 고용자 측에서는 가족 동반 전근이 가능하도록 사택이나 관사를 마련하거나 주택수당 지급을 고려하기도 한다고 말하고 있으므로 선택지 1번, 3번, 4번은 단신부임에 대한 올바른 설명이다. 정답은 2번이다.

7 단신부임에 대한 글쓴이의 생각은 마지막 단락에 잘 나타나 있다. '평소에 감정적으로 서로 반발하는 일이 많았던 가족 사이가 심리적, 물리적인 거리를 두고 냉정히 서로의 소식을 전함으로써 더욱 깊은 이해를 하게 되고, 단신부임하는 남편의 독거 생활은 가족을 헤아리는 마음, 새로이 다시 인식하는 좋은 기회도 될 수 있다고 생각한다'고 말하고 있으므로, 가족에 대한 배려를 다시 한 번 생각할 수 있는 좋은 기회가 될 것이라 생각한다고 한 2번이 정답이 된다.

(2)

　　요즘 나는 무언가에 빠져 있다. 그것은 기모노다. 화려한 것은 그다지 좋아하지 않지만, 왠지 기모노를 입고 싶을 때가 있다. 계기라고 한다면 긴자의 기모노 전문점에 전시되어 있는 오렌지색 기모노를 보고 첫눈에 반한 때로, 처음에는 입고 싶은 것이 아니라 단지 갖고 싶을 뿐이었다. 일본 옷이라면 입기에 주저할 만한 화려한 무늬라도 아무렇지 않게 입을 수 있고, 기모노는 오비를 매는 방법 등으로 세련되게 보이거나 화려하게 보여지기도 해서 다양성이 있다. 더욱이 뒷덜미를 내려 목덜미를 보여주는 것, 기모노 속에 입는 속옷(注1)을 보여주는 분량, 오비의 위치 등으로 완전히 분위기가 바뀐다. 기모노는 일본인 특유의 풍부한 감성 표현 방식이고, 또한 그것에 자기 색깔이 드러나는 것이다. 비싼 가격이나 입는 방법이 어렵기 때문에 젊은 사람들에게는 그다지 인기가 없는 것 같지만 할머니나 어머니의 것을 입거나 하는 등 입문 방법은 여러 가지가 있을 수 있고, 다소 사이즈가 달라도 허리 위치를 조절함으로써 어떻게든 입을 수 있다. 이러한 '융통'이라는 정신도 기모노의 묘미(注2)가 아닐까? 역시 일본인은 일상생활 속에서도 항상 미를 추구하는 것임에 틀림없다. 지금은 '버린다'는 정리정돈 방법이 유행하고 있는 것 같은데, 그것은 무언가 소중한 것도 함께 버릴 것만 같은 느낌이 들어 나에게는 좀 위화감이 있다. 유행을 따르는 것도 좋지만, '함께 산다'는 것도 한 번쯤은 생각해 주었으면 한다.

(注1) 襦袢(じゅばん) : 기모노 안에 입는 일본 옷의 속옷의 하나
(注2) 醍醐味(だいごみ) : 최상급의 맛을 뜻한다

8 글쓴이가 기모노에 심취한 이유는 무엇일까?

1　원래부터 화려한 색을 너무 좋아했기 때문에
2　기모노는 자신의 개성을 나타내기 쉬우니까
3　옛날에는 몰랐던 기모노의 아름다움을 알았기 때문에
4　쇼윈도에 걸려 있는 기모노의 색에 반해 버렸기 때문에

9 기모노에 대해 가장 정확하게 설명하고 있는 것은 어느 것인가?
1 **입는 방법에 따라 다른 분위기를 낼 수 있다.**
2 풍요로운 삶과 미의식을 표출하는 수단이다.
3 기모노의 색채에 의해서 자신다움이 우러난다.
4 높은 가격이나 입는 방법의 어려움은 대중성의 방해이다.

10 기모노에 대한 글쓴이의 생각과 맞는 것은 무엇인가?
1 **부모님에게 물려 입어도 그다지 상관없다.**
2 융통성이 있고 전 세대에 선호되고 있다.
3 여러모로 궁리해 보면, 결국 버릴 것은 없다.
4 유행은 쫓는 것이 아니라 선도하는 것이다.

단어

はまる 빠지다, 빠져들다 | 派手(はで)だ 화려하다 | 何(なん)となく 어쩐지, 왠지 | 展示(てんじ) 전시 | 一目(ひとめ)ぼれ 첫눈에 반함 | 和服(わふく) 일본 옷 | 躊躇(ちゅうちょ) 주저 | 柄(がら) (옷감 등의) 무늬, 문양 | 華(はな)やかだ 화려하다 | 帯(おび) 일본 옷에 매는 허리띠 | 衣文(えもん)の抜(ぬ)き方(かた) 기모노의 목덜미를 잡아당겨 내리는 것 | 襦袢(じゅばん) 일본 옷의 속옷 | がらり 어떤 상태가 급변하는 모양 | 醸(かも)し出(だ)す 자아내다 | 着付(きつ)け (전통 옷을) 입는 방법 | 調整(ちょうせい) 조정 | 融通(ゆうずう) 융통 | 醍醐味(だいごみ) 진정한 맛, 참다운 즐거움, 묘미 | ～ではないだろうか ~인 것은 아닐까 | ～に違(ちが)いない ~임에 틀림없다 | 整理整頓(せいりせいとん) 정리정돈 | 流行(はや)る 유행하다 | ～らしい ~인 것 같다 | 気(き)がする 느낌이 들다, 생각이 들다 | 違和感(いわかん) 위화감

해설

8 긴자의 기모노 전문점에 전시된 오렌지색 기모노를 보고 첫눈에 반한 것이 계기였고, 처음에는 입고 싶은 것이 아니라 단지 갖고 싶을 뿐이었다고 했다. 따라서 글쓴이가 기모노에 심취한 이유는 '쇼윈도에 걸려 있는 기모노의 색에 반해 버렸기 때문'이라고 한 4번이 정답이다.

9 기모노에 대해 가장 정확하게 설명하고 있는 것을 고르는 문제는 가장 객관적으로 설명하고 있는 것을 선택해야 한다. 기모노는 오비를 매는 방법 등으로 세련되게 보이거나 화려하게 보이기도 해서 다양성이 있고, 뒷덜미를 내려 목덜미를 보여주는 것, 기모노 속에 입는 속옷을 보여주는 분량, 오비의 위치 등으로 완전히 분위기가 바뀐다고 설명했다. 따라서 정답은 '입는 방법에 따라 다른 분위기를 낼 수 있다.'고 한 선택지 1번을 선택하면 된다.

10 기모노는 비싼 가격이나 입는 방법이 어렵기 때문에 젊은 사람들에게는 그다지 인기가 없는 것 같다고 했으므로 모든 세대가 선호하는 것이 아니기 때문에 2번은 오답이다. 또한, 유행을 따르는 것도 좋지만, '함께 산다'는 것도 한 번쯤은 생각해 달라고는 언급했지만 유행을 선도하라는 말은 찾아 볼 수 없기 때문에 선택지 4번도 답이 될 수 없다. 기모노는 다소 사이즈가 달라도 허리 위치를 조절하거나 어머니의 것을 입거나 하는 등으로 접할 방법은 여러 가지가 있을 수 있다고 하였으므로, 부모님에게 물려 입어도 그다지 상관없다고 한 선택지 1번이 정답이다.

(3)

　　일본은 에너지 자원의 대부분을 해외 수입에 의존하지만, 전력 소비량은 세계 제4위의 높은 수준이다. 그 때문에, 정부는 여름이 되면, 보다 안정적인 공급이 중요 과제로 부상, 사회 전체가 절전을 의식하고 있다. "금년 여름도 절전 모드에 힘을 합해 주실 것과 동시에 방범 대책에도 한층 더 주의를 기울이도록 부탁 말씀드립니다."라고 월드경비 보장 주식회사의 다카하시 씨는 호소하고 있다. 다카하시 씨에 의하면 "절전은 냉방 등만이 아니고 밤거리에서도 가로등이 드문드문(注1) 켜지기 때문에 귀가 시에는 방범 벨이나 손전등을 가지고 다니는 등 방범 대책을 철저히 하세요."라고 전한다. 또한 "절전을 의식하는 것은 알겠지만, 창을 열고 자는 것은 금지(注2). 노상에서 자고 있는 것과 같습니다."라며 주의를 환기한다. 심야 전력에는 여력이 있으므로 잠들기 힘들 때 등은 참지 말고 냉방을 켜 문단속을 확실히 하고 자는 것이 좋다고 한다. 그리고 "절전의 영향으로 빈집털이 등의 범죄 피해를 입지 않도록 자택 등 건물 도어나 창문에 이중 잠금 장치를 설치하여 확실한 방범 대책을 해 주세요."라고 말했다.
　　지금부터가 진정한 여름이다. 다카하시 씨의 충고를 참고로 하여, 올해도 쾌적하고 안전한 여름을 보내고 싶다.

(注1) 疎ら(まばら) : 물건이 적고 틈이 벌어져 있는 모양
(注2) 法度(はっと) : 금지되어 있는 것

11 다카하시 씨에 의하면, 잠이 잘 들지 않을 때는 어떻게 하면 된다고 말하고 있는가?
　1 보안을 위해 참는 것이 좋다.
　2 절전을 위해 창문을 열고 자는 것이 좋다.
　3 심야 전력에 여력이 없기 때문에 참을 수밖에 없다.
　4 참지 말고 냉방을 켜고 확실하게 문단속을 하고 자는 것이 좋다.

12 여름은 특히 방범 대책이 필요한 이유는 무엇일까?
　1 여름 휴가 때 외출하는 사람이 많아졌기 때문에
　2 야간의 가로등이 적고 어둑한 곳이 늘고 있기 때문에
　3 냉방 등을 사용하지 못하고 더운 가운데에서의 생활을 강요받기 때문에
　4 절전의 영향으로 창문이나 문을 열기 쉽게 해 놓는 사람이 늘고 있기 때문에

13 본문의 내용과 맞는 것은 어느 것인가?
　1 냉방은 전력을 많이 소비하므로 어떤 때라도 삼가는 것이 좋다.
　2 전력은 하루 종일 부족하기 때문에 항상 절전을 의식하지 않으면 안 된다.
　3 절전을 의식하는 것은 중요하지만 방범과의 균형을 생각해야 한다.
　4 한층 더 방범 대책이 필요하게 되는 여름은 별로 나가지 않는 게 좋다.

단어

輸入(ゆにゅう) 수입 | 依存(いそん) 의존 | 電力(でんりょく) 전력 | 消費量(しょうひりょう) 소비량 | 節電(せつでん) 절전 | 防犯(ぼうはん) 방범 | 一層(いっそう) 한층 더 | ～によれば ～에 의하면 | ～だけではなく ～뿐만 아니라 | 促(うなが)す 재촉하다 | 警備(けいび) 경비 | 保障(ほしょう) 보장 | 株式(かぶしき) 주식 | 冷房(れいぼう) 냉방 | 街灯(がいとう) 가로등 | 疎(まば)ら 드문드문함 | 帰宅(きたく) 귀가 | 懐中電灯(かいちゅうでんとう) 손전등 | 法度(はっと) 금지 사항 | 路上(ろじょう) 노상, 길바닥 | 喚起(かんき) 환기 | 深夜(しんや) 심야 | 余力(よりょく) 여력 | 我慢(がまん) 참음 | 戸締(とじま)り 문단속 | 空(あ)き巣(す) 빈집털이 | 施(ほどこ)す 베풀다, 주다 | 厳重(げんじゅう) 엄중 | ～とのことだ ～라고 한다 | 本番(ほんばん) 실전 | 快適(かいてき) 쾌적

해설

11 다카하시 씨는 심야 전력에는 여력이 있으므로 잠들기 힘들 때 등은 참지 말고 냉방을 켜 문단속을 확실히 하고 자는 것이 좋다고 했으므로 정답은 4번이다.

12 여름이 되면 사회 전체가 절전을 의식해서 냉방을 켜지 않다 보니 창을 열고 자는 경우가 많기 때문에 방범에 취약해지기 쉽다. 따라서 여름엔 특히 방범 대책이 필요한 것이고, '절전의 영향으로 창문이나 문을 쉽게 열어놓는 사람이 늘고 있기 때문에'라고 한 4번이 정답이 된다.

13 심야 전력에는 여력이 있으므로 잠들기 힘들 때 등은 참지 말고 냉방을 켜 문단속을 확실히 하고 자는 것이 좋다고 하였기 때문에 냉방은 전력을 많이 소비하므로 어떤 때라도 삼가는 것이 좋다고 한 1번과, 전력은 하루 종일 부족하기 때문에 항상 절전을 의식하지 않으면 안 된다고 한 2번은 정답이 될 수 없고, 여름에는 외출을 하지 말라는 내용은 나와 있지 않으므로 4번도 오답이다.

글쓴이는 '절전을 의식하는 것은 알겠지만, 창을 열고 자는 것은 금지. 노상에서 자고 있는 것과 같습니다.'라며 주의를 환기하고, 밤에는 참지 말고 냉방을 켜 문단속을 잘 하고 자라고 했으므로 '절전을 의식하는 것은 중요하지만 방범과의 균형을 생각해야 하는 것'이라고 한 3번이 정답이다.

문제10 다음 글을 읽고 질문에 대한 답으로 가장 알맞은 것을 1·2·3·4 중에서 하나 고르시오.

말은 시대와 함께 변화하고 진화한다. 가령, 사투리는 소멸 위기라는 말도 할 수 있지만, 다르게 말하면 일본 국내에서도 사람의 이동과 정착이 늘었고, 그런 만큼 사람의 접촉과 교류가 진행되어 방언이 달라져 왔다고 할 수 있다. 언어가 변화, 진화하는 현상은 일본어만의 일이 아니고 세계 공통이다. 일본어에도 이것은 방언에 국한된 것이 아니고 우리가 국어에서 배우는 표준적인 일본어도 죽 변화를 계속하고 있다는 것인데, 현재는 특히 ①맹렬한 속도로 변화하고 있는 듯하다.

그 요인으로 생각할 수 있는 것은 소위 IT관계의 기술 발달이고, 구체적으로는 컴퓨터나 휴대 전화라는 새로운 의사소통 형태의 등장과 급속한 확대이다. 예전에는 전문가밖에 알지 못했던 컴퓨터 용어도 지금은 일상 대화 속에 당연한 듯이 나오게 되었고, SNS를 중심으로 직접 만나지 않고도 대화가 쉽게 가능하게 되었다. 이와 같은 배경 속에 계속해서 새로운 언어가 탄생하고 있고 언어를 짧게 표현하는 '스마호(스마트폰)' '완찬(완 찬스)'이나 (*・ω・*)과 (;;) 등의 에모지도 들어와 그곳에서의 대화는 이제 지구의 언어가 아니라고 여겨질 정도이다.

젊은 사람을 중심으로 한 이러한 급속한 언어의 변화 속에서 차츰 많은 언어가 생겼다가는 사라지는 것을 반복하는 현대 사회이지만 어떤 언어 학자는 이러한 상황도 ②특별히 놀랄 일은 아니라고 말한다. 언어는 늘 변화를 계속하고 새로운 언어도 자꾸자꾸 나온다. 우주인의 대화를 듣고 있는 듯한 상황마저 있을 법하다. 그러나 남는 언어의 수는 한정적인 것 같다.

이만큼 빠르게 에모지나 기호도 포함해 새로운 언어와 표현이 늘어 가면, 그 대부분이 정착하지 않고 사라져 간다고 해도 꽤 많은 수의 언어가 남을 가능성은 없을까? 지금까지도 일본어를 불문하고 언어는 항상 변화, 진화를 계속하면서 지금까지 왔다. 현대 사회는 그 속도가 올라가는 가운데, 예를 들어 30년 후의 일본어가 지금과 전혀 다른 언어가 되어 있다든가 하는 ③SF영화 같은 이야기는 지나친 생각일까?

14 언어가 ①맹렬한 속도로 변화하고 있는 것은 왜인가?

1 사람의 이동이 옛날보다 늘었기 때문에
2 국어 교육 내용이 변했기 때문에
3 젊은이에게 언어를 바꿀 힘이 있기 때문에
4 사람과의 교류 방법이 변하고 있기 때문에

15 ②특별히 놀랄 일은 아니라는 것은 왜인가?

1 앞으로 남을 새로운 언어의 수는 지금까지와 다르지 않아서
2 컴퓨터나 휴대전화에서 쓰이는 언어는 남기 어렵기 때문에
3 젊은이의 언어는 어느 시대에나 우주인과 같이 이해하기 어려웠기 때문에
4 기술의 발달은 최근의 일이고 모르는 것이 많기 때문에

16 ③SF영화 같은 이야기라는 것은 어떤 뜻인가?

1 방언이 없어져서 대화가 불가능해지는 일
2 에모지투성이가 되어서 언어가 사라져 가는 일
3 컴퓨터나 휴대전화조차 필요해지지 않는 일
4 새로운 언어가 많이 남아 젊은이와의 이야기가 통하지 않는 일

17 본문의 내용과 맞는 것은 어느 것인가?

1 방언은 일본 문화이므로 남길 노력을 지금부터 해야 한다.
2 언어는 변화하고 있는 듯이 보이지만 사실은 변하지 않은 것이다.
3 옛날부터 써 온 표현을 재고할 시기가 왔을지도 모른다.
4 현대 사회에서는 지금까지보다도 많은 새로운 언어가 남게 될지도 모른다.

단어

進化 진화 | 消滅 소멸 | 危機 위기 | 言い方 말씨, 말투, 표현 | 移動 이동 | 定着 정착 | 接触 접촉 | 現象 현상 | ～において ～에 있어서, ～에서, ～에 | ～に限ったことではない ～에 한정된 일이 아니다 | 猛烈 맹렬 | 要因 요인 | 携帯 휴대 | 登場 등장 | 急速 급속 | 拡大 확대 | 容易 용이 | 顔文字 에모지 | もはや 벌써, 이미, 어느새 | 常に 늘, 항상 | どんどん 자꾸, 계속 | 宇宙人 우주인 | 残る 남다 | 記号 기호 | 全く 완전히, 아주

해설

14 두 번째 단락 처음의 '그 요인으로 생각할 수 있는 것은 소위 ～ 새로운 커뮤니케이션 형태의 등장이라는 급속한 확대이다.'에 주목한다. '커뮤니케이션=사람과의 교류'라고 생각하면 된다. 정답은 4번이다.

15 언어 학자의 결론, '그러나 남는 언어의 수는 한정되어 있다'라는 문구를 보면 앞으로 남을 언어의 수는 지금까지와 다르지 않다는 결론을 얻을 수 있다. 따라서 정답은 1번이다.

16 마지막 단락 처음에 있는 '언어의 급속한 변화와 그 많음'에 힌트가 있다. 따라서 새로운 언어가 많이 남아 젊은이와 이야기가 통하지 않는 일인 4번이 정답.

17 마지막 단락 전체를 보고 글쓴이의 정리를 이해하면 풀 수 있다. 정답은 4번.

문제11 다음 A와 B 두 문장을 읽고 이어지는 질문에 대한 답으로 가장 알맞은 것을 1·2·3·4 중에서 하나 고르시오.

A :
　거래처 회사에서 스태프의 이직률이 훌쩍 떨어졌다고 하는 이야기를 들었다. 스태프라고 해도 정사원부터 계약 사원, 아르바이트까지 다양한데, 고용 형태는 관계 없이 떨어졌다는 것이다. 이야기를 들어 보니 이 회사에서는 '서로 칭찬하기 운동'을 전개해서 일하는 중에 느낀 칭찬하고 싶은 점을 종업원끼리 공유할 뿐 아니라 게시판에 붙여 간다고 한다. 목표는 접객이나 응대 등의 좋은 모델을 공유함에 따라 전체의 스킬 업으로 연결, 일하는 의식이나 동기 부여도 높이는 일이다.
　최근에는 이러한 대처를 조사 회사에 의뢰해 외부의 눈으로 사원의 좋은 점을 보게 했고, 그것을 기초로 하여 '칭찬하는 보고회'를 개최하는 기업도 생겨 났다. 보통은 당연하다고 생각했던 것을 사람들 앞에서 칭찬받음으로써 사원이 활기차졌다는 것이다.
　옛날부터 있어 왔던, 엄격하게 단련하여 벽을 극복시키는 사원 교육은 현대 사회에는 맞지 않고 낡은 것일지 모른다. 그러나 이렇게까지 하지 않으면 사원의 일할 의욕을 이끌어 내지 못하는, 혹은 사원 자신에게 일할 의욕이 생기지 않는 것은 한심하다는 생각이 드는 것은 나쁜일까?

B :
　다양화하는 현대 사회에서 다양한 니즈에 응하고자 하는 기업이 있다. 어떤 조사 회사는 '당신의 스태프 괜찮습니까? 의욕, 근성을 길러 줍니다. 매출 향상!'이라는 캐치프레이즈를 들어 영업을 하고 있다. 그 회사는 의뢰가 있으면 조사원이 손님을 가장해 의뢰가 있었던 기업에 가서 사원이나 스태프의 응대를 조사하고, 장점과 좋은 점, 칭찬할 부분을 찾는다. 그리고 그것을 의뢰 기업의 상사에게 전달해 그 보고 사항에 근거해 상사는 부하를 칭찬한다는 흐름이다.
　상사로부터 칭찬받아 싫어하는 부하는 있을 턱이 없고, 칭찬받아 인정받았다고 느끼면 기대에 부응하려고 적극적으로 노력하는, 인간의 심리를 포착한 좋은 방법이라고 말할 수 있을 것이다. 전직률, 이직률이 높은 현대 사회를 위해 종업원의 정착에 문제가 있는 점포나 기업에서 의뢰가 다수 있다고 하는데, 확실히 평소에는 느끼지 못한, 신경 쓰지 않은 칭찬 포인트를 새삼스럽게 발견해 주는 그러한 비즈니스는 지금 세상에서야말로 필요한지도 모른다.

18　A와 B는 각각 무엇에 대해 이야기하고 있는가?
1　**A는 직장의 활성화를 목표로 한 기업, B는 조사 회사의 업무 내용에 대해**
2　A는 조사 회사의 업무 내용, B는 직장의 활성화를 목표로 한 기업에 대해
3　A는 조사 회사가 생긴 이유, B는 조사 회사를 활용하는 기업에 대해
4　A는 조사 회사를 활용하는 회사 기업, B는 조사 회사의 매출에 대해

19　A와 B는 조사 회사를 이용하는 것을 어떻게 생각하고 있는가?
1　A가 어느 쪽인가 하면 긍정적인데, B는 부정적이다.　　2　A도 B도 어느 쪽인가 하면 긍정적이다.
3　A도 B도 어느 쪽인가 하면 부정적이다.　　**4　A는 부정적인데 B는 어느 쪽인가 하면 긍정적이다.**

20　A와 B 둘 다 언급하고 있는 내용은 어느 것인가?
1　최근에는 사원을 엄하게 기르는 것이 다시 주목받기 시작했다.
2　칭찬하여 사원의 의욕을 끌어내는 방법은 옛날부터 있었다.
3　**최근에는 칭찬함으로써 사원을 기르는 방법이 주목받고 있다.**
4　사원을 칭찬하여도 직장 활성화로 이어진다고만은 할 수 없다.

단어

| 取引先 거래처 | 離職 이직 | ぐっと 한층, 훨씬 | 耳にする 듣다 | 契約 계약 | 雇用 고용 | 形態 형태 | 褒める 칭찬하다 | 同士 끼리, 같은 부류, 동료, 동지 | 展開 전개 | 気づく 알다, 알아채다 | 掲示板 게시판 | 貼る 붙이다 | 狙い 목표, 노림 | 接客 접객 | 応対 응대 | つなげる 연결하다, 잇다 | 意識 의식 | モチベーション 모티베이션, 동기 부여 | 取り組み 대처 | 依頼 의뢰 | 見つける 발견하다, 보다 | もとにする 기초로 하다 | 開催 개최 | 鍛える 단련하다 | 壁 벽 | 乗り越える 극복하다, 넘다 | 意欲 의욕 | 引き出す 끌어내다, 이끌다 | 情けない 한심하다, 정떨어지다 | 多様化 다양화 | やる気 의욕 | 根気 근성 | 掲げる 내걸다, 들다, 언급하다 | 装う 가장하다, 꾸미다 | やり方 방법 | 転職 전직 | 店舗 점포 | 改めて 새삼스럽게 |

해설

18 A는 '거래처'도 '칭찬하는 보고회를 개최하고 있는 기업도 직장의 활성화를 노리는 기업'이고, B는 '그 회사는 의뢰가 있으면 ~'을 보면 조사 회사의 업무 내용에 대한 기술이 보인다. 1번이 정답이다.

19 각각의 문장 끝에 주목하면 A는 '한심하다'라고 했고, B는 '지금 세상에야말로 필요할지 모른다'라고 했다. 따라서 A는 부정적이고 B는 긍정적이라고 한 4번이 정답이다.

20 선택지 1, 2, 4는 A 문장을 보나 B 문장을 보나 그러한 언급이 없다. 정답은 3번이다.

문제12 다음 글을 읽고 이어지는 질문에 대한 답으로 가장 알맞은 것을 1·2·3·4 중에서 하나 고르시오.

　자주 듣는 주제로써 '사회에 나간 다음 통용되는 힘, 요구되는 힘은 무엇인가?'라는 것이 있다. 지식, 스킬, 경험이라는 다양한 것을 들 수 있겠지만, 역시 어느 직종, 업계에서도 사람과 접하는 속에서 인간관계를 구축하면서 업무를 달성해 가는 것이기에 '설명하는 힘'은 빼놓을 수 없을 것이다. 자신의 생각을 전달할 수 있는 것은 물론이고 느낀 것을 표현하거나 납득하지 못한 상대를 설득하거나 혹은 자신의 잘못을 사과하는 등, 일할 때나 가정에 있을 때, 개인적인 시간 등, 주야 또는 장소를 가리지 않고 다양한 장면에서 우리는 설명을 요구받는다. 설명을 필요로 하고 요구받는 것이다.

　그렇다면 '설명하는 힘이 있다'는 것은 무엇인가? 하나는 '누구든 알기 쉬운 것'이겠다. 난해한 표현이나 전문 용어를 늘어놓고 상대가 곤혹스러워 하는 장면을 맞닥뜨리는 일이 있는데, 이러한 것은 설명하는 힘이 없는 것이 아닐까 생각한다. 이것은 상대가 이해할 수 없는 언어를 늘어놓아 상대를 입다물게 하고 어려운 표현을 아는 ①대단한 사람이라고 생각해 주길 바라는 것뿐이리라. 단지, 그러면 어려운 표현을 쓰지 않으면 되지 않느냐 하면, 그것은 아니다. 예를 들면, "가급적 빠르게 제출해 주세요"라고 했는데 상대방이 멍하니 있을 경우에 "빨리 내세요"라고 바꿔 말하는 유연성이 있는가 하는 것이 중요하다. 상대방이 어린이면 어린이가 이해할 수 있게, 유학생이라면 그 유학생들이 이해할 수 있도록, 혹은 여러 사람이 있는 장소에서 모든 사람이 알 수 있는 어휘를 갖추고 또한 그것을 구사할 수 있는가가 가장 중요할 것이다. 그때 어떤 방법을 쓰면 좋을지와 대화 상대의 신변에서 아는 것을 활용해 구체적인 예를 들면서 설명하면 좋다. ②어떤 언어학자는 방언 설명을 할 때 일본 전국의 방언이나 전문 용어를 열거하지 않고 '자신과 부모는 어떠한 말씨를 썼는가'라는 도입부터 들어가 일상생활 속에 있는 방언의 해설부터 시작했다. 이러한 방법을 취할 수 있는 것이 정말로 설명하는 힘을 가진 것이리라.

　이 외에도 '사실과 의견을 나누는 것' '간결하게 말하는 것' '결론을 먼저 가져오기' 등 몇 가지의 테크닉을 들 수 있다. 그러나 어쨌든 간에 이러한 힘은 선천적으로 갖추고 있는 것은 아니라 훈련이 필요하고, 그것은 본인이 매일 생활 속에서 의식하거나 혹은 교육이나 사회 경험을 통해 길러 가는 것이다. 사회에 나오기 전에 '설명하는 힘'을 몸에 익히는 훈련을 권하고 싶다. 앞으로 시작되는 취업 활동, 그 후 사회에 나온 다음에도 반드시 도움이 될 것이므로.

21 ①대단한 사람은 누가 그렇게 생각하는가?

   1 듣는 사람
   2 전문용어를 쓰는 사람
   3 새로운 것을 이해하는 사람
   4 납득하지 않는 상대방을 설득할 수 있는 사람

22 ②어떤 언어학자의 이야기는 문장 속에서 어떠한 역할을 하고 있는가?

   1 방언을 배우는 것이 쉬운 일임을 설명하는 역할
   2 예를 이용해 알기 쉽게 설명하는 예를 나타내는 역할
   3 '설명하는 힘'이 사회에서 필요시되는 것을 나타내는 역할
   4 전문적인 이야기가 너무 어려워서 보통 사람은 이해할 수 없는 것을 나타내는 역할

23 이 글은 어떤 사람용으로 쓰였는가?

   1 대학생
   2 가정주부
   3 정년 퇴직한 연배
   4 회사에서 일하는 사회인

24 글쓴이가 가장 하고 싶은 말은 무엇인가?

   1 사람의 이야기를 듣는 것이 설명하는 힘을 붙이기 위해 유효하다.
   2 사회에 나가는 이상에는 어떤 분야에서 전문적인 힘이 필요하다.
   3 사회인에게는 설명하는 힘이야말로 중요하고, 그 힘을 붙이는 데는 훈련이 필요하다.
   4 언어를 자유롭게 쓸 수 없는 사람이 늘고 있는 현대 사회에서는 말하는 훈련이 필요하다.

단어

耳にする 듣다 | 通用 통용 | 知識 지식 | 職種 직종 | 業界 업계 | 築く 이루다, 구축하다 | こなす 구사하다, 다루다 | 欠く 빠뜨리다, 결여되다, ~이 부족하다 | 納得 납득 | 説得 설득 | 落ち度 실수, 잘못 | 謝罪 사죄 | プライベート 프라이빗 | 昼夜 주야 | 難解 난해 | 困惑 곤혹 | 遭遇 조우, 우연히 만남 | 並べ立てる 늘어놓다 | 黙る 침묵하다, 입을 다물다 | 可及的 가급적 | 速やかに 조속히, 신속히 | 提出 제출 | 言い換える 바꿔 말하다 | 柔軟性 유연성 | 万人 만인 | 語彙 어휘 | かつ 동시에, 또한, 그 위에 | 持ち合わせる 마침 갖고 있다, 준비하고 있다 | 身近 신변, 자기 가까이 | 具体的 구체적 | 例 예 | 列挙 열거 | 導入 도입 | 他にも 이 외에도 | 簡潔 간결 | 生まれつき 타고난 것, 선천적인 것, 천성 | 備わる 갖춰지다 | 養う 기르다, 부양하다 | 役に立つ 도움이 되다

해설

21 바로 앞 문장에 주목하여 전문 용어를 늘어놓는 '상대방'에서 답을 찾아야 한다. 답은 '듣는 사람'인 1번이다.

22 '그때 어떤 방법을~, 구체적인 예를 들면서 설명하면 좋다'에서 이 언어 학자의 이야기가 글 전체 속에서 어떠한 역할을 하고 있는가를 파악한다. 정답은 '예를 이용하여 알기 쉽게 설명하는 예를 나타내는 역할'을 말한 2번이다.

23 마지막 단락 끝에 '앞으로 시작되는 취업 활동, 그 후 사회에 나온 다음에도 반드시 도움이 될 것이므로.'에 주목한다. 정답은 '대학생'인 1번이다.

24 첫 번째 단락 처음에 '설명하는 힘'은 빠질 수 없을 것이라고 했고, 글의 마지막에도 '사회에 나오기 전에 '설명하는 힘'을 익히는 연습을 권한다'라고 했으므로 가장 하고 싶은 말은 3번이다.

문제13 오른쪽 페이지는 자연 속에서 여러 가지 체험할 수 있는 이벤트 정보이다. 아래 질문에 대한 답으로 가장 알맞은 것을 1·2·3·4 중에서 하나 고르시오.

25 A씨에게는 두 명의 아이가 있다. 아이들은 초등학교 2학년과 다섯 살이다. 그 아이들과 함께 밖에서 밥을 지어 먹는 이벤트에 참가하려고 한다. 숙박은 할 수 없으므로 당일치기로 돌아오고 싶다. 비용은 가장 싼 것으로 얼마인가?

1 9,000엔
2 12,000엔
3 13,500엔
4 1,500엔

26 초등학교 1학년인 B군이 참가할 수 있는 이벤트는 몇 개 있는가?

1 한 개
2 두 개
3 세 개
4 네 개

이벤트명	일시	내용	대상	한 사람당 비용
삼림 자원봉사	10월 20일 13시~	삼림 손질 정비·청소	초등학교 3학년 이상 (초등학생인 경우는 보호자 동반)	무료
세이코 탐험	11월 5일 10시~15시	호수의 물고기, 강의 물고기, 낙엽을 즐기자	초등학생 이상 (초등학생의 경우는 보호자 동반)	2,000엔
파이어 캠프	11월 22일~23일 (1박 2일)	캠프 파이어 준비 야외 게임	중학생 이하의 부모와 자녀	4,500엔
모험 캠프	10월 29일~30일 (1박 2일)	하이킹 야외 게임 불 피우기 야외 취사	초등학생과 보호자	4,000엔
산으로 Go! 워킹	11월 15일 9시~15시	가이드 동반 산행	초등학교 2학년 이상 (초등학생의 경우는 보호자 동반)	500엔
대자연 쿠킹	10월 15일 10시~16시	농업 체험 야외 취사	부모와 자녀	3,000엔

단어

森林 삼림 | 手入れ 손질 | 整備 정비 | 保護者 보호자 | 同伴 동반 | 湖 호수 | 探検 탐험 | 紅葉 낙엽 | 野外 야외 | ガイド 가이드 | ~付き 붙음, 부속됨 | 体験 체험 | 炊事 취사

해설

25 '밖에서 밥을 지어 먹는 이벤트'에 주목하면 '모험 캠프'와 '대자연 쿠킹' 두 가지인데 당일치기는 '대자연 쿠킹'이므로, 한 사람당 3,000엔이며 세 명일 때 합계 9,000원이다.

26 표의 '대상'에 주목해 초등학교 2학년이 참가할 수 있는 것을 찾는다. 그럴 경우 '세이코 탐험' '파이어 캠프' '모험 캠프'와 '대자연 쿠킹'의 네 가지가 된다.

모의고사 03

문제8 다음 (1)부터 (4)까지의 글을 읽고, 이어지는 질문에 대한 답으로 가장 알맞은 것을 1·2·3·4 중에서 하나 고르시오.

(1)

> 최근 대기 아동(注1) 해소나 24시간 대응 보육 시설 확충 등 여성이 아이를 낳아도 일할 수 있도록 해야 한다는 의견이 세지고 있다. 하지만 과연 여성이 점점 사회에 진출하면 좋은 사회가 되는 것일까? 어릴 때 어머니의 애정을 받고 자랐는지 아닌지는 아이의 정서 면의 발달이나 인격 형성에 확실히 영향을 준다. 보육 시설이나 학원에 맡겨져(注2) 편히 쉴 수 있는 장소는 있는 것일까? 중요한 발육기에 냉동식품 식사로 괜찮은 것일까? 한 번쯤은 아이 입장에서 사회를 생각해 보는 것은 어떨까? 지금 정부가 해야 하는 일은 일하는 여성 지원에 치우칠 것이 아니라, 육아라는 선택을 가능하게 할 수 있는 구조를 만드는 것이라고 생각한다.
>
> (注1) 待機児童 : 보육 시설에 들어가기 위해 기다리는 아동
> (注2) 丸投げ : 자기는 아무 것도 하지 않고 다른 사람 손에만 맡기는 것

1 글쓴이의 생각과 맞는 것은 어느 것인가?

1. 정부는 한시라도 빨리 일하는 여성 지원을 해야 한다.
2. 엄마의 애정은 아이의 능력 신장에 지대한 영향을 미친다.
3. 여성의 사회 진출 확대로 다양한 사회 문제가 발생하고 있다.
4. **여성에게 육아도 하나의 선택지라는 분위기를 만드는 것이 중요하다.**

단어

待機児童 대기 아동 | 解消 해소 | 保育所 탁아소, 보육 시설 | 拡充 확충 | 産む 낳다 | 強まる 강해지다, 세지다 | 進出 진출 | 幼い 어리다 | ～かどうか ~인지 아닌지, ~일지 어떨지 | 情緒 정서 | 人格形成 인격 형성 | 塾 학원 | 丸投げ 전부 던져 버림 | 安らぐ 마음이 편안해지다 | 居場所 거처, 있을 곳, 앉을 곳 | 発育期 발육기 | 冷凍食品 냉동식품 | ～べきだ ~해야 (만) 한다 | 偏る 치우치다 | 子育て 육아 | 仕組み 구조

해설

글쓴이가 가장 말하고자 하는 것은 본문 마지막 문장에 나와 있는 '지금 정부가 해야 하는 일은 일하는 여성 지원에 치우칠 것이 아니라, 육아라는 선택을 가능하게 할 수 있는 구조를 만드는 것이라고 생각한다'이다. 따라서 정답은 여성에게 육아도 하나의 선택지라는 분위기를 만드는 것이 중요하다고 한 4번이 정답이 된다. 2번의 엄마의 애정은 아이의 능력 신장이 아니라 아이의 정서적인 발달이나 인격 형성에 확실하게 영향을 준다고 설명하고 있으므로 정답이 될 수 없다.

(2)

　　중국의 급속한 사회 변화와 경제 성장은 놀랄 만한 일이지만, 그것에 따른 부작용으로 환경 문제의 심각성은 도저히 이루 말할 수가 없다. 세계에서 가장 오염된 스무 개 도시 가운데 중국의 도시가 열여섯 개나 포함되어 있다고 한다. 경제 성장에 걸맞은 환경 보호 의식이나 공중도덕심은 아직까지 부족하다. 그것은 아무 데나 쓰레기가 버려져 있는 광경에서도 잘 나타난다. 그렇다면 도대체 무엇부터 개선하면 좋을까? 우선 들 수 있는 것이 교육의 보급이나 지도, 현실성 있는 환경 보호 대책일 것이다. 그러나 한 사람 한 사람의 환경 개선에 대한 신념과 의식의 변화가 없는 한, 환경 오염은 계속될 것이다. 즉, 경제 성장과 환경 보호라는 두 가지의 중요한 기둥을 양립하기 위해서는 사람들의 습관이나 의식 개혁이 가장 효과적일 것이다.

2 글쓴이가 중국의 환경 문제에 대해 가장 말하고 싶은 것은 무엇인가?

1 **해결의 실마리로써는 무엇보다도 의식 개혁이 요구된다.**
2 교육의 보급이나 실질적인 환경 개선의 실시가 가장 급선무이다.
3 많은 사람들이 친밀한 생활 환경에 관심을 기울여야 한다.
4 현재 중국의 자연 환경은 위기적 상황에 있다고 말할 수밖에 없다.

단어

急速 급속 | 成長 성장 | 値する ~할 만하다 | 伴う 동반하다 | 副作用 부작용 | 深刻 심각 | 到底 도저히 | 言い尽くす 할 말을 다하다 | 汚染 오염 | 含む 포함하다 | 見合う 어울리다, 적합하다 | 環境保護意識 환경 보호 의식 | 公衆道徳心 공중도덕심 | 足りる 충분하다 | 所構わず 아무 데나 | 改善 개선 | ~に対する ~에 대한 | 信念 신념 | ~限り ~하는 한 | 捨てる 버리다 | 挙げる 들다 | 柱 기둥, 일의 중요한 부분 | 両立 양립 | 改革 개혁 | 有効 유효

해설

글쓴이는 중국은 놀라운 경제 성장을 하고 있지만 경제 성장에 걸맞은 환경 보호 의식이나 공중도덕심은 부족하다고 말한다. 환경 문제의 개선을 위해서는 교육 보급이나 지도, 현실성 있는 환경 보호 대책이지만 환경 개선에 대한 신념과 의식의 변화가 없는 한, 환경 오염은 계속될 것이라고 설명한다. 따라서 경제 성장과 환경 보호라는 두 가지의 중요한 부분을 양립하기 위해서는 사람들의 습관이나 의식 개혁이 가장 효과적일 것이라고 말하고 있으므로 중국의 환경 문제에 대한 글쓴이의 생각은 해결의 실마리로 무엇보다도 의식 개혁이 요구된다고 한 1번이 정답이 된다.

(3)

　　'로마에 가면 로마법을 따르라'라는 속담이 있다. 그 땅에 들어가면 자신의 가치관과 달라도 그곳의 습관이나 풍속에 따르는 것이 좋다는 처세술을 가르쳐 주는 속담이다. 이것은 직장이든 여행지든 여러 가지 새로운 상황에 놓였을 때, 그 상황에 순응해 가는 편이 바람직하다는 말일 것이다. 물론 그 사고방식을 따르면 가치관의 차이에서 흔히 일어날 수 있는 트러블을 대부분 해결할 수 있다. 하지만 단순히 따르기만 할 것이 아니라, 바꿀 필요가 있는 것은 변혁시키거나 자신의 주체성을 지켜 나가면서 균형을 제대로 유지하는 것이 필요한 것은 아닐까?

3 본문에 나와 있는 속담에 대한 글쓴이의 생각과 맞는 것은 어느 것인가?

1. 상황에 맞는 인간이 되는 것이 중요하다.
2. **자신의 주체성을 잃지 않고 상황에 맞추는 것이 중요하다.**
3. 새로운 상황에 처했다면 그 상황을 적극적으로 수용하는 것이 좋다.
4. 상황에 따라서는 지금까지의 자신의 가치관을 과감히 버려야 한다.

단어

~に従う ~에 따르다 | 諺 속담 | 価値観 가치관 | 異なる 다르다 | 風俗 풍속 | 処世術 처세술 | 職場 직장 | 旅先 여행지 | 状況 상황 | 順応 순응 | 望ましい 바람직하다 | ます형+がち ~하기 쉬운 | 変革 변혁 | アイデンティティー 주체성, 정체성 | 保つ 유지되다, 견디다 | バランスを取る 균형을 잡다

해설

어느 곳이든 그곳의 사고방식을 따르면 가치관의 차이에서 흔히 일어날 수 있는 트러블을 대부분 해결할 수 있지만, 글쓴이의 생각은 단순히 따르기만 할 것이 아니라, 바꿀 필요가 있는 것은 변혁시키거나 자신의 주체성을 지켜 나가면서 균형을 제대로 유지하는 것이 필요하다고 말하고 있다. 따라서 정답은 자신의 주체성을 잃지 않고 상황에 맞추는 것이 중요하다고 한 2번이다.

(4)

세계적으로 확산되는 해커에 의한 공격. 그것을 막는 '사이버 전사' 지망생을 전미 각지에서 발굴해, 기르고 있는 '해커 대책 캠프'는, 인재 육성의 일환으로써 재능 있는 사람의 장래를 범죄 조직에 관련되지 않게 하는 것이 목적으로, 이 캠프를 통해 우수한 해커들의 스카우트 경쟁이 격렬해지고 있다. 캠프 수료 후에는 정부기관이나 기업에 들어가는 길까지 인도해 주기 때문에 해마다 참가자는 계속 늘고 있다. 남학생의 참여가 두드러지지만 그중에는 40세의 여성 사회인도 있었다고 한다. "재능을 보다 많이 찾아내어 발휘할 기회를 만들어 주고 싶습니다"라고 캠프의 디렉터인 카렌 씨는 말한다.

4 해커 대책 캠프에 대한 설명 중 옳지 않은 것은 어느 것인가?

1. 성별을 불문하고 누구나 참여할 수 있다.
2. 캠프 수료 후에는 일자리도 알아봐 준다.
3. 올해는 작년에 비해 참가자가 늘었다고 말 할 수 있다.
4. **정부 중심의 대처인데 점차 민간에도 확대해 갈 예정이다.**

단어

広がる 퍼지다, 확대되다 | 攻撃 공격 | 阻む 막다, 저지하다 | 戦士 전사 | 卵 (비유적으로) 아직 제 구실을 못하고 있는 사람 | 発掘 발굴 | 人材育成 인재 육성 | 一環 일환 | 才能 재능 | 犯罪 범죄 | 組織 조직 | 絡め取る 묶다 | ~ないように ~하지 않도록, ~하지 말도록 | 優秀 우수 | 競争 경쟁 | 修了 수료 | 導く 인도하다, 이끌다 | ~一方だ ~하기만 하다 | 目立つ 두드러지다, 눈에 띄다 | 見出す 찾아내다, 발견하다 | 生かす 살리다, 발휘하다

> **해설**

해커 대책 캠프는 수료 후에는 정부기관이나 기업에 들어가는 방법까지 알려 주기 때문에 해마다 참가자는 계속 늘고 있고 남학생뿐만 아니라 40세 여성 사회인도 참가했다고 말하고 있으므로 선택지 1번, 2번, 3번의 내용은 맞는 설명이 된다. 따라서 해커 대책 캠프의 설명으로 옳지 않은 것은 4번이다.

문제9 다음의 (1)부터 (3)의 글을 읽고, 이어지는 질문에 대한 답으로 가장 알맞은 것을 1·2·3·4 중에서 하나 고르시오.

(1)

청년 실업이 사회적인 문제가 되자, 정부는 물론이고 기업에서도 대졸과 고졸 채용을 늘리는 등 다양한 방법을 제시하고 있다. 특히 은행 업계에서는 이른바 고졸 신화를 이룩한 그들을 다시 주목하기 시작했고, CEO까지 오른 인물이 지면을 장식하게 되었다.

그러나 기업의 진정한 고민은 사회적 변화와 관계없이 회사의 직무에 맞는 적절한 인재를 찾는 것에 있다. 구직자 중에서 어떤 인재를 채용해야 할 것인가는 어려운 문제이다. 막상 채용해 보면 서로가 손해를 본 느낌을 숨길 수 없는 경우가 대부분이다.

구직자의 경력, 즉 학력이나 조건 등은 예전보다 화려해졌지만, <u>그 사람들은 근무한 지 얼마 되지 않아 회사를 그만둬 버린다</u>. 이유를 살펴보면 좋아하지도 않는 일을 상사가 무리하게 시키는 경우가 가장 많다고 한다.

최근 몇 년 해외로 진출하는 기업이 증가하는 가운데, 제대로 된 현지 인재를 채용하는 일도 난문이다. 이처럼 딱 맞는 인재를 가려내야 하는 고민은 더욱 더 늘어만 간다. 이것은 국내 기업뿐만 아니라, 해외에 지사를 가지고 있는 글로벌 기업도 마찬가지이다. 현지에서 적절한 인재를 채용해야 하지만, 그렇다고 해서 본사의 인사 담당자가 일일이 해외 지사에 가서 면접을 하는 것도 불가능하다. 시간과 비용의 문제는 접어 두더라도 단기간에 좋은 인재를 선택해 채용하는 것이 그만큼 간단하지 않기 때문이다.

5 본문에 의하면, 지금의 기업의 진짜 고민은 무엇인가?

1 고졸자의 채용을 대폭으로 늘리는 것
2 인재 육성 프로그램을 재고하는 것
3 대졸자의 규모를 앞으로 제한할 수밖에 없는 것
4 사회적 변화와 무관하게 회사 직무에 적성이 있는 인재를 찾는 것

6 그 사람들은 근무한 지 얼마 되지 않아 직장을 그만둬 버린다의 이유로 옳은 것은 어느 것인가?

1 처음의 채용 조건과 다른 경우가 많아서
2 싫증을 잘 내는 성격의 소유자가 많으니까
3 자신의 취향에 맞지 않는 일을 하게 하는 경우가 많기 때문에
4 아무리 노력해도 보답받지 못하는 경우가 많으니까

7 해외에 진출한 기업이 현지에서 인재를 채용할 때 가장 큰 문제점은 무엇인가?

1 말이 통하지 않아서 무엇을 하든 통역이 필요한 것
2 단기간에 적절한 인재를 가려내는 일이 간단하지 않은 것
3 본사의 인사 담당자가 그때마다 해외 지사에 갈 필요가 있는 것
4 구직자들이 너무 많이 모여 면접을 보는 데 시간이 걸리는 것

단어

青年失業 청년 실업 | ～はもちろんのこと ~은 물론이고 | 大卒 대졸 | 高卒 고졸 | 採用 채용 | 多様 다양 | 業界 업계 | 神話 신화 | 成し遂げる 이루다 | 再び 재차, 다시 | 人物 인물 | 誌面 (신문, 잡지 등의) 지면 | 飾る 장식하다 | 職務 직무 | 求職者 구직자 | いざ 막상 | 損をする 손해를 보다 | 隠す 감추다, 숨기다 | 大半 대부분 | 学歴 학력 | ～ていく ~해 가다 | きちんとした 제대로 된 | 難問 난문, 어려운 문제 | ぴったり合う 딱 들어맞다 | 選り分ける 골라내다, 선별하다, 가려내다 | ～のみならず ~뿐만 아니라 | 支社 지사 | だからといって 그렇다고 해서 | 面接 면접 | ～はさておいて ~은/는 제쳐 두고

해설

5 질문을 먼저 읽고 본문을 읽어 내려가면 정답을 바로 찾을 수 있는 문제이다. 기업의 진정한 고민은 사회적 변화와 관계없이 회사의 직무에 맞는 적절한 인재를 찾는 것에 있다고 하였으므로 정답은 4번이다.

6 밑줄 친 문장의 이유는 밑줄 다음 문장에 나와 있다. 이유를 살펴보면 좋아하지도 않는 일을 상사가 무리하게 시키는 경우가 가장 많다고 했으므로 정답은 '자신의 취향에 맞지 않는 일을 하게 하는 경우가 많기 때문에'라고 한 3번이다.

7 해외에 진출한 기업이 현지에서 인재를 채용할 때 가장 큰 문제점은 해외로 진출하는 기업이 증가하는 가운데, 제대로 된 현지 인재를 채용하는 일도 어려운데, 단기간에 좋은 인재를 선택해 채용하는 것이 그만큼 간단하지 않기 때문이라고 설명하고 있으므로, '단기간에 적절한 인재를 가려내는 일이 간단하지 않은 것'이라고 한 2번이 정답이 된다.

(2)

　　일본어는 언어로써 여러 가지 특징이 있지만, 그중에서도 어휘 면의 특징으로 들 수 있는 것이 '오노마토페'이다. '오노마토페'란 외계의 소리나 목소리를 언어화한 의성어와 현실 세계의 상태를 우리들의 발음으로 모사한 말인 의태어를 나타내는 말이다. ①오노마토페를 정확하게 정의하는 것은 쉽지 않다. 왜냐하면 분류의 기준을 어디에 두는지에 따라 그 정의 자체가 바뀌어 버리기 때문이다. 예를 들어 '비가 ②주르륵주르륵 내리고 있다'는 문장의 경우, 창문 넘어 비가 대단한 기세로 내리는 광경을 눈앞에서 보고 있다고 하면 '주르륵주르륵'은 의성어가 된다. 그러나 거실 소파에 앉아 창문을 전부 닫아 빗소리가 전혀 들리지 않는 상태라면 '주르륵주르륵'은 의태어로도 볼 수 있다.

　　일본어 오노마토페는 정확한 의미나 뉘앙스는 물론 인간의 심리나 감정 등을 표현하는 데 적확한 말이며, 다른 언어에 비해 발달되어 있다고 자주 일컬어진다. 실제로 일본어 오노마토페는 일상 대화에 그치지 않고 신문의 캐치프레이즈나 텔레비전 광고, 만화, 문학 작품 등 여러 가지 영역에서 폭넓게 이용되며 일본인의 모든 생활에서 보고 들을 수 있다. 이것은 오노마토페가 현장감(注)이 넘치고 미묘한 의미 차이를 정확하게 묘사할 수 있는 편리한 말이기 때문이다.

(注) 臨場感 : 실제 그곳에 있는 듯한 느낌

8 ①오노마토페를 정확히 정의하는 것은 쉽지 않다의 이유로써 올바른 것은 어느 것인가?

1 기준을 두는 방법에 따라 정의 자체가 바뀌니까
2 너무나도 친밀한 어휘로, 정의할 수 없기 때문에
3 정의를 들어도 금방 이해할 수 없을 정도로 개념이 어려우니까
4 각 시대의 변화를 충실히 반영하는 언어로, 언제 바뀔지 모르기 때문에

9 본문의 내용으로 보아 ②주르륵주르륵은 뭐라고 할 수 있을까?

1 **상황에 따라 의성어로도 의태어로도 될 수 있다고 말할 수 있다.**
2 외부 세계의 소리를 나타내는 말이기 때문에 의성어라고 말할 수 있다.
3 사람의 감정을 나타내는 경우도 있기 때문에, 의성어와 의태어 어느 쪽에도 포함되지 않는다고 말할 수 있다.
4 현실 세계의 상태를 우리의 발음으로 베낀 말이기 때문에, 의태어라고 말할 수 있다.

10 오노마토페가 다양한 영역에서 폭넓게 사용되는 이유는 왜일까?

1 많이 사용하면 사용할수록 사람들의 인상에 잘 남기 때문에
2 추상적인 개념을 표현하기에 적합한 말이기 때문에
3 누구나 쉽게 만들고 발음상 재미도 있으니까
4 **현장감이 넘치고 미묘한 의미의 차이를 정확하게 묘사할 수 있는 편리한 말이기 때문에**

단어

語彙(ごい) 어휘 | 物音(ものおと) (무슨)소리 | 擬音語(ぎおんご) 의음어 | 発音(はつおん) 발음 | 写し取る(うつしとる) 모사하다 | 擬態語(ぎたいご) 의태어 | 容易(ようい) 용이, 손쉬움 | 分類(ぶんるい) 분류 | ざあざあ 비가 계속 쏟아지는 소리, 주르륵주르륵 | 窓越し(まどごし) 창 너머 | 勢い(いきおい) 기세, 기운 | 光景(こうけい) 광경 | ~とすれば ~라고 하면 | 居間(いま) 거실 | 腰掛ける(こしかける) 걸터앉다 | 雨音(あまおと) 빗소리 | 捉える(とらえる) 파악하다 | ~はもちろんのこと ~은/는 물론이고 | 的確(てきかく) 적확, 정확함 | ~に比べて(くらべて) ~에 비해서 | コマーシャル 커머셜, 방송광고 | 領域(りょういき) 영역 | 臨場感(りんじょうかん) 현장감 | 溢れる(あふれる) 흘러넘치다 | 微妙(びみょう) 미묘함 | 意味合い(いみあい) 동기나 이유로서 배후에 있는 사정 | 描写(びょうしゃ) 묘사

해설

8 오노마토페는 분류의 기준을 어디에 두는지에 따라 의성어가 되기도 하고 의태어가 되기도 하기 때문에 그 정의 자체가 바뀌어 버린다고 했다. 그렇기 때문에 글쓴이는 오노마토페를 정확히 정의하는 것은 쉽지 않다고 말한 것이다. 따라서 정답은 기준을 두는 방법에 따라 정의 자체가 바뀌기 때문이라고 한 1번이 정답이다.

9 본문의 밑줄 친 주르륵주르륵은 창문 넘어 비가 대단한 기세로 내리는 광경을 눈앞에서 보고 있다고 하면 의성어가 되지만, 거실 소파에 앉아 창문을 전부 닫아 빗소리가 전혀 들리지 않는 상태라면 '주르륵주르륵'은 의태어로도 볼 수 있다고 하였으므로 상황에 따라 의성어로도 의태어로도 될 수 있다고 한 1번이 정답이다.

10 '일본어 오노마토페는 정확한 의미나 뉘앙스는 물론 인간의 심리나 감정 등을 표현하는 데 적확한 말이며, 다른 언어에 비해 발달되어 있다고 자주 일컬어진다. 이것은 오노마토페가 현장감이 넘치고 미묘한 의미 차이를 정확하게 묘사할 수 있는 편리한 말이기 때문'이라고 설명하고 있으므로 정답은 '현장감이 넘치고 미묘한 의미의 차이를 정확하게 묘사할 수 있는 편리한 말이기 때문에'라고 한 4번이다.

(3)

　　클래식발레는 대략 2세기 전부터 댄서에서 댄서로 계승되어져 온 신체 예술이다. 발레가 지금까지도 인기를 유지하고 있는 것은 댄서가 없으면 영구히 잃게 되었을지도 모르는 작품을 성실함과 애정을 가지고 전달해 온 예술가들 덕분이다.
　　누가 봐도 우아하고 아름다운 발레를 동경하는 사람들이 많은데, 댄서가 되려면 매우 엄격한 조건이 요구된다. 우선 댄스는 시각적인 예술이기 때문에 댄서의 늘씬한 몸매를 무시할 수 없다. 또한 선천적인 결함만 없다면 연습에 지장은 없지만, 관절의 유연성과 근육의 부드러움은 반드시 필요하다. 마지막으로 자연스럽게 음악과 조화될 수 있는 리듬감도 빠뜨릴 수 없는 요소이다. 예를 들어 음감이 있는 아이는 본능적으로 자연스럽게 표현을 하고 리듬을 바꾸려고 하고, 순간 당황하다가도 곧바로 자신의 스텝을 곡에 맞출 것이다. 댄서에게 있어서 음감의 결여는 댄서의 길을 접어야 할 정도로 치명적인 결점이다.
　　발레를 막 시작한 소녀는 곧바로 튜튜(注)를 입고 화려한 무대에서 춤추는 자신을 상상하지만, 그때 첫 시련이 찾아온다. 끊임없는 노력이나 혹독한 연습을 극복하지 않으면 훌륭한 댄서는 될 수 없다. 같은 안무를 완전히 이해할 때까지 또 완벽하게 할 수 있을 때까지 몇 번이나 연습을 반복하고, 안이한 자기 만족 없이 스스로를 비판하는 마음이 있어야 비로소 서서히 육체와 정신이 단련되어 가는 것이다.

(注) チュチュ: 발레리나가 착용하는 치마

11 클래식 발레가 지금까지 이어져 온 이유는 무엇일까?
1. 전통을 중시하는 연구자들의 노력이 있었기 때문에
2. 옛날부터 뿌리 깊은 인기가 있고 지금도 그 인기가 시들지 않기 때문에
3. **성실함과 애정을 가지고 기술을 전달해 온 댄서들의 노력이 있었기 때문에**
4. 난이도가 낮아 초심자라도 금방 배울 수 있으니까

12 무용수가 되기 위한 조건으로 옳지 않은 것은 어느 것인가?
1. 타고난 유연한 관절과 근육을 지닐 필요가 있다.
2. 유연성과 날씬한 몸매를 지녀야 할 필요가 있다.
3. 자연스럽게 음악과 조화를 이룰 수 있는 리듬감을 가질 필요가 있다.
4. **선천적인 핸디캡을 극복하려는 의지가 필요하다.**

13 글쓴이가 생각하는 훌륭한 댄서는 어떤 사람인가?
1. 언제나 화려한 무대에 서서 춤추는 자신을 상상하는 사람
2. **연습에 완벽을 추구하고 자신을 반성하는 마음가짐을 가진 사람**
3. 음감이 결여된 자신의 단점을 솔직히 받아들이는 사람
4. 몇 번이나 연습을 해도 기억할 수 없는 동작은 단호히 포기할 수 있는 사람

단어

およそ 대강, 대개 | 受け継ぐ 계승하다, 이어받다 | 芸術 예술 | 輝く 빛나다 | 保つ 유지되다, 견디다 | 永久に 영구히 | 誠実 성실 | 愛情 애정 | 伝達 전달 | 優雅 우아 | 憧れる 동경하다 | 条件 조건 | すらりとした 날씬하고 유연한 모양 | 体つき 몸매, 체격 | 生まれつき 천성 | 欠陥 결함 | 差し支え 지장 | 関節 관절 | 柔軟性 유연성 | 筋肉 근육 | 調和 조화 | 要素

요소 | 本能的 본능적 | 一瞬 순간 | ~ながらも ~(이)면서도 | とまどう 당혹하다 | 欠如 결여 | 致命的 치명적 | 舞踊 무용 |
試練 시련 | 訪れる 찾아오다 | 克服 극복 | 振り付け 안무 | ~てこそ ~(아/어)야 비로소 | 鍛える 훈련하다, 단련하다

해설

11 클래식 발레가 지금까지도 인기를 유지하고 있는 것은 댄서가 없으면 영구히 잃게 되었을지도 모르는 작품을 성실함과 애정을 가지고 전달해 온 예술가들 덕분이라고 말하고 있으므로 '성실함과 애정을 가지고 기술을 전달해 온 댄서들의 노력이 있었기 때문에'라고 한 3번이 정답이다.

12 글쓴이는 무용수가 되기 위한 조건으로 늘씬한 몸매, 유연한 관절과 근육, 자연스럽게 음악과 조화될 수 있는 리듬감도 빠뜨릴 수 없는 요소라고 말했는데, 선천적인 핸디캡을 극복하려는 의지가 필요하다는 내용은 나오지 않으므로 정답은 4번이 된다.

13 글쓴이가 생각하는 훌륭한 댄서는 끊임없는 노력이나 혹독한 연습을 극복해야 하고, 같은 안무를 완전히 이해할 때까지 또 완벽하게 할 수 있을 때까지 몇 번이나 연습을 반복하고, 안이한 자기 만족 없이 스스로를 비판하는 마음이 있어야 비로소 서서히 육체와 정신이 단련되어 간다고 했다. 또한, 발레를 막 시작한 소녀가 곧바로 튜튜를 입고 화려한 무대에서 춤추는 자신을 상상하지만, 그때 첫 시련이 찾아오고, 댄서에게 있어서 음감 결여는 댄서의 길을 접어야 할 정도로 치명적인 결점이라고 말하고 있다. 따라서 선택지 1번, 3번, 4번은 글쓴이가 생각하는 훌륭한 댄서라고 볼 수 없기 때문에 오답이고, '연습에 완벽을 추구하고 자신을 반성하는 마음가짐을 가진 사람'이라고 한 2번이 정답이다.

문제10 다음 글을 읽고 질문에 대한 답으로 가장 알맞은 것을 1·2·3·4 중에서 하나 고르시오.

거리라는 것은 다양한 경치를 보여 주는 것이다. 그것은 그 나라의 지역만이 아니라 나라에 따라서도 다르다. 외국을 걷고 있자면 떠들썩한 북적임이 있으면 정연한 거리 풍광도 있다. 각각의 취향이 있겠지만 개성이 있어서 좋은 것이다.

한참 뒤 어느 날, 동경에서 한 친구와 이야기할 기회가 있었다. 그는 이탈리아 사람으로 나고 자란 곳은 로마인데 업무차 일본에 와서 이제 오랫동안 동경에 살고 있다. 카페에서 이야기를 하면서 그에게 "여러 나라에 일하러 갈 기회가 있는데 특히 유럽 거리는 정연하고 예뻐서 좋아."라고 내가 말했더니 그는 ①조금 신기한 표정을 지었다. "확실히 예쁘기는 예쁜데 동경에 살아도 그런 식으로 생각해?"라고 그는 말했다. 그가 사는 곳은 번화가 같은 곳이고 큰 도로나 빌딩도 있지만 조금 옆길로 들어가면 골목이 펼쳐져서 미로처럼 되어 있다. 게다가 그 골목에는 작은 소매점이나 공장, 널린 이불이나 길거리로 밀려난 화분 등, 사람들의 활기 넘치는 분위기와 생활의 냄새가 나는 것이다. 또한 동경이라는 대도시의 고층 타워나 빌딩, 최신 설비 바로 옆에 옛날부터 있는 신사와 절이 있기도 하다. 그는 ②이런 골목을 걸어 다니면서 탐험하고 '이런 장소에 이런 것이?' 하면서 미스매치를 발견하는 것이 즐겁다고 한다.

그런 이야기를 들으면서 업무차 갔던 유럽의 예쁜 거리를 다시 생각해 보면 확실히 비슷한 골목은, 길은 어수선하지 않고 석조 집들이 예쁘지만 무엇이 나올지 모르는 두근거리는 느낌이나 기대감은 없다. 오히려 처음에는 그런 예쁨에 감동해도 질리는 것도 시간 문제라고 할 수 있을지도 모른다. 그의 경험도 마찬가지로, 아름답게 갖춰진 거리를 보는 데 질린 눈에는 동경의 어떤 의미에서 예측 불가능한 특징이 신선하게 비치고, 또한 언제까지고 질리지 않게 하는 것일지도 모른다.

이런 외국인의 눈에 비치는 일본 거리에 대한 감상은 외국에서 오는 관광객을 늘리고자 하는 현 정부에게 좋은 힌트, 충고가 되지 않을까? ③거리는 예쁘게만 하는 것이 능사가 아니라는 것이다.

14 그가 ①조금 신기한 표정을 지었다는 것은 왜인가?

1 동경 거리보다 유럽 거리가 재미있으므로
2 유럽 거리보다 동경 거리가 재미있으므로
3 동경도 유럽도 어느 쪽 거리도 재미있다고 생각하므로
4 당연한 것을 이야기한다고 생각했으므로

15 ②이런 골목에 맞지 않는 것은 어느 것인가?

1 예쁜 건물이 정연하게 늘어서 있는 골목
2 어울리지 않는 것이 눈에 들어오는 골목
3 사람들의 생활이 느껴지는 골목
4 작은 거리가 펼쳐져 알기 어려운 골목

16 ③거리는 예쁘게만 하는 것이 능사가 아니라는 것이다.라는 것은 무슨 뜻인가?

1 거리가 예쁘기만 하다고 사람의 마음을 끄는 것은 아니다.
2 관광객을 늘리기 위해서는 거리를 깨끗하게 청소해야 한다.
3 관광객을 늘리기 위해서는 거리를 깨끗하게 하는 사람들의 의식이 중요하다.
4 거리를 깨끗하게 해도 골목의 잡다한 분위기는 없어지지 않는다.

17 본문 내용과 맞는 것은 어느 것인가?

1 동경의 골목에는 여러 가지 발견이 있다.
2 유럽 골목에는 여러 가지 발견이 있다.
3 로마는 정연하고 예뻐서 질리지 않는다.
4 동경의 골목은 미로 같아서 곤란하다.

단어

騒々しい 떠들썩하다, 시끄럽다 | 雑踏 북적임, 붐빔, 혼잡 | 整然 정연 | 個性 개성 | 町並み 집이나 가게가 늘어선 거리 | 育ち 자람, 성장 | 不思議 이상함, 신기함 | たしかに 확실히, 분명히 | 風に ~식으로 | 下町 변화가 | 横道 샛길, 옆길 | 路地 골목 | 迷路 미로 | 小売 소매 | はみ出す 불거지다, 비어져 나오다 | 鉢植え 화분 | 歩き回る 돌아다니다 | タワー 타워 | 探検 탐험 | 思い返す 다시 생각하다 | 雑然 어수선한 모양 | 石造り 석조 | わくわく 두근두근, 울렁울렁 | 飽きる 질리다, 물리다, 싫증나다 | 見飽きる 보기에 싫증나다 | ヒント 힌트 | 能 능, 능사, 효능

해설

14 두 번째 단락 마지막 줄 '이런 장소에 이런 것이'라고 했듯이 서로 어울리지 않는 것을 발견하는 것이 즐겁다고 했고, 이를 네 번째 단락의 내용과 합쳐서 생각하면, 유럽 거리보다 동경 거리가 재미있다고 한 2번이 정답임을 알 수 있다.

15 세 번째 단락의 '예쁘기만 한 유럽 거리'에 관한 기술에서 답을 찾는다. 예쁘고 가지런한 거리가 안 어울림을 알 수 있다. 정답은 1번이다.

16 위 문제와 마찬가지로 세 번째 단락의 '아름답게 갖춰진 거리를 보는 데 질린 눈에는 동경의 어떤 의미에서 예측 불가능한 특징이 신선하게 비치고, 또한 언제까지고 질리게 하지 않는 것일지도 모른다.'에서 답을 찾을 수 있다. 따라서 정답은 1번이 된다.

17 두 번째 단락 중간 즈음의 '그가 사는 곳은 ~ 미스매치를 발견하는 것이 즐겁다고 한다.'를 보면, 동경의 골목에는 여러 가지 발견이 있다고 한 1번이 정답임을 알 수 있다.

문제11 다음 상담자와 회답자A, B의 글을 읽고 이어지는 질문에 대한 답으로 가장 알맞은 것을 1·2·3·4 중에서 하나 고르시오.

상담자:
저는 지금 고등학교 3학년이 갓 되었습니다. 지금까지는 축구부에 소속되어 죽 동아리활동에 집중해 왔는데, 졸업을 의식하기 시작했을 때 조금 무서워졌습니다. 지금은 장래 무엇을 하고 싶은지 모르겠습니다. 축구 이외에는 늘 음악을 듣거나 영화를 보거나 친구와 이야기하거나 하면서 장래와는 별로 무관한 듯이 생각했습니다. 최근에는 고등학생으로 프로 장기 기사가 되거나 18세에 벤처 기업을 세워서 사장이 되거나 하는 이야기도 듣는데요. 그런 사람들은 어떻게 그렇게 젊을 때부터 자신이 하고 싶은 일을 확실히 하고 있었는지. 나는 하고 싶은 일을 모르겠습니다. 그리고 그것은 잘못된 것일까요? 장래에 대해서 매우 불안합니다.

회답자A:
당신은 아주 정직한 사람이라고 생각합니다. 장래 무엇을 하고 싶은지 모르는 것은 고등학생 정도에서는 당연히 있는 일이고 잘못된 일도 아무 것도 아닙니다. 오히려 보통의 일이지요. 당신이 좋아하는 것은 음악이나 영화 등이고, 수동적인 것이 많네요. 축구로 장래를 잡겠다는 것이 아니라면 무언가 그러한 스포츠처럼 스스로 무엇인가를 하거나 표현하는 것으로 일에도 결부되는 것을 찾아 보는 것이 어떨까요? 그리고 어떤 것에 조금이라도 흥미가 있어서 그것을 배울 수 있는 대학이나 전문학교가 있다면 꼭 갑시다. 이것들은 다양한 사람과 만나는 경험이 쌓일 뿐 아니라 인생의 폭이나 선택지를 넓히는 것입니다.

회답자B:
학생 정도의 연령에서 장래가 불안하다, 하고 싶은 일이 없다는 것은 보통입니다. 그러니 무턱대고 걱정할 것이 없다고 생각합니다. 젊을 때 여러 가지로 결단하고 실행할 수 있는 사람도 있지만, 그런 사람은 드물고 적습니다. 10대는 모두가 당신처럼 확실하지 않은 채 저렇게 해 볼까, 이렇게 해 볼까 헤매면서, 하지만 돈을 벌지 않으면 먹고 살 수 없으니까 우선 어디 회사에 들어가고는 합니다. 회사에 들어가면 그곳에서 일을 하는 동안 경험을 쌓고, 사회를 알고, 그 속에서 점점 자신이 어떤 일에 맞는지, 무엇을 좋아하는지 보이게 될 것입니다. 그러니 걱정은 필요 없습니다.

18 상담자의 상담은 무엇인가?
1. 젊을 때 취업하고 싶다.
2. 축구를 평생의 일로 하고 싶다.
3. **하고 싶은 일을 찾지 못해 불안하다.**
4. 하고 싶은 일이 있어도 어떻게 하면 좋을지 모르겠다.

19 A와 B에 공통된 회답은 무엇인가?
1. 무엇이든 해 보는 편이 좋다고 말하는 점
2. 상담자의 고민이 이해되지 않는다고 말하는 점
3. 지금은 아무 것도 하지 않아도 문제 없다고 말하는 점
4. **상담자에게 고민이 있는 것은 보통이라고 말하는 점**

20 '상담자'의 상담에 대한 A, B의 회답에 대해 바른 것은 어느 것인가?

1 A는 취미를 권하고 있고 B는 일을 권하고 있다.
2 A는 망설이는 것이 좋지 않다고 말하고 있고 B는 진학을 권하고 있다.
3 **A는 진학해도 좋다고 하는데 B는 그대로 좋다고 말하고 있다.**
4 A는 그대로 좋다고 하고 있는데, B는 무엇이든 해 보는 편이 좋다고 하고 있다.

단어

所属(しょぞく) 소속 | 部活(ぶかつ) 동아리 활동 | 将棋(しょうぎ) 장기 | 棋士(きし) 기사 | 立(た)ち上(あ)げる (조직을) 창설하다, 세우다 | 受(う)け身(み) 수동 | 結(むす)びつく 결부되다, 이어지다 | 積(つ)む 쌓다 | 幅(はば) 폭 | むやみに 무턱대고, 터무니없이, 지나치게 | 決断(けつだん) 결단 | 稀(まれ) 드묾, 좀처럼 없음 | 迷(まよ)う 헤매다, 갈피를 못 잡다 | 稼(かせ)ぐ 벌다, 돈벌이하다 | とりあえず 우선

해설

18 상담자의 말에서 마지막 단락의 '나는 하고 싶은 일을 모르겠습니다. 그리고 그것은 잘못된 것일까요? 장래에 대해서 매우 불안합니다.'에 답이 있다. 정답은 3번이다.

19 회답자A의 '당연한', 회답자B의 '보통'에서 답을 도출한다. 따라서 정답은 4번이다.

20 회답자A는 '어떤 것에 조금이라도 흥미가 있어서 그것을 배우는 대학이나 전문학교가 있다면 꼭 갑시다. 이것들은 다양한 사람과 만나는 경험이 쌓일 뿐 아니라 인생의 폭이나 선택지를 넓히는 것입니다.'라고 했고, 회답자B는 '10대는 모두가 당신처럼 확실하지 않은 채 저렇게 해 볼까, 이렇게 해 볼까 헤매면서, 하지만 돈을 벌지 않으면 먹고 살 수 없으니까 우선 어디 회사에 들어가고는 합니다.'라고 했으므로 정답은 3번이다.

문제12 다음 글을 읽고 이어지는 질문에 대한 답으로 가장 알맞은 것을 1·2·3·4 중에서 하나 고르시오.

　　재능이란 무엇인가? 한참 이전부터 그러한 것을 생각해 온 지 오래되었다. 외국어를 잘하고, 다양한 지식이 있고 학교 성적이 뛰어나게 좋고, 등 그러한 것이 세간에서 일반적으로 말하는 재능인 듯하다. 재능은 결과만을 보고 있고, 그 과정을 간과하기 쉬운 면도 있으므로 뭐라고 하기 어렵지만 선천적이다라는 의미로는 바꿔 말할 수 없을 테니 능력이나 센스라는 말에 가까울까? 예를 들어 두 가지 언어 이상을 일상적으로 쓸 수 있는 바이링구얼이나 멀티링구얼은 어릴 때의 환경이나 교육, 센스에 따른 것이라고 생각되는 일이 많지만 유소년기를 넘어 학교 교육 중에 배운 외국어나 성인이 되고 나서 공부를 시작한 외국어도 자기 모어와 경험을 아울러 잘 활용하면 말을 잘할 수 없는 것은 아니다. 물론 발음은 빠르면 빠른 편이 좋은 것 같지만.

　　여기까지를 보면 재능은 마치 일반적으로 특기라고 하는 것이 많은 것처럼도 보이는데, 실제로는 그렇게 단순한 것은 아니다. 현대 사회에는 회사에서 상사가 별로 야단치지 않게 되었다고도 말하는데, 그러한 상사라도 가끔은 큰 소리로 주의를 주고, 화풀이를 하기도 한다. 그것을 주위 사람이 듣고 '저거 괜찮나? 야단이 좀 심한 것 같은데, 저 사람 저렇게 세게 당하면 내일은 안 나오는 거 아냐?' 하고 모두 걱정했는데, 그 사람이 다음 날 아침에 웃는 낯으로 씩씩하게 출근해서 "안녕하세요?" 하고 밝게 인사한다. 야단 맞고 의기소침해야 할 본인에게서 이런 말을 들으면 인사를 들은 쪽이 ①놀라서 ②예상 밖이라고 생각해 버린다. 아니, 그뿐이 아니라 '저 사람은 긍정적이고 밝고 좋은 사람이네, 애 쓰고 있구나'라고 생각하고 주위에서 호감마저 느끼게 될 것이다.

　　싫은 일이 있어도, 주위에서 보면 심하다고 여기는 일이 있어도 별로 그렇게 느끼지 않는, 혹은 금방 잊을 수 있고 아무렇지 않게 있을 수 있다는 것은 결코 좋은 일만 있지는 않은 긴 인생을 보내는 우리에게 중요한 자질이라고 말해도 좋을 것이다. '③둔감함'도 훌륭한 재능이라고 말할 수 있음이다.

　　일반적으로는 공부나 스포츠, 어떤 스킬이나 머리 회전의 빠름, 세세한 감각 등이 재능이라고 화제 삼는 일이 많고 '둔감함'은 '저 사람 둔하네' '이런 사람은 둔해' 등으로 받아들였지만, 이것은 이것대로 틀림없이 재능이고 인정할 수 밖에 없는 것이 아닐까?

21 ①놀라서는 누가 그런 것인가?

1. 본인
2. 야단 친 상사
3. **주변 사람**
4. 야단맞은 사람

22 ②예상 밖이란 것은 어째서 그렇게 생각한 것인가?

1. 아주 의기소침했으므로
2. **야단맞은 본인이 씩씩했으므로**
3. 야단 쳐도 전혀 효과가 없는 듯이 보였으므로
4. 쉬기로 했는데 출근했으므로

23 '③둔감함'이란 글 속에서는 어떤 것인가?

1. 실수해도 신경 쓰지 않는 것
2. 몸이 아파도 신경 쓰지 않는 것
3. 다른 사람의 호감을 눈치채지 못하는 것
4. **괴롭혀도 알아채지 못하는 것**

24 글쓴이가 가장 하고 싶은 말은 무엇인가?

1. '둔감함'은 환경에 따라 기르는 것이다.
2. **재능은 언뜻 마이너스로 보이는 것 중에도 있다.**
3. 재능은 가지고 태어난 선천적인 것이다.
4. 재능은 선천적이지 않으므로 훈련이 필요하다.

단어

才能 재능 | 久しい 오래다, 오래되다 | 抜群 발군 | 見落とす 간과하다, 빠뜨리다 | 生まれつき 타고난 것, 선천적인 것, 천성 | 置き換える 치환하다, 바꿔놓다 | バイリンガル 바이링구얼, 두 가지 언어를 자유로이 구사하는 사람 | マルチリンガル 멀티링구얼, 여러 언어를 말하는 사람 | 幼少期 유소년기 | 併せる 합치다, 아우르다 | あたかも 마치, 흡사 | 特技 특기 | 単純 단순 | 上司 상사 | 当たり散らす 화풀이하다 | 当たる 맞다, 당하다 | 翌朝 다음날 아침 | 落ち込む 의기소침하다, 풀이 죽다, 침울해지다 | それどころか 그뿐 아니라 | 資質 자질 | 鈍い 둔하다 | 繊細 섬세 | 捉える 잡다, 파악하다, 받아들이다 | まさしく 바로, 확실히, 틀림없이 | ～ざるを得ない ~하지 않을 수 없다

해설

21 '주위 사람이 걱정한다 → 본인이 웃는 낯으로 씩씩하게 인사한다 → 인사 받은 주위 사람들이 놀란다'는 흐름에 주의한다. 정답은 3번이다.

22 '그것을 주변 사람이 듣고 '저거 괜찮나? 야단이 좀 심한 것 같은데, 저 사람 저렇게 세게 당하면 내일은 안 나오는 거 아냐?' 하고 모두 걱정했는데, 그 사람이 다음 날 아침에 웃는 낯으로 씩씩하게 출근해서 "안녕하세요?" 하고 밝게 인사한다.'라는 대목을 보면, 걱정했었는데 필요가 없었다는 점이 포인트가 된다. 따라서 정답은 2번이다.

23 마지막 단락에 둔감함에 대한 기술이 있다. 괴롭힘에 둔감한 것을 말하므로 정답은 4번이다.

24 두 번째 단락 전체와 첫 줄의 '여기까지를 보면 재능은 마치 일반적으로 특기라고 하는 것이 많은 것처럼도 보이는데, 실제로는 그렇게 단순한 것은 아니다.'에서 뜻을 파악한다. 재능을 꼭 특기에서만 찾을 것이 아니라 마이너스로 여기는 것에서도 재능을 찾을 수 있다고 봐야 하므로 정답은 번이다.

문제13 오른쪽 페이지는 해외 자원봉사자 모집 일람이다. 아래 질문에 대한 답으로 가장 알맞은 것을 1·2·3·4 중에서 하나 고르시오.

25 무겁지 않은 범죄를 저지른 아이들에게 사회에 복귀하도록 하는 프로그램에 참가하고 싶은데 이 분야에서 경험은 없다는 전 회사원 남성에게 적합한 활동은 어느 것인가?

1 **케냐**
2 필리핀
3 인도네시아
4 네팔

26 여성은 사회 경험이나 실무 경험이 없는데 아이들을 위해 일하고 싶어 한다. 참가할 수 있는 활동은 어느 것인가?

1 **네팔**
2 말레이시아
3 인도네시아
4 탄자니아

국가명	배속 지역	지원 내용	자격이나 조건
모로코	지적 장애인 지원 기구	지적 장애를 가진 어린이 대상 스포츠 지도	실무 경험 2년 이상 여성
네팔	어린이 미래 심의회	어린이를 음주나 약물 사용에서 지키고 충실한 미래를 만들기 위한 지도, 기획 개발, 프로모션 실시	특별히 없음
케냐	아동 보호 시설	빈곤, 부모의 부재, 경범죄를 저지르는 등의 어린이 대상 지원. 음악, 그림, 스포츠 교육을 통해 어린이의 사회 복귀를 지도	사회 경험 2년 이상인 남성
인도네시아	반동 어린이집	보육 원아에 대한 일본 문화·일본어 지도, 각 이벤트 기획과 운영	사회 경험
필리핀	남자소년원	범죄를 저지른 미성년의 사회 복귀를 목적으로 한 교육과 직업 훈련	지도 경험 3년 이상
탄자니아	TS 고등학교	학교 교육의 충실을 위한 기획 개발과 운영. 학습 환경 개선 대처 지원	대학 졸업. 어린이에 대한 지원·지도 경험
말레이시아	청각 장애 아동 지원회	제과·제빵, 예술 중에서 자신이 잘하는 분야를 선택할 필요 있음. 그 분야에서 직업 훈련을 실시	특별히 없음

단어

資格 しかく 자격 | 知的 ちてき 지적 | 障害 しょうがい 장해, 장애 | 機構 きこう 기구 | 審議 しんぎ 심의 | 充実 じゅうじつ 충실 | 企画 きかく 기획 | 開発 かいはつ 개발 | 保護 ほご 보호 | 施設 しせつ 시설 | 貧困 ひんこん 빈곤 | 不在 ふざい 부재 | 運営 うんえい 운영 | 聴覚 ちょうかく 청각

해설

[25] '무겁지 않은 범죄=경범죄', '전 회사원=사회 경험'과 같이 보았을 때, 경범죄를 저지른 어린이를 대상으로 사회 경험 2년 이상인 남성을 조건으로 한 1번 케냐가 정답이다.

[26] '사회 경험이나 실무 경험이 없다'는 것은 네팔이나 말레이시아에 해당하지만 지원 내용에 주목해 보면 말레이시아는 '특별한 전문성'을 요구하므로 응모 가능성이 없을 수도 있다. 따라서 정답은 1번이다.

동양북스 채널에서 더 많은 도서 더 많은 이야기를 만나보세요!

외국어 출판 45년의 신뢰
외국어 전문 출판 그룹
동양북스가 만드는 책은 다릅니다.

45년의 쉼 없는 노력과 도전으로 책 만들기에 최선을 다해온
동양북스는 오늘도 미래의 가치에 투자하고 있습니다.
대한민국의 내일을 생각하는 도전 정신과 믿음으로 최선을 다하겠습니다.

동양북스